L 20/11/A

DESCRIPTION
DES PRINCIPAUX LIEUX
DE FRANCE.

DESCRIPTION
DES PRINCIPAUX LIEUX
DE FRANCE,

Contenant des détails descriptifs & historiques sur les Provinces, Villes, Bourgs, Monastères, Châteaux, &c. du royaume, remarquables par quelques curiosités de la Nature ou des Arts, & par des événemens in... fans & singuliers, &c.; ainsi que des ... ails sur le commerce, la population, les usages, & le caractère de chaque peuple de France; semée d'observations critiques, &c.

ACCOMPAGNÉE DE CARTES.

Par J. A. DULAURE.

SIXIÈME PARTIE.

Prix, 2 liv. 10 sous br., 3 liv. rel.

A PARIS.

Chez LEJAY, Libraire, rue Neuve des Petits Champs, près celle de Richelieu.

M. DCC. LXXXIX.

Avec Approbation & Privilège du Roi.

DESCRIPTION DES PRINCIPAUX LIEUX DE FRANCE.

BOURBONNOIS.

Tableau général du Bourbonnois.

LE Bourbonnois, dont *Moulins* est la capitale, est borné au nord par le Nivernois & le Berri ; au sud, par l'Auvergne & le Forez ; à l'est, par la Bourgogne ; & à l'ouest, par le Berri. Cette province a vingt-huit lieues dans la direction de l'est à l'ouest, & quinze dans la direction du sud au nord. Si l'on multiplioit un de ces nombres par l'autre, on auroit une surface beaucoup trop grande ; en multipliant quinze lieues par vingt, on aura un produit qui s'approchera d'assez près de la superficie réelle, & qui formera trois cents lieues carrées. La généralité de Moulins est beaucoup plus considérable que la province ; elle comprend en outre presque tout le Nivernois, le pays de Combrailles, & une petite partie de l'Auvergne. Nous parlerons de l'étendue de sa superficie en parlant de sa population.

HISTOIRE. Le Bourbonnois n'est point une province ancienne, & ses habitans ne descendent point d'un peuple particulier portant une même dénomination; le pays qu'ils occupent aujourd'hui est formé assez récemment de plusieurs démembremens des provinces voisines, &, comme s'exprime *Coquille*, « c'est une province nouvellement composée, comme en marquetterie ou mosaïque, de plusieurs pièces rapportées, acquises des Seigneurs voisins »; en conséquence cette province, jusqu'à ce jour, n'a jamais contenu de siège épiscopal; mais elle a dépendu de cinq diocèses voisins, qui sont ceux d'Autun, de Clermont, de Bourges, de Nevers & de Limoges.

Une partie de cette province a été long-temps occupée par les *Eduens*, aujourd'hui Autunois ou Bourguignons; l'autre par les habitans du Berri; une autre partie, qui étoit la plus considérable, dépendoit de l'Auvergne. On croit même qu'au quatorzième siècle, la ville de Moulins étoit encore renfermée dans les limites de cette province; il est certain que le diocèse de Clermont s'est toujours étendu dans le Bourbonnois jusqu'aux environs de Moulins; ainsi l'Histoire ancienne du Bourbonnois doit être celle des Eduens, des Berrichons & des Auvergnats: en conséquence nous renvoyons les Lecteurs à la Description de l'*Auvergne*, du *Berri* & de la *Bourgogne*.

Cependant il est un canton dans le Bourbonnois, entre l'Allier & la Loire, qui appartenoit à un peuple particulier, fort célèbre dans l'antiquité par ses conquêtes, ses émigrations & ses établissemens dans différentes parties de l'Europe; c'étoient les *Boyens*.

On convient généralement que ces peuples étoient, dans l'origine, une nation Celtique, qui se répandit en Italie, dans la Germanie, où elle fonda le royaume de *Bohème*. Une Colonie de ces peuples vint s'établir dans la Norique, une partie se joignit aux Helvétiens: l'an de Rome 695, César, les ayant vaincus, les chassa du pays des Helvétiens, & permit aux *Eduens* de recevoir une colonie de ces Boyens vaincus parmi eux, & de leur accorder un asile. Les Eduens les reçurent, & leur donnèrent des terres aux mêmes droits de franchises qu'ils les tenoient eux-mêmes des Romains; leur capitale, à l'exemple de celle des Auvergnats, étoit nommée *Gergovia*. César distingue fort bien cette forteresse de celle de l'Auvergne, qui portoit le même nom, en la nommant *Gergovia des Boyens*. Leur pays étoit situé entre la Loire & l'Allier, & comprenoit la partie du Bourbonnois qui étoit du diocèse d'Autun. Quant à ce *Gergovia* des Boyens, on n'est point d'accord aujourd'hui sur son ancienne position.

Le nom de *Bourbonnois* ne vient point de *Boyens*, comme l'ont prétendu, sans aucune certitude, quelques Ecrivains plus zélés pour l'Illustration de leur pays que pour la vérité; mais il dérive de *Bourbon-l'Archambaud*, nom

DESCRIPTION

d'une petite ville, autrefois chef-lieu du Duché de Bourbon. (Voyez *Bourbon-l'Archambaud* page 21.)

Ce pays, après avoir subi successivement le joug des Visigoths & des Francs, fut soumis à la domination des Ducs d'Aquitaine.

En 932, Charles le Simple démembra du Berri un petit canton, dont *Bourbon l'Archambaud* étoit le chef-lieu, & le donna, dit-on, sous la mouvance immédiate de la couronne, à *Aymard*, qui est regardé comme le premier Sire de Bourbon ; ses successeurs agrandirent beaucoup leurs possessions.

En 1271, *Robert*, Comte de Clermont en Beauvoisis, cinquième fils de Saint-Louis, épousa *Béatrix de Bourgogne*, fille & héritière d'*Agnès de Bourbon*, qui l'étoit d'*Archambaud IX*, Seigneur de Bourbon. *Robert*, fut, par ce mariage, chef de la branche de Bourbon, dont descendit *Henri IV*, qui, le premier de cette Maison, monta, en 1589, sur le trône de France, où règne encore sa postérité.

En 1327, le Roi Charles IV érigea le Bourbonnois en Duché-Pairie, en faveur de *Louis premier*, Duc de Bourbon & de la Marche, fils de *Robert* de France & de *Béatrix de Bourbon* ; c'est à peu près à cette époque que le Bourbonnois commença à former une petite province particulière.

François Ier, après la mort du Connétable de Bourbon, tué au siège de Rome, confisqua le Duché de Bourbonnois, & le réunit, en 1523, à la Couronne. Ce Roi le donna, en 1527, à sa mère *Louise de Savoye*, dont les fureurs jalouses avoient été la principale cause de la ruine & de la défection de ce Connétable. Cette Princesse étant morte, en 1531, ce pays fut de nouveau réuni à la Couronne. Charles IX, en 1562, céda la jouissance du Bourbonnois à *Catherine de Médicis*, pour faire partie de son douaire. En 1577, Henri III le donna pour douaire à *Elisabeth d'Autriche*. Marie de Médicis & Anne d'Autriche le possédèrent aussi, à ce même titre. Cette province resta à la Couronne jusqu'en 1661. Par contrat du 26 février de la même année, Louis XIV, en échange du Duché d'Albret, céda le Duché de Bourbonnois à Louis II de Bourbon-Condé, à titre d'engagement, sous la réserve des bois de haute futaie; depuis, ce Duché a resté dans cette branche de la Maison de Bourbon.

Climat, Sol & Productions. Le climat est tempéré dans cette province; le sol est presque tout en plaines, si l'on excepte quelques montagnes du côté du Forez, de l'Auvergne & du Berri. Les terres qui sont dans le bassin de l'Allier sont fortes & fécondes, & produisent en abondance du beau froment, du seigle & de l'avoine; celles qui avoisinent les bois étant argileuses & humides, sont d'un moindre rapport. Dans plusieurs cantons on recueille du maïs, du sarrasin, & on cultive assez généralement la pomme de terre, ainsi que la rave. Il y a plusieurs vignobles dont quelques-uns sont renommés; mais le vin en général en est peu estimé (1).

Ce pays étoit autrefois aussi abondant en bois que le sont les provinces du Berri, du Nivernois & de la Bourgogne qui l'avoisinent. Depuis dix ans on a détruit une grande quantité de forêts, & les combustibles commencent à devenir rares dans cette province.

Le poisson y est abondant, les rivières & les étangs, qui sont assez nombreux, en produisent beaucoup.

Cette province a des eaux minérales qui jouissent d'une grande réputation : telles sont celles de *Bourbon-l'Archambaud*, de *Neris*, de *Vichi*, de *Châteldon*; il y a aussi des mines de fer, d'antimoine & de charbon de terre qui sont exploitées.

La forge la plus considérable est celle qu'on trouve sur la route de Limoges, à trois lieues de Moulins. On trouve à quatre lieues de cette capitale, près du bourg de *Bunnay*, une carrière d'antimoine exploitée au profit de deux communautés de Moines.

A *Feins* & *Noyant*, à trois lieues de Souvigny, & à six lieues de Moulins, on exploite des mines de charbon qui se trouvent par couches interposées dans le granit; ce charbon de terre est un des meilleurs de France.

---

(1) Il y a une quarantaine d'années qu'un Intendant introduisit dans la province la culture des mûriers blancs & des vers à soie; malgré l'avantage évident de cet établissement, il a été presque entièrement abandonné dans ce pays.

RIVIÈRES. Les principales sont ; l'*Allier*, qui sort de l'Auvergne, passe à Vichi, à Moulins, &; après avoir traversé le Bourbonnois, dans une direction à peu près du sud au nord, entre dans le Nivernois, & va se réunir à la Loire au dessous de Nevers.

La Loire, qui sépare le Bourbonnois du Charollois & de l'Autunnois.

Le Cher, qui vient d'Auvergne, passe à Montluçon & entre dans le Berri.

La Sioule, qui traverse une petite partie du Bourbonnois, & va se jeter dans l'Allier au dessous de Saint-Pourcain.

La Bêbre, qui passe à la Palice, à Jalligny, & se jette dans la Loire au dessous de *Septfonds*, &c.

COMMERCE. Le commerce du Bourbonnois ne s'étend guère au delà des limites de la province ; il consiste en blé, en vins, en chanvre, en bois de construction, en charbons de terre, & en fer ; ces trois derniers articles sont à peu près les seuls qui sont exportés. (Voyez *Moulins*.)

ADMINISTRATION. La Généralité de Moulins, comme nous l'avons annoncé, est beaucoup plus étendue que la province du Bourbonnois ; elle comprend la plus grande partie du Bourbonnois, la haute Marche, le pays de Combrailles en Auvergne, & plusieurs autres cantons, qui sont au nord de l'Auvergne. Elle est assujettie à toutes les impositions du royaume, & fait partie des grandes gabelles, à la réserve d'une portion de la Marche, qui est comprise dans le pays rédimé de l'impôt du fel; les travaux des chemins s'y font principalement par corvées.

Les contributions de cette généralité peuvent être estimées à environ neuf millions huit cent mille livres.

POPULATION. La population de cette généralité étant évaluée à cinq cent soixante-quatre mille quatre cents ames, la somme des contributions étant également répartie, cela fait dix-sept livres sept sous par tête d'habitans.

L'étendue de cette généralité étant évaluée à huit cent quatre-vingt-dix lieues carrées, c'est six cent vingt-neuf habitans par lieue carrée.

CARACTÈRE & MŒURS. Les habitans du Bourbonnois, suivant un ancien Ecrivain, « sont doux & gracieux, ont l'esprit subtil & accort, sont bons mesnagers & adonnés à leur profit; mais au reste courtois aux Etrangers ». Ce portrait est presque généralement vrai; les *Bourbonnois* ou *Bourbonnichons*, comme on les nomme dans le pays, sont d'un caractère fort tempéré, doux, paisibles, joyeux, affables & polis envers les Etrangers. Ils se montrent presque toujours indifférens pour la célébrité; ils aimeroient la fortune & la réputation, mais ils n'ont pas l'énergie nécessaire pour vaincre les obstacles qui les procurent; ils se dédommagent des jouissances de la vraie gloire, par celles qu'offrent la gloriole & la vanité; ils parlent sans cesse de leurs alliances, de leurs dignités, de leurs possessions & de leurs plaisirs: c'est une foiblesse commune, il est vrai, à bien des pays, mais on la trouve en Bourbonnois fortement caractérisée ; c'est ce qui a donné lieu à ce proverbe ancien & populaire, mais qui est encore un peu vrai : *Bourbonnichon, habits de velours & ventre de son.*

Ce qui doit être remarqué, & ce qui résulte sans doute du caractère indolent & tranquille des habitans du Bourbonnois, c'est qu'il n'est sorti de ce pays aucun homme distingué dans les Sciences, dans la Littérature, dans le ministère ni dans les armes. Ceux qui se sont un peu élevés au dessus de leurs concitoyens, sont rares, peu connus, & aucun ne mérite aujourd'hui le nom de *grand*. Cependant nous devons à la vérité, de dire que ce caractère d'indolence ne s'étend pas jusqu'aux affaires qui concernent le bien général de la patrie. Les habitans du Bourbonnois, dans la révolution actuelle, se sont honorablement distingués par leur constance leur généreux désintéressement, & leur fidélité aux vrais principes.

Les Bourbonnois diffèrent, à plusieurs égards, des Auvergnats, leurs voisins ; ceux-ci sont actifs, laborieux, entreprenans, poussent quelquefois la franchise jusqu'à la brusquerie. Les Bourbonnois sont tranquilles, paresseux, insoucians, cajoleurs, & même ils prétendent être agréables. Les Auvergnats parlent la langue d'*oc*, ou l'idiome des provinces méridionales. Les Bourbonnois parlent la langue d'*oui* ou l'idiome Picard, qui est le françois du peuple de Paris ; ainsi la ligne de démarcation qui divisoit la France en langue d'*oui* & en langue d'*oc*, passe entre l'Auvergne & le Bourbonnois,

& le passage d'un peuple à l'autre est brusque, & devient très-sensible pour les voyageurs.

MONTLUÇON.

Ville, chef-lieu d'une élection, située sur la rive droite du Cher, & sur la route de Guéret à Moulins, à une distance presque égale de ces deux villes, & à douze lieues de l'une & de l'autre.

L'origine de cette ville n'est pas fort connue. *Vigenaire*, dans sa traduction des Commentaires de César, croit qu'elle étoit l'ancien *Gergovia* des Boyens; mais cette opinion n'est pas plus fondée que celle de ceux qui placent cette ancienne forteresse à Moulins; d'autres croient qu'elle doit son origine à un château bâti par *Lucius*, qui, sous le règne d'Auguste, étoit Proconsul d'Aquitaine, & que de son nom on a fait *Monslucii*, Montluçon; mais il n'y a rien de certain à cet égard.

DESCRIPTION. Cette ville, qui depuis long-temps appartient aux Ducs de Bourbon, est avantageusement située, sur le penchant d'un côteau, au bas duquel coule le *Cher*; elle étoit autrefois bien fortifiée, & l'on y voit encore quelques restes de ses anciennes murailles; les fossés ont été comblés ou convertis en jardins, & tout autour règne un boulevart qui est en partie planté d'arbres.

Sur la hauteur est le vaste & ancien château

de Montluçon, qui domine la ville. Louis XI, en 1465, pendant la *guerre du bien public*, à son retour d'Auvergne, & après y avoir pris la ville de Riom que tenoient plusieurs Princes révoltés, se retira au château de *Montluçon*; il y étoit le 6 juillet de la même année : ce fut dix jours après que se donna la fameuse bataille de Montlhéri. Cette ville, contient plusieurs sièges de juridiction; on y voit une église collégiale, appelée *Saint-Nicolas*, dont le chapitre a été fondé, vers la fin du quatorzième siècle, par *Louis*, Duc du Bourbonnois, Comte de Clermont & de Forez; on y trouve aussi deux paroisses, des Religieuses de l'ordre de Cîteaux, un autre couvent d'Ursulines, des Capucins, des Cordeliers, & un Hôtel-Dieu desservi par des Sœurs grises.

Les Cordeliers furent fondés, en 1446, par le Duc de Bourbon, à l'instigation d'un Gentilhomme de la Cour de Charles VII, nommé *Foucaud*. Les Religieux du prieuré de Saint-Pierre s'agitèrent beaucoup pour s'opposer à l'établissement de ces Moines; après avoir employé les voies juridiques, ils en vinrent aux voies de fait; assistés de leurs domestiques, ils démolirent, à la faveur de l'obscurité, les murs du couvent qui étoient déjà élevés; les Cordeliers réparoient le jour ce que les Moines de Saint-Pierre détruisoient chaque nuit : c'étoit vraiment l'ouvrage de Pénélope.

Dans cette situation embarrassante, les Cordeliers mirent dans leurs intérêts les Bouchers de Montluçon, qui, pendant la nuit, montèrent la garde devant les nouvelles constructions, chassèrent les Moines de S.-Pierre, & leur ôtèrent l'envie de venir encore abattre les murs du couvent. Depuis ce temps, les Bouchers de la ville ont été regardés comme les protecteurs des Cordeliers.

L'église, dont la construction fut achevée en 1453, renferme la principale curiosité du pays; c'est un grand tableau, placé au dessus du maître-autel, qui représente l'adoration des Rois. Le même sujet est traité de la même manière aux Cordeliers de Clermont, & l'on rapporte que ces deux tableaux sont du même Maître. On diffère beaucoup sur son nom; les renseignemens que je me suis procurés à cet égard, me font croire que ces deux tableaux ont été peints par un nommé *Rome*, Artiste peu connu, & qui a mérité de l'être davantage; on le dit natif de Brioude en Auvergne. Ses compositions sont grandes, ses groupes bien disposés, l'ensemble d'un bel effet, & généralement bien exécuté. On voit dans ce tableau le même anachronisme que dans celui de Clermont; c'est un Cordelier qui assiste à l'adoration des Mages.

Cette ville, bien bâtie, est habitée par beaucoup de Nobles. Sur le Cher est un pont assez considérable, qui a cinq arches. Les bords de cette rivière offrent des promenades ombragées qui sont fort agréables, & qu'on nomme, dans le pays, *Auberies*.

Cette ville est commerçante; il s'y tient deux marchés par semaine, & sept foires dans l'année.

DROITS *singuliers*. Dans l'aveu de la terre du *Breuil*, rendu par Marguerite de Montluçon, le 27 septembre 1498, on voit que le

Seigneur de cette ville percevoit une rétribution sur chaque femme qui battoit son mari.

Il avoit aussi le droit, plus étrange, de percevoir, sur chaque fille débauchée qui arrivoit pour la première fois à Montluçon dans le dessein de s'y prostituer, la somme de quatre deniers une fois pour toutes : la fille pouvoit aussi s'acquitter d'une autre manière ; elle avoit le choix de payer le Seigneur en argent, ou bien de venir sur le pont du château de Montluçon, & d'y faire un pet (1).

D'après cette impertinence féodale, d'après un droit aussi absurde, un témoignage aussi honteux de la sottise & de la barbarie des anciens Seigneurs, je crois qu'il est permis de dire que l'ignoble tribut, payé par la fille prostituée, étoit bien digne des Nobles qui le percevoient, & que c'étoit l'hommage que méritoient de tels Seigneurs.

Neris est situé à une forte lieue, & au sud de Montluçon; c'est un bourg célèbre du temps des Romains, par ses eaux minérales ; il y avoit des bains dont on a découvert plusieurs restes ; quelques Modernes ont, sans aucunes preuves, avancé qu'ils avoient été bâtis par les ordres de

---

(1) Voici les propres expressions de cet aveu : *Item, in & super qualibet uxore maritum suum verberente, unum tripodem. Item, in & super filiâ communi, sexus videlicet viriles quoscumque cognoscente, de novo in villa Montislucii eveniente, quatuor denarios semel, aut* UNUM BOMBUM, *sive vulgariter* PET, *super pontem de Castro Montislucii solvendum.*

Néron; ils se fondent seulement sur la ressemblance du nom de cet Empereur à celui de *Neris*. Dans la table Théodosienne, ce lieu est indiqué sous le nom de *Aquæ Neri*, qu'il seroit peut-être plus convenable d'écrire *Aquæ Neræ*. Grégoire de Tours le nomme *Vicus Nerensis*.

Ces eaux sont encore très-estimées, & elles seroient aussi fréquentées que celles de Bourbon & de Vichi, si elles étoient aussi accessibles; elles jaillissent d'une roche granitique, & sont alkalines, mais contiennent moins d'alkali minéral que celles de Bourbon-l'Archambaut.

CHANTELLE-LE-CHATEAU.

Petite ville ancienne, avec les ruines d'un ancien château, située à trois lieues & demie de Gannat, à huit lieues de Moulins, & près des limites de l'Auvergne.

On distinguoit autrefois, & on distingue encore aujourd'hui, deux positions appelées *Chantelle*. La première existoit du temps des Romains; elle est appelée *Cantilia* dans la table Théodosienne, & par les distances qui y sont indiquées, entre *Neris* & *Clermont*, elle paroît convenir au lieu connu aujourd'hui sous le nom de *Chantelle la-Vieille*.

La seconde position est aussi ancienne, mais elle est bien plus considérable; dans les annales de Pepin elle est nommée *Cantella-Castellum*. Elle est aussi indiquée par *Eginhard*, en 761, entre Bourbon & Clermont, sous le nom de *Cantilla*. Depuis, elle a toujours conservé le nom de *Chantelle-le-Chastel* ou *le château*, pour être distinguée de *Chantelle-la Vieille*.

Chantelle-le-château fut, en 761, assiégé par Pepin, qui prit cette place sur *Waifre*, Duc d'Aquitaine.

Depuis long-temps ce lieu est du patrimoine de la Maison de Bourbon. Le célèbre Connétable de Bourbon fit bâtir, sur les ruines de l'ancienne forteresse, un château magnifique, & sur-tout très-bien fortifié par la nature & par l'art; un Ecrivain du quinzième siècle dit qu'il étoit *une des plus fortes places d'Aquitaine* (1).

Le Connétable de Bourbon, victime des fureurs jalouses de *Louise de Savoie*, mère de François Ier, & de l'injustice la plus manifeste du premier Président *du Prat*, digne protégé de cette méchante femme (2), avoit perdu une très-grande partie de ses biens; sollicité par le

---

(1) *Mémoires de Louis de la Trémouille*, chap. 19.

(2) Cette princesse ne fut pas toujours contente de son protégé Duprat, comme nous l'avons observé T. V, p. 91 ; elle n'étoit pas non plus fort satisfaite du clergé, comme on le voit dans le *journal* qu'elle a composé. « *Frère François de Paule*, y dit-elle, *fut par moi canonisé; à tout le moins j'en ai payé la taxe.... Longues patenôtres & oraisons murmuratives ne sont bonnes, car c'est une marchandise pesante, qui ne sert de guere, sinon à gens qui ne savent que faire* ». Voici comme elle parle ensuite des moines : « *L'an 1522, en décembre, mon fils & moi...., commençâmes à connoître les hypocrites blancs, noirs, gris, enfumés, de toutes couleurs ; desquels Dieu... nous veuille préserver & défendre.... Il n'est point de plus dangereuse génération en toute la nature humaine.* « On croit entendre un incrédule du dix-huitième siècle.

désir de se venger & de réparer les pertes de sa fortune, il avoit écouté les propositions de l'Empereur, & n'attendoit, pour les accepter & pour tourner ses armes contre sa patrie, que le refus de la restitution de ses biens, & une occasion favorable.

François Ier partoit pour la guerre d'Italie; il passa à Moulins où le Connétable, sous prétexte d'une maladie, refusa de le suivre, & promit de joindre bientôt ce Roi à Lyon. (Voyez *Moulins*.) Il partit en effet de Moulins vers la fin d'août 1523; mais après avoir resté plusieurs jours pour aller de cette ville à la Pacaudiere, il discontinua sa marche, & retourna dans ses terres; il passa l'Allier à Varrenne, & se rendit avec beaucoup de promptitude à *Chantelle*, où il se croyoit plus en sûreté qu'à Moulins.

Warty, espion placé auprès du Connétable, avertissoit le Roi de toutes ses démarches. Ce seigneur, ayant feint à la Palice un redoublement de maladie qui l'empêchoit, disoit-il, de continuer sa route, dépêcha aussi-tôt *Warty* à Lyon, pour en donner avis au Roi. Cet espion étant de retour, & ne trouvant point le Connétable à la Palice, fut bien étonné d'apprendre sa retraite à Chantelle; il s'y rendit promptement. Le Connétable, en le voyant arriver, conçut quelques soupçons contre sa fidélité. *Warty*, lui dit-il, *vous me chauffez les éperons de bien près*. Warty lui répondit en riant: *Monsieur, vous avez de meilleurs éperons que je ne pensois; vous ne veniez pas avec cette diligence.*

Plusieurs personnes de la suite du Connétable reconnoissoient

reconnoiſſoient *Warty* pour un eſpion, & opinoient à le faire pendre aux créneaux du château. Le Prince s'en débarraſſa en le chargeant de porter des lettres au bâtard de Savoie & au Maréchal de Chabanne. Il s'occupa enſuite à mettre ſon château en état de défenſe, & y fit transporter des proviſions pour trois ans. Le 7 ſeptembre ſuivant, il écrivit une lettre au Roi, qui étoit à Lyon, dont il chargea l'Evêque d'Autun, avec une inſtruction particuliere, par laquelle, ſi le Roi vouloit conſentir à lui faire rendre les biens dont on l'avoit dépouillé, il promettoit *de le bien & loyalement ſervir de bon cœur, ſans lui faire faute, &c.*

Le Roi, averti que le Duc de Bourbon avoit abandonné la route de Lyon pour ſe retirer à Chantelle, venoit d'envoyer le bâtard de Savoie, Grand-Maître de ſa Maiſon, & le Maréchal de Chabanne, avec chacun cent hommes d'armes pour ſe ſaiſir de la perſonne du Duc, & même pour l'aſſiéger à Chantelle. Ils rencontrèrent à la Pacaudière l'Evêque d'Autun qui alloit remplir ſa miſſion, le fouillèrent, & le conduiſirent priſonnier à Lyon (1).

_____

(1) L'Evêque d'Autun & celui du Puy étoient les deux conſeillers du Connétable. Il paroît que le premier avoit conſeillé au Prince de ſortir de France, & que le ſecond n'étoit pas de cet avis. Ces deux Prélats ne s'aimoient guère. Un jour ils prirent diſpute devant le Connétable ; l'Evêque d'Autun ſe leva tout en colère, & ſe mit à jurer : *Vos fièvres quartaines.* — *Qu' vous puiſſent ſerrer, maître Vaillant*, répondit vivement l'Evêque du Puy en ſe jetant ſur l'Evêque d'Autun

Partie VI. B

Le Connétable voyant cette députation manquée, & informé que ses tentatives en Normandie pour s'y faire un parti, afin de faciliter l'entrée des Anglois, étoient découvertes, désespéra de jamais rentrer en grace auprès du Roi, & résolut de se sauver hors du royaume. Il partit aussi-tôt de Chantelle avec toute sa Maison, se rendit à Herment en Auvergne ; là, il se déguisa, il abandonna sa suite, se déroba pendant la nuit avec quatre ou cinq personnes seulement, & se rendit dans la maison de *Pomperant*, un de ses Gentilhomme.

Les domestiques du Prince, ignorant sa fuite, se disposoient, avant le jour, à partir d'Herment, comme ils en avoient reçu l'ordre. Un des Officiers, nommé *Montagnac-Taussannes*, prend les habits & le cheval de son maître, marche long-temps par une route opposée à celle qu'avoit prise le Connétable & se fait suivre par tous les domestiques, qui croyent suivre leur maître. Le jour ayant éclairé le déguisement, *Montagnac* leur déclare la fuite du Connétable, les remercie de sa part, & les congédie. La troupe se dispersa, & *Montagnac* resta six semaines caché dans un château, & n'en sortit qu'à la faveur d'un nouveau déguisement.

Le Connétable étoit parti de la maison de *Pomperant*, accompagné de ce seul Gentil-

---

pour lui donner un soufflet : mais le Connétable s'étant mis entre deux, empêcha ces deux *grandeurs* de se prendre aux cheveux.

homme, dont il se faisoit passer pour Valet-de-chambre. On dit que, pour dérouter ceux qui étoient à leur poursuite, ils avoient fait ferrer leur chevaux à l'envers (1). Le Duc se rendit au Puy en Vélai, & après avoir couru les plus grands dangers sur sa route, il arriva en Franche-Comté, qui appartenoit alors à l'Empereur. François Ier lui ayant fait demander l'épée de Connétable & le collier de l'ordre de Saint-Michel, il répondit : « Quant à l'épée, il me l'ôta à Valenciennes, lorsqu'il donna à mener à M. d'Alençon l'avant-garde qui m'appartenoit ; quant à l'ordre, je l'ai laissé derrière mon chevet à Chantelle ».

On sait qu'un très-grand nombre de complices furent victimes de la défection du Connétable, que ce Prince porta ses armes contre sa patrie, & qu'il fut tué au siège de Rome le 5 mai 1527.

Le Chancelier *du Prat*, pour servir l'animosité de la mère du Roi, avoit fait perdre le procès du Connétable de Bourbon ; pour servir son animosité particulière, il avoit fait bâtir près de Chantelle le château de *Verrière*, afin de narguer le Connétable, & de disputer

_____

(1) Pomperant, Gentilhomme du Bourbonnois, par sa prudence, devint très-utile au célèbre révolté, dont il suivit le parti ; ce fut lui qui, quoiqu'armé contre sa patrie à la bataille de Pavie, sauva la vie à François Ier, que deux Gentilshommes Espagnols étoient sur le point de massacrer. En reconnoissance de ce service, le Roi lui pardonna sa désertion, & dans la suite se servit de lui avec succès.

avec lui de magnificence. Lorsque ce Prince fut parti, tous ses biens furent confisqués, & le Chancelier eut la bassesse de s'en faire donner une partie; il fit même raser le château de Chantelle, s'empara de tous les meubles magnifiques de la Maison de Bourbon, que le Connétable y avoit rassemblés, & en décora sa maison de *Verrières*.

DESCRIPTION. La ville de Chantelle est située dans une plaine qui domine le vallon profond où coule la rivière de Bouble. Sur la partie la plus éminente, sont les ruines énormes du château. De très-grands & solides fragmens de murailles, renversés & placés çà & là, prouvent évidemment que cette destruction n'a pas été l'ouvrage du temps. Les vides que laissent entre eux ces fragmens, sont occupés aujourd'hui par quelques malheureux qui s'y logent : c'est un contraste piquant de voir la pauvreté habiter sous les ruines de cette forteresse, jadis l'asile de la magnificence féodale.

Il existe encore, sous ces débris, des souterrains voûtés, qui communiquent, dit-on, à quelques autres châteaux du voisinage, & qui se prolongent fort loin sous terre.

Au bas du château est une maison fort riche de Chanoines Réguliers de l'ordre de Sainte-Geneviève.

La ville est le chef-lieu d'une Châtellenie royale ; elle est petite & mal peuplée, il ne s'y fait aucun commerce.

Il existe encore plusieurs fragmens de la voie Romaine, indiquée dans les Itinéraires, qui conduisoit de *Chantelle-la-Vieille* à *Chantelle le-Château;* ces fragmens font curieux par leur solidité, & par les pierres quartzeuses qui les composent.

Une découverte faite, il y a une trentaine d'années, dans ce lieu, concourt à prouver son antiquité, & à donner des éclaircissemens sur les Arts chez les Anciens. Cette découverte consiste en un plateau de cuivre, doublé en argent; sa forme est d'un très-bon style; la bordure offre des bas-reliefs qui représentent des animaux & des attributs des fêtes de Bacchus. M. *Beaumé* le présenta à l'Académie des Sciences, comme une preuve que l'art de doubler le cuivre en argent étoit connu chez les Anciens; mais nous avions d'autres témoignages à cet égard dans les médailles doublées des Empereurs.

BOURBON L'ARCHAMBAUD.

Ville, avec le titre de Duché, une Justice & Châtellenie royale, une Sénéchaussée, &c., située à cinq lieues de Saint-Pierre-le-Moutier, à peu près à la même distance de Moulins, & à deux lieues de Souvigni.

Dans la table Théodosienne, cette position est figurée par un bâtiment carré qui semble indiquer des *thermes*, & qui distingue les lieux où coulent des sources minérales. Elle y est nommée *Aquæ Bormonis* : on doit sans doute lire *Borvonis*, qui est le mot employé par les Romains pour désigner *Bourbon*, & dont ils se sont servis dans une inscription antique, en nommant le lieu de *Bourbonne-les-Bains*.

La boue ou bourbe de la fontaine minérale a donné le nom de *Bourbon* à ce lieu, qui, à son tour, l'a donné à la plus illustre Maison de France, & à la province du Bourbonnois (1); à ce nom on a joint celui de l'*Archambaud*, qui a été commun à neuf ou dix premiers Seigneurs de Bourbon, de la même Maison, afin de distinguer cette ville de celle de *Bourbon-Lanci*. Le château eut le titre de *Baronnie*; il fut une des trois plus anciennes Baronnies de France (2); cette seigneurie, qui, en 1327, fut érigée en *Duché-Pairie*, est la souche de la province du Bourbonnois, qui depuis a été formée de divers démembremens des provinces voisines, & dont *Bourbon - l'Archambaud* étoit la première capitale.

Le château de Bourbon étoit, au huitième siècle, un poste important, qui dépendoit du Duché d'Aquitaine, & qui étoit compris dans la province du Berri. Pepin, résolu de poursuivre *Waifre*, Duc d'Aquitaine, jusqu'à la dernière extrémité, après avoir ravagé le diocèse

---

(1) Cette étymologie est d'autant plus fondée, que tous les anciens lieux qui portent les noms de *Bourbe* ou de *Bourbon*, ont tous des fontaines minérales. *Bourbe rouge*, en Normandie, est une fontaine minérale. *Bourbon-Lanci* en Bourgogne, a des eaux minérales. *Bourbonne-les-Bains* en Champagne, est célèbre par sa fontaine thermale, qui étoit connue des Romains. *Bourboule* en Auvergne, où coule plusieurs sources thermales. Il paroît que ce nom est Celtique.

(2) Les deux autres Baronnies étoient *Couci* & *Beaujeu*.

d'Autun, passa la Loire près de Nevers, & vint, en 761, assiéger le château de Bourbon; il s'en rendit maître, fit prisonniers tous les soldats qui le défendoient, & y mit le feu. Après cet exploit, il fut ravager l'Auvergne & assiéger Clermont. Bourbon, & les terres qui en dépendoient, furent réunis à la Couronne, vers l'an 932, & alors elles relevoient immédiatement du Roi de France. *Aimard* fut, à cette époque, nommé Comte de Bourbon, &, par usurpation, il rendit cette charge héréditaire dans sa famille. Son fils, *Aimon I*^{er}, lui succéda, vers l'an 953, & il fut à son tour remplacé par son fils *Archambaud I*^{er}. Archambaud VII, dixième Sire de Bourbon, mort en 1169, ne laissa qu'une fille nommée *Mahaud*, en laquelle s'éteignit la premiere race des Seigneurs de Bourbon. Elle épousa en seconde noces, *Gui*, Seigneur de *Dampierre*; par ce mariage, les terres des Sires de Bourbon passèrent dans la Maison de Dampierre, & bientôt après dans celle de Bourgogne, par le mariage d'*Agnès*, Dame de Bourbon, avec *Jean II* de Bourgogne. De ce mariage naquit *Béatrix*, héritière de la Maison de Bourbon, qui épousa *Robert*, fils de Saint-Louis, chef de la Maison de Bourbon, aujourd'hui régnante. Ce fut en faveur de *Louis*, fils de *Robert*, que la terre de Bourbon-l'Archambaud fut, en 1327, érigée en Duché-Pairie. (Voyez *Tableau général du Bourbonnois*, page 4.)

DESCRIPTION. Cette ville, célèbre à plusieurs titres, n'intéresse ni par sa situation ni par sa construction; elle est bâtie dans une gorge étroite & profonde, formée par quatre collines très-escarpées; les maisons en couvrent le fond, & s'élèvent sur le terrain très-incliné jusqu'à une certaine hauteur, où elles paroissent être placées les unes sur les autres. Au fond du vallon, & au centre de la ville, est la place où sourde la célèbre fontaine minérale. Une rivière, qui coule de l'ouest à l'est, baigne les murs de cette ville, & y forme un vaste étang.

Au dessus de cet étang, & sur un rocher élevé presque verticalement, est l'ancien château qui domine toute la ville; c'étoit là le séjour ordinaire des Barons, des Sires ou des Ducs de Bourbon. Le plan de cette forteresse est carré, sa vaste & forte enceinte étoit flanquée de vingt-quatre grosses tours; aujourd'hui une grande partie de ces constructions tombe en ruine; mais le château existe encore dans son entier. On y voit trois églises ou chapelles qui en dépendent; la première est celle de *Notre-Dame*, c'est l'ancienne église du château; on ne sait à quelle époque elle a été fondée. Au dessus de l'autel on remarque une Vierge en marbre, qui est très-belle.

La seconde chapelle, dédiée à Jésus-Christ crucifié, est plus connue sous le nom de *Sainte-Chapelle*, c'est une collégiale composée d'un Trésorier & de douze Chanoines.

La première chapelle étant trop petite, celle-ci fut commencée sur un plan plus vaste, par *Jean II* du nom, Duc de Bourbon. *Pierre II*, Duc de Bourbon, la fit continuer, & elle ne fut achevée qu'en 1508. C'est une des plus belles chapelles du royaume. Sa construction est dans le genre des riches gothiques du quinzième siècle. Sur le portail on voit, en terre cuite, les figures de *Saint-Louis* & de *Pierre de Bourbon*, qui a fait achever cet édifice, & celle d'*Anne de France* sa femme, fille de Louis XI, & qui fut régente de France (1).

Au dessus sont les figures d'Adam & d'Eve, en pierres de grès. *Duchêne*, dans ses antiquités, dit, avec plus d'emphase que de vérité, qu'elles sont *si artistement élabourées, que Praxitele les eût avouées pour son chef-d'œuvre*.

Dans l'intérieur de l'église, on remarque la statue de Jésus-Christ & celle des douze Apôtres, le blason & la généalogie de la Maison royale de Bourbon, exécutés en bas-relief. Les stalles du chœur sont d'une très-belle menuiserie ; au dessus on voit les chiffres de *Pierre II*, Duc de Bourbon, & d'*Anne* de France sa femme.

Les peintures des vitraux méritent, par leur conservation & leur beauté, une mention particulière ; la première vitre représente le sacrifice d'Abraham ; la seconde, Jésus qui guérit le Paralytique. La troisième, un crucifix ; la quatrième, l'Empereur Constantin, qui aperçoit la croix lumineuse, avec ces paroles : *In hoc signo vinces* ; la cinquième,

---

(1) Voyez ci-après *Souvigni*, vers la fin de l'article, où nous parlons du caractère de cette Princesse.

Sainte-Hélenne qui demande à un Juif dans quel lieu est la vraie Croix; la sixième, Sainte-Hélenne qui découvre miraculeusement cette Croix; la septieme, l'Empereur Héraclius, qui, après avoir vaincu Cosroès, recouvre la vraie Croix; la huitième enfin, l'Empereur Héraclius en chemise & nu-pieds, portant en triomphe la sainte Croix.

La troisieme chapelle, appelée le *trésor*, quoique pratiquée sous terre, est très-bien éclairée; on y descend par un escalier de vingt marches. C'est dans cette chapelle qu'est conservée une croix très-riche, tout entière d'or pur, & enrichie de perles & de pierres précieuses. Le montant a environ un pied & demi, & le travers un pied; elle pèse près de quatorze marcs: sur la partie supérieure de cette croix, est une couronne d'or, portant cette inscription:

Louis de Bourbon, second Duc de ce nom, fit garnir de pierreries & dorures, cette croix, l'an 1393.

Cette croix n'est point massive, l'intérieur est rempli d'une forme qui est, dit-on, *du bois de la vraie Croix*; elle contient aussi *une épine de la vraie Couronne*. Ces reliques furent données par le Roi Saint-Louis, à *Robert* son fils, chef de la Maison de Bourbon. Le pied est en forme de montagne, au bas de laquelle sont les figures à genoux, de *Jean*, Duc de Bourbon, & de *Jeanne* de France sa femme; on y voit aussi les figures de Madeleine, de Marie, & de Saint-Jean ; toutes ces figures font, ainsi que la montagne, en argent doré, & le tout ensemble pèse ving-fix marcs.

Dans les armoires on conserve plusieurs reliques ; tels sont *le pied de Saint-Paul*, Hermite ; *un os* des Saints-Innocens ; *un des pouces* de Saint-Blaise, & sa *mâchoire* inférieure.

L'église *de Saint-George*, la seule paroissiale, est bâtie sur la colline opposée à celle du château.

Au dessus du couvent des Capucins, est une promenade, formée de trois allées, l'une au dessus de l'autre, pratiquées sur un terrain très-incliné, que le Maréchal de la Meilleraie acheta pour les Capucins, à condition que l'entrée en seroit ouverte au public.

Au centre de la ville est la source minérale qui jaillit avec abondance dans des bassins très-spacieux, & exposés en plein air. La place où sourdent ces eaux, est entourée de bâtimens commodes, & consacrés, pour la plupart, au logement des malades. On est en usage à Bourbon de prendre les bains chez soi, le matin, & dans des baignoires particulières, avec des eaux transportées de la veille. Leur température y est déterminée depuis vingt-six jusqu'à vingt-neuf degrés du thermomètre. M. de *Brieude*, qui a publié des observations sur ces eaux, prétend que ces bains tempérés sont insuffisans, comme remèdes curatifs, & qu'ils ne doivent être considérés que comme remèdes préparatoires.

Cette eau, suivant les diverses saisons, a différens degrés de chaleur, & sa température ordinaire est de trente à quarante degrés; elle contient beaucoup d'alkali minéral, & de la terre calcaire; les buveurs y mêlent ordinairement des sels neutres, tels que les sels d'epsom, de saignette, &c.

L'effet des eaux de Bourbon est souverain contre les maladies causées par la foiblesse ou le relâchement; elles raniment le sentiment: les malades paralytiques y sont presque toujours guerris, ou au moins considérablement soulagés; elles détruisent les engorgemens & les obstructions, soulagent souvent de toutes espèces de coliques, &c.; enfin elles jouissent, depuis un temps immémorial, d'une réputation établie par une longue suite de succès.

L'air de Bourbon est chaud & humide, & s'y renouvelle difficilement, à cause de la situation enfoncée de la ville. La vaste surface de l'étang qui l'avoisine, & les exhalaisons qui partent de la source thermale, contribuent beaucoup à charger l'atmosphère de vapeurs insalubres. C'est ce qu'a observé M. de *Brieude*, & ce qui lui a fait désirer que les habitations des malades fussent transportées sur les hauteurs voisines, & dans une exposition plus saine, où l'air fût plus pur & plus agité, & que l'hôpital où les malades respirent l'air le plus mal-faisant, fût placé dans le vieux château, dont la plupart des appartemens restent inutiles: par ce moyen, on rendroit enfin cet ancien & vaste monument de la tyrannie féodale utile à l'humanité souffrante.

Hérisson. Entre Bourbon-l'Archambaud & Montluçon, se trouve la petite ville d'*Hérisson*, située sur le torrent de l'Œil, entre cinq montagnes, à quelque distance de la rive droite du Cher, & dans une contrée pierreuse & peu fertile. Il y a une collégiale composée d'un Doyen & de douze Chanoines. On y voit les ruines d'un ancien château.

SOUVIGNI.

Petite ville, avec un ancien & riche prieuré de l'ordre de Saint-Benoît, de la Congrégation de Cluni, située sur le ruisseau de Queine, & sur la route de Moulins à Montluçon, à deux lieues de la première ville, à dix de la seconde, & à deux lieues de Bourbon-l'Archambaud.

Cette ville, nommée en latin *Silviniacum* ou *Silviniacus*, sans doute à cause des bois qui l'environnoient, est fort ancienne; elle dépendoit autrefois de l'Auvergne. Les Historiens des deux vies de Saint-Mayeul, Abbé de Cluni, la placent dans cette province & sur ses limites. Elle doit son origine à un château bâti par les Sires de Bourbon, qui souvent y ont fait leur résidence, & à un monastère qu'ils y fonderent.

Le château existoit sous le règne de Charlemagne, & ce Prince y fit même quelques séjours; quant au monastère, on croit qu'il fut fondé par *Aimard Ier*, Sire de Bourbon, qui donna, par dévotion à l'ordre de Cluni, une partie des biens qu'il possédoit dans ce lieu. Ce monastère fut fondé dans un emplacement où existoit déjà une église sous l'invocation de Saint-Pierre. *Aimond*, fils d'*Aimard*, voulut revendiquer, comme héritier, la donation considérable que son père avoit faite aux Moines du lieu ; mais les Moines qui, sans doute, le menacèrent du Diable & de l'enfer, le détournèrent bientôt de ce projet ; il se montra même plus foible que son père en donnant plus que lui des terres & des privilèges à ce monastère.

Les Moines, pour rendre plus inviolables les possessions qu'ils tenoient du Comte *Aimard*, après s'être rendu son fils *Aymond* favorable, le déterminèrent à leur accorder, en 953, une charte confirmative qu'ils remplirent des plus exécrables imprécations contre ceux qui porteroient atteinte aux biens donnés par le fondateur. On sait que c'étoit la formule ordinaire des anciennes donations, de maudire les futurs attentateurs, & de les damner comme *Dathan* & *Abiron* ; mais je crois qu'il est rare de trouver une charte où les malédictions soient si nombreuses & si énergiques que dans celle-ci.

Les Moines y font promettre au Comte Aymond, à sa femme & à son fils, « que ni lui ni ses parens ne reviendront contre la donation de son père, à peine d'encourir la colère de Dieu, d'être foudroyés comme anathêmes, d'être damnés comme *Judas*, qui a trahi Jésus-Christ, de recevoir le même châtiment que *Coré*, *Dathan* & *Abiron*, que la terre ensevelit tout vifs, d'être mis au nombre de ceux qui disent à Dieu : *Seigneur, retirez-*

vous de nous. Que pendant tout le temps de sa vie, le réfractaire soit accablé de malédictions, à la ville comme à la campagne; que ses reliques soient maudites; que le fruit de son ventre soit maudit; que les fruits de sa terre soient maudits; qu'il soit maudit en entrant, qu'il soit maudit en sortant. Que le Seigneur l'afflige de faim, de disette dans tous les ouvrages de ses mains, jusqu'à ce qu'il soit abattu & perdu, à cause de sa témérité de s'élever contre Dieu, en envahissant les choses qui lui sont dédiées. Que le Seigneur le frappe de pauvreté, de fièvre maligne, de froid, de chaud, d'air corrompu; qu'il tombe devant ses ennemis, & que son cadavre devienne la proie des oiseaux du ciel & des animaux de la terre. Que Dieu l'afflige d'un ulcère malin & de la gale; qu'il soit couvert de lèpre, depuis la plante des pieds jusqu'au sommet de la tête; qu'il passe toute sa vie à se défendre de la calomnie; qu'il soit opprimé par la violence; qu'il ne se trouve personne qui puisse l'en délivrer, & que tous ses adhérens soient aussi condamnés & damnés avec lui; & que toutes les malédictions prononcées & contenues dans la Sainte Ecriture tombent sur leurs têtes, & qu'ils soient effacés de la mémoire des vivans. *Ainsi soit-il; ainsi soit fait; ainsi soit fait*, jusqu'à ce qu'ils se soient amendés de leurs fautes ».

Aujourd'hui ces mots n'épouvantent personne, & on s'emparera des biens de l'abbaye de Souvigni, sans que ceux qui en profiteront en soient pour cela plus malades,

Les Sires de Bourbon ne pensoient pas comme on fait aujourd'hui : intimidés par ces effroyables menaces, ils respectèrent les biens de ces Moines, se plurent même à les accroître, & se dépouillèrent tellement en leur faveur de leurs possessions & de leurs droits à Souvigni, que bientôt les Prieurs furent plus puissans dans ce bourg que les Seigneurs mêmes.

Les Prieurs avoient la justice sur toute la ville, & les Seigneurs ne pouvoient l'exercer que sur leurs domestiques & dans l'enceinte du château.

Quelques Sires de Bourbon, moins crédules que leurs dévots prédécesseurs, ne purent voir patiemment leur puissance humiliée devant celle du Prieur de Souvigni ; ils cherchèrent à rentrer dans leurs anciens droits : mais les Moines, actifs, intrigans, & qui savoient écrire, firent intervenir dans leur querelle les Rois de France, & même les Papes, & parvinrent toujours à conserver des droits qu'ils ne durent qu'à la séduction, que par leur état ils n'auroient dû jamais posséder, & dont ils n'abusèrent que trop souvent.

La tyrannie de ces Seigneurs enfroqués fut si excessive, qu'en 1173, les habitans de Souvigni ne pouvant plus en supporter le poids, se révoltèrent : les débats furent longs & vifs. *Ponce*, Évêque de Clermont, fut commis pour les faire cesser ; il vint à Souvigni, & il y rétablit la paix.

En 1340, le peuple se souleva de nouveau contre les Officiers du Prieur, qui, abusant de leur

leur autorité, & les suites de ce soulevement furent aussi honteuses à l'administration monacale, que le motif en avoit été juste.

Le monastère de Souvigny est un des plus riches de l'ordre de Cluni. Le Père *Sébastien Marcaille* dit qu'il est *ancien, riche & de magnifique structure, situé au très-dévot pays du Bourbonnois* (1). L'autorité spirituelle du Prieur s'étendoit autrefois fort loin; les premières églises de Moulins n'ont pu être bâties sans sa permission.

Le monastère est vaste, & la construction conserve un caractère de l'ancienne magnificence religieuse. L'église est d'une tres-belle construction gothique, & contient plusieurs objets curieux.

On y conserve le corps de *Saint-Leger*, Evêque d'Autun; celui de *Saint-Robert* & de *Saint-Principin*, martyr (2); le sépulcre

_____

(1) *Antiquités du prieuré de Souvigni*. Moulins, 1616, in 8.

(2) L'Histoire du martyre de S.-Principin paroît une mal-adroite imitation du martyre de S.-Denis. Comme lui, il fut décapité; il prit, comme lui, sa tête dans ses mains, marcha long-temps, & arriva à une église où résidoit un aveugle nommé *Macharius*. Le Saint décapité frappa à la porte; l'aveugle lui demanda son nom. *Je suis Principin*, répondit-il, *on m'a coupé la tête, & je l'apporte ici*. L'aveugle ouvre la porte, reçoit le Saint, prend un peu de son sang, s'en frotte les yeux, & aussi-tôt il vit clair. Le Saint fut enseveli dans l'église de Souvigny. Cette histoire est extraite d'un gros livre, gardé aux archives de ce prieuré, dans lequel sont contenues plusieurs autres légendes aussi véritables. Cette histoire est en partie gra-

de *Saint-Mayeul* & celui de *Saint-Odile*.

Le sépulcre de Saint-Mayeul & de Saint-Odile, situé dans la grande nef, devant l'autel de Saint-Mayeul, est une espèce de grand vase creusé dans une seule pierre, qui, si l'on en croit le Père *Sébastien Marcaille*, se remplit quelquefois d'un eau belle & claire, & qui a la propriété miraculeuse de guérir la fièvre & autres maladies.

La robe de Saint-Mayeul fait aussi des miracles ; elle est, dit le même Ecrivain, « de simple & petite étoffe, conservée en son entier comme neuve, depuis près de six cents ans » ; il ajoute, que les femmes stériles viennent en pélerinage dans ce couvent, touchent cette robe, & deviennent fécondes.

Les objets les plus intéressans de cette église sont les tombeaux des Sires de Bourbon ; on les voit dans deux chapelles, l'une appelée *Chapelle vieille*, & l'autre *Chapelle neuve*.

La chapelle vieille fut bâtie par *Louis II*, Duc de Bourbon ; on y voit son tombeau, sur

---

vée sur la châsse de ce Saint. Le Prince qui le condamna à être décapité, est nommé, sur cette gravure, *Agripinus, Rex Gothorum*. C'est ici une de ces barbares inventions qu'on trouve si fréquemment dans les annales monastiques. On ne connoît point de Princes Goths ainsi nommés. Les deux seuls Souverains Goths qui ont régné sur ce pays, sont appelés, l'un *Euric*, & l'autre *Alaric* : il a cependant existé un *Agrippin*, Gouverneur de la province Narbonnoise pour les Romains; mais il vivoit long temps avant que les Goths s'établirent dans les Gaules, & la province qu'il gouvernoit étoit bien éloignée du Bourbonnois.

lequel est sa figure & celle de sa femme, *Anne Dauphine*, fille unique & héritière de *Beraud II*, Dauphin d'Auvergne. Ces deux figures sont représentées couchées, & les mains jointes. Sur les faces du soubassement, on voit des écussons chargés de fleurs de lis, & accompagnés de ceintures ou de jarretières armées de boucles, sur lesquelles on lit le mot *espérance*; c'étoit la devise de ce Prince. Il la prit, dit-on, lorsqu'il institua l'ordre des *Chevaliers de Notre-Dame* ou *du Chardon*, dont la ceinture, de velours bleu céleste, doublée de satin rouge, portoit, en broderie, ce mot *espérance*.

Ces deux époux vécurent dans une étroite amitié. D'*Oronville* assure que ce Prince aimoit la Duchesse sa femme *de vrai amour*. Il mourut au château de Montluçon qu'il avoit fait bâtir le 19 août 1410. La Duchesse mourut plusieurs années après; elle descendoit des anciens Comtes d'Auvergne: ce fut-elle qui fit passer le Dauphiné d'Auvergne dans la Maison de Bourbon.

On a enterré, par la suite, dans le même tombeau, *Jean I*, Duc du Bourbonnois & d'Auvergne, mort en 1434, à Londres, où il étoit prisonnier depuis la bataille d'Azincourt; *Marie* de Berri sa femme, & *François*, Monsieur, frère de Charles III, Duc de Bourbonnois, mort, en 1515, à la bataille de Marignan.

La chapelle neuve fut bâtie par *Charles premier*, Duc de Bourbonnois, Comte d'Auvergne, de Clermont, &c., Pair & Grand Chambrier de France, fils de *Jean I*, Duc de Bourbon, & de *Marie* de Berri. Il y est enterré avec *Agnès de Bourgogne* sa femme. Ce tombeau est commun aux deux époux, & l'on y voit leurs deux figures couchées & représentées les mains jointes. Le Duc mourut le 4 décembre 1456.

Ce Duc, suivant *Olivier de la Marche*, fut « l'un des meilleurs corps, fut à pied ou à cheval, & l'un des plaisans & des mondains, non pas seulement des Princes, mais des Chevaliers du royaume de France ».

La Duchesse mourut le premier décembre 1476 en son château de Moulins. Jean de Troye dit, dans sa Chronique, qu'*elle vesquit très-saintement & longuement, & son trépas fut fort plaint & ploré de ses enfans, parens, serviteurs & amis, & de tous autres habitans esdits pays du Bourbonnois & d'Auvergne. En benoist repos gise son ame.*

Dans le même tombeau ont été inhumés *Jean II*, Duc du Bourbonnois, mort à Moulins le premier avril 1488; *Pierre II*, mort le 10 décembre 1503; *Susanne* sa fille, morte le 12 mai 1521; *Anne de France*, fille de Louis XI, femme de *Pierre* de Bourbon, Régente de France, & morte le 14 novembre 1522, en son château de Chantelle. Cette Princesse avoit de la fermeté, de l'habileté dans les affaires; elle étoit belle, mais méchante : voici le portrait qu'en fait Brantome. « *Anne* étoit fine femme & déliée s'il en fut oncques; vindicative, trinquate, corrompue, pleine de dissimulation & grande hypocrisie, qui, pour son ambition, se masquoit & déguisoit en toutes sortes; splendide & magnifique. Elle avoit bien aussi de grandes bontés à l'endroit des personnes qu'elle aimoit & prenoit en sa main ; fort spirituelle & assez bonne ». Le même Ecrivain dit ailleurs que lorsqu'elle ne fut plus régente, elle vouloit néanmoins *mettre le nez où elle pouvoit. Certes*, ajoute-t-il, *c'étoit une maîtresse femme, un petit pourtant brouillonne.*

Anne, en matière de religion, n'étoit pas plus éclairée que le Roi son père, d'odieuse mémoire. Endoctrinée sans doute par quelques Moines ignorans, elle croyoit fermement posséder, seulement pendant quarante-huit jours par an, non compris les dimanches, la faculté d'entendre la confession de dix personnes à son choix, & de les absoudre elle-même de tous leurs péchés. (Voyez les *Observations de Godefroy sur l'histoire de Charles VIII.*)

Environs. On voit encore plusieurs autres tombeaux de la Maison de Bourbon, & de la branche aujourd'hui régnante, dans l'église des Cordeliers de *Champaigue*, village situé à une petite lieue de Souvigny.

Ce couvent fut fondé, au treizième siècle, par *Archambaud IX*, Sire de Bourbon. Son frère, *Gui de Dampierre*, donna des sommes considérables pour faire agrandir l'église ; elle fut sacrée en 1275. *Robert*, fils du Roi Saint-Louis, fit bâtir le dortoir, le cloître, & le chapitre.

Près du maître-autel, du côté de la sacristie, on voit le tombeau de *Gui de Dampierre*, dont nous venons de parler ; il mourut au château de Belleperche le 21 mars 1266, & ordonna que son corps fût apporté dans l'église de ce monastère, & enterré avec l'habit de Saint-François.

Agnès, fille d'Archambaud X, femme en premières noces de *Jean de Bourgogne*, en secondes noces de *Robert*, fils de Saint-Louis, fit bâtir la chapelle de la Pitié, & vendit pour cela ses bijoux & sa vaisselle d'argent; elle mourut en 1283, & fut enterrée dans cette chapelle.

Au milieu du chœur est le tombeau de *Béatrix de Bourgogne*, Dame de Bourbon, fille de Jean de Bourgogne & d'Agnès de Bourbon; elle épousa *Robert*, fils de Saint-Louis; c'est d'elle qu'est issu le Roi de France Henri IV, & la branche de Bourbon aujourd'hui régnante. Le tombeau est d'un travail précieux. Cette Princesse mourut, en 1310, en son château de *Murat* en Bourbonnois (1), & voulut être enterrée dans cette église.

Jacques de Bourbon, qui mourut le matin du jour de la Nativité de la Vierge, de l'an 1318; *Philippine de Bourbon* sa sœur, qui mourut le soir du même jour, & ses deux enfans jumeaux, qui moururent deux jours après, furent tous quatre ensevelis dans le même tombeau. Voilà, en deux jours, quatre personnes

---

(1) Ce château de *Murat* n'est point *Murat* de la haute Auvergne, comme quelques-uns l'ont cru; mais *Murat* en Bourbonnois, situé à une lieue de la petite ville de *Montmareau*. Ce château fut long-temps habité par la Maison de Bourbon; il en existe encore des ruines très-considérables, qui attestent son ancienne magnificence. C'est une Châtellenie, aujourd'hui engagée à la duchesse d'*Antin*.

mortes dans la même Maison, & de la même famille ; ceux qui connoissent les crimes des anciens Seigneurs, pourront soupçonner que le poison ait été employé dans ce désastre.

Auprès du maître-autel, du côté de l'évangile, est le tombeau de *Marie de Hainault*, belle-fille de *Béatrix*, femme de Louis I de Bourbon ; elle mourut, en 1354, en son château de Murat ; elle avoit tant de dévotion pour l'ordre de Saint-François, qu'elle voulut que son corps fût transporté en cette église, & inhumé en habit de Cordelier, à l'imitation de plusieurs autres Seigneurs de cette Maison, dont les figures en marbre ou en pierre sont représentées sur leur tombeau avec cet habit monacal.

Ce couvent est riche ; quoiqu'il ne soit plus conventuel, qu'il ait été réformé, & que par conséquent ces Moines aient renoncé à toutes propriétés immeubles, ils possèdent cependant beaucoup de terres & de rentes : ici la règle a cédé à l'intérêt. C'est aujourd'hui une maison de force, où l'on renferme les foux & les jeunes gens d'une mauvaise conduite.

Les environs de Souvigny sont agréables ; le magnifique vallon où la ville est bâtie, est très-bien cultivé, & produit du froment, des orges, &c. ; on y élève une grande quantité de bestiaux ; il y a aussi des vignobles.

Dans les dépendances de Souvigny sont des carrières dont on a tiré des pierres pour la construction du pont de Moulins.

SAINT-AMAND SUR CHER.

Petite ville située près des frontières du Berri, & de la rive droite du Cher, à dix-sept lieues de Moulins, & à douze de Montluçon.

Orval ayant été pris & brûlé, en 1410, par les Anglois, le Connétable d'*Albret*, qui possédoit cette seigneurie par Marie-Henriette de Sully sa femme, en fit conduire les habitans dans la place de Saint-Amand, où se tenoient auparavant les foires d'Orval, & où l'on avoit bâti quelques boutiques pour la commodité des Marchands. Les habitans transplantés construisirent des maisons, & en 1434, *Charles d'Albret*, Sire d'Orval, fit, à ses dépens, clorre ce lieu de murailles.

Le château n'appartient point au Prince de Condé, mais il est Seigneur de la ville, dont le local fait partie de la terre d'Orval.

BANNEGON est un bourg situé à trois lieues & au nord-est de Saint-Amand. Du temps des guerres de la religion, l'ancien château de ce lieu étoit très-bien fortifié.

Ce château appartenoit à *Marie de Brabançon*, veuve du sieur *de Neuvy*; cette femme, qui étoit de la Religion réformée, y fut assiégée au commencement de novembre 1570, par le sieur *Montaré* (1), Gouverneur du Bour-

---

(1) C'est le même *Montaré* dont il est parlé à l'article *Moulins*, pag. 57.

bonnois. Ce Capitaine avoit conduit une armée de trois mille hommes pour ce siège, & quelques pièces de canon avec lesquelles, pendant quinze jours, il battit le château sans succès.

Ce château n'étoit défendu que par la Dame *de Neuvy*, & par cinquante hommes qu'elle commandoit. Cette femme courageuse, avec une si foible garnison, résista aux batteries & aux assauts réitérés de cette armée pendant plus de deux mois; enfin étant dépourvue de vivres & de munitions, & ses soldats ayant presque tous été tués aux assauts & aux sorties, & ne pouvant plus tenir la place, elle capitula, & se rendit. *Montaré* l'envoya prisonnière à Moulins; & furieux d'avoir éprouvé une si longue résistance de la part d'une femme, & d'avoir perdu beaucoup de soldats, il fit piller & ruiner le château de Bannegon.

SANCOINS est une petite ville située sur le ruisseau d'Argent, près des frontières du Berri & du Nivernois, à trois lieues de Bannegon, & à la même distance de Saint-Pierre-le-Moutier.

Ce lieu étoit connu du temps des Romains. L'Itinéraire d'Antonin le désigne sous le nom de *Tinconcium*, & la Table Théodosienne sous celui de *Tincollum*. Une voie Romaine venant de Bourges, passoit à Sancoins, & alloit à Décise.

On y trouve un ancien prieuré de l'ordre de Saint-Benoît, dont la maison, bâtie comme une forteresse, fut, pendant les guerres de la religion, plusieurs fois prise & reprise,

& enfin rasée, en 1592, par ordre du Roi ; la ville fut, à cette époque, renfermée dans une enceinte, & les Moines se virent obligés de céder au Roi une partie de leurs droits, pour conserver l'autre. Dans la suite, le monastère, devenu moins riche, fut abandonné, & il ne reste plus aujourd'hui que le prieuré en titre.

La ville renferme une seule paroisse & un hôpital ; il y a un marché par semaine, & quatre foires par an.

MOULINS.

Ville capitale du Bourbonnois, avec une Généralité, une Intendance, un Présidial, un Bailliage, une Sénéchaussée, une Election, &c., située sur une des deux grandes routes qui mènent de Paris à Lyon, & sur celle de Paris en Auvergne ; sur la rive droite de l'Allier, à dix-huit lieues de Clermont, à trente lieues de Lyon, à dix lieues de Nevers, & à soixante-dix lieues de Paris.

ORIGINE. Cette ville n'est point ancienne, & c'est peut-être la plus moderne de toutes les capitales du royaume. Ceux qui ont écrit qu'elle étoit l'ancienne *Gergovia*, capitale des Boyens, ne peuvent en offrir aucune preuve. Son origine ne remonte pas avant le quatorzième siècle ; il paroît même qu'elle n'a reçu le titre de ville que vers la fin de ce siècle, ou au commencement du suivant. Son nom vient d'un ancien moulin qui étoit situé sur les bords de l'Allier, & qui n'a été détruit que depuis une vingtaine d'années.

Les Ducs de Bourbon qui faisoient leur séjour à *Souvigny*, à *Bourbon* ou à *Chantelle*, avoient en cet endroit un bâtiment qui leur servoit de repos de chasse ; c'étoit une tour qui a fait, depuis, partie du château de Moulins, & qui a été long-temps connue sous le nom de *la Tour mal coiffée*. Ils y construisirent un château, & *Louis II*, Duc de Bourbon, mort au commencement du quinzième siècle, le fit agrandir, & y fonda une église collégiale. L'heureuse situation de ce lieu, & le séjour qu'y firent les Ducs, attirèrent plusieurs particuliers qui y fixèrent leur demeure ; le lieu s'accrut, & devint insensiblement une ville. La formation de cette ville est si récente, que jusqu'en 1789, il n'y a point eu de siège épiscopal, & qu'il n'y avoit même pas, à cette époque, d'église paroissiale dans la ville ; on n'y trouvoit que deux succursales dépendantes des paroisses d'*Yzeure* & de *Saint-Bonnet*, villages éloignés d'un quart de lieue de Moulins.

Il paroît qu'au quinzième siècle, Moulins dépendoit de l'Auvergne ; c'est ce qu'assure *Coquille* dans son *Histoire du Nivernois*. « La ville capitale, qui est Molins, dit-il, n'y a pas deux cents ans, se disoit *Molins en Auvergne*, comme j'ai vu par une lettre de nos prédécesseurs ».

DESCRIPTION. Cette ville se divise en quatre quartiers, la ville, la ville neuve, le faubourg des Carmes & celui d'Allier ; elle n'a ni murs ni portes ; & ce qui restoit de la vieille enceinte a été démoli depuis 1681. Le château est situé dans la partie occidentale & la plus élevée de la ville. Les rues, sans être régulières, sont assez larges; on y remarque sur-tout *la rue d'Allier*. Presque toutes les maisons étoient construites en bois de chataigniers (1); mais depuis plusieurs années presque toutes se sont renouvellées; à la construction en bois, on a substitué la construction en briques, qui sont souvent de plusieurs couleurs, & comparties en lozanges, en zig-zag & en autres dessins; telle muraille ressemble à une tapisserie de Bergame; ce n'est pas beau, mais c'est singulier & même agréable.

Les promenades sont très-belles à Moulins; les chaussées qui sont sur les bords de l'Allier offrent des points de vue superbes & variés; la ville est en partie entourée d'un boulevart planté d'arbres, qui produit déjà beaucoup d'ombre. *Le cours de Berci* est la plus magnifique de ces promenades; elle est située près de l'Allier, & composée de deux allées très-larges & très-longues, accompagnées de contre-allées; ces deux allées se coupent à angle droit, & forment quatre parties qui s'étendent fort loin, & offrent des promenades très-ombragées & très-agréables, mais généralement peu fréquentées.

Il y a plusieurs fontaines à Moulins, qui ont un réservoir commun, appelé *Château*

---

(1) Cette espèce de bois, qu'on ne trouve plus qu'à une grande distance de Moulins, a fait croire que cette ville a été construite sur l'emplacement, ou auprès d'une forêt de châtaigniers, dont il n'existe plus rien aujourd'hui.

d'eau; mais les eaux ont l'inconvénient de perdre leur limpidité dans des temps de pluie, & de diminuer considérablement ou même de tarir lors des sécheresses. Cet inconvénient est compensé par les puits qui se trouvent dans plusieurs maisons particulières, & dont l'eau, légère & pure paroît être celle de l'Allier, filtrée à travers les sables.

Le château est vaste & magnifique, la plus grande partie fut bâtie, vers la fin du quatorzième siècle, par *Louis II*, Duc de Bourbonnois, Comte de Clermont & de Forez; l'autre partie fut construite par François Ier; au moins on y voit ses armes & la Salamandre, sa devise; il est aujourd'hui presque entièrement détruit : il a été le théâtre de plusieurs événemens célèbres dont nous parlerons (1).

La collégiale est sous l'invocation de Notre-Dame; elle fut fondée, vers l'an 1386, par *Louis II*, Duc de Bourbonnois, le même qui fit construire le château. Le chapitre est composé d'un Doyen & de onze Chanoines, outre les Vicaires & le bas chœur. Cette église est dans le genre des belles constructions gothiques du quinzième siècle; elle n'est point achevée, & devroit être beaucoup plus longue. On y

---

(1) Louise de Lorraine, veuve d'Henri III, & Douairière de France, après l'assassinat du Roi son mari, se retira d'abord à Chenonceaux; puis Henri IV lui ayant donné en douaire le Bourbonnois, dont avoit auparavant joui *Elisabeth*, veuve de Charles IX, elle passa le reste de ses jours à Moulins, vivant très-dévotement, & y mourut le 4 juillet 1601.

voit un ancien tableau représentant une Assomption, qui paroît d'un bon maître. A la porte est un Saint-Christophe, qui seroit absolument nu, si le Sculpteur n'avoit eu soin de lui figurer des caleçons.

Dans le chœur, les bas-reliefs en bois qui se voient au dessus des stalles, sont très-estimés ; on prise sur-tout celui où la Sainte Vierge est représentée couchée dans un lit ; on raconte que le Cardinal de la Rochefoucauld avoit offert quarante mille livres de ces médaillons, pour les faire placer dans la cathédrale de Bourges.

Le couvent des *Chartreux*, fondé, en 1622, par Henri de Bourbon, est situé hors la ville. Les bâtimens sont beaux ; l'église est d'une belle proportion. On voit sur le maître-autel une Nativité peinte par *Parocel* ; c'est un des beaux tableaux de ce Maître.

Les *Minimes* furent fondés, en 1211, par le Comte de Saint-Gérand. On voit dans leur église une Sainte Famille, peinte par *Perrier* ; composition fort agréable. On doit aussi observer un tableau dont le sujet est la mort de Sainte-Euphémie. Cette peinture est d'un grand effet ; on ne peut considérer, sans émotion, la Sainte baignée de son sang. On croit ce tableau de l'Ecole Italienne. Il a été donné à cette église par M. *de Culans*, Gentilhomme du Bourbonnois.

Les *Augustins* furent établis en 1617 (1) ;

_____

(1) Dans l'espace de dix ans, depuis 1617 jusqu'en 1628, sept communautés religieuses ont été fondées à Moulins, quatre d'hommes & trois de filles ; il y a eu des époques où ces fondations étoient de mode.

l'église est bien construite. Derrière le maître-autel est un beau morceau d'architecture peint à fresque, & au milieu est une Circoncision peinte par *Henri Flamand*.

Le couvent de la Visitation renferme la principale curiosité de Moulins. Il a été construit, vers l'an 1650, par Madame de Montmorenci, veuve du célèbre Duc de Montmorenci, décapité à Toulouse. L'église est belle, & a été bâtie aux frais de cette même Dame, en 1648, sur les desseins de *Lingré*.

Dans le sanctuaire, du côté gauche du maître-autel, on voit le magnifique mausolée que cette nouvelle Arthemise fit élever à son célèbre époux; c'est en ce genre un des plus beaux monumens qu'il y ait en France.

Ce mausolée est placé contre le mur, qui forme un fonds revêtu de marbre blanc, & orné d'architecture. Le sarcophage, ainsi que le vaste socle qui le supporte, est d'un beau marbre noir; au dessus est la figure du Duc en marbre blanc; il est représenté à demi couché, ayant une main sur son casque, & tenant de l'autre son épée. La figure exprime bien, la noble & douce fierté qui caractérisoit ce héros (1).

_____

(1) La tête de ce Duc est tournée vers la porte, au lieu de l'être vers l'autel; c'est un défaut qui déplut infiniment à Madame la Duchesse de Montmorenci; mais il n'y avoit plus de remède. L'Artiste qui avoit exécuté toutes les parties de ce monument à Paris, ne connoissoit l'église que d'après un plan qu'on lui en avoit fourni, où la grille du chœur étoit indiquée à gauche, & l'emplacement du mausolée à droite; tandis qu'il existe le contraire.

A côté, & sur le même sarcophage, est la Duchesse de Montmorenci, aussi en marbre blanc, représentée assise, les mains jointes, & les yeux tournés vers le ciel. Cette figure porte l'expression d'une douleur profonde qu'aucune affection mortelle ne sauroit calmer (1).

Aux deux côtés, & en bas du sarcophage, sont deux socles portant chacun une figure en marbre; l'une est celle d'un Hercule couchée, représentant *la Force*; cette figure est très-belle. L'autre représente *la Libéralité*, sous l'emblême d'une femme qui tient à la main de riches bijoux qu'elle semble donner.

Outre les quatre grandes figures de marbre, dont nous venons de parler; il en est encore deux placées dans des niches, aux deux côtés du sarcophage; l'une, représentant un guerrier vêtu à l'antique, est l'emblême de *la Noblesse*; l'autre est celui de *la Piété*, sous la figure d'une femme tenant une croix.

Entre ces deux figures, au milieu du monument, & au dessus du sarcophage, est, dans une niche, une urne que deux Génies couronnent de guirlandes (2). Toute cette magnifique

---

(1) Cette figure n'étoit point dans le dessin qu'avoit approuvé Madame de Montmorenci; elle fut fort étonnée de la voir exécutée, s'en plaignit fortement, & étoit sur le point de la faire retrancher; mais on parvint à la détourner de ce projet, qui auroit nui considérablement à l'ensemble de cette composition.

(2) Les deux figures d'enfans qui représentent ces Génies, offrirent encore à la Duchesse un objet de censure. On sait qu'en sculpture les nudités des enfans

décoration

décoration est couronnée par l'écusson de la Maison de Montmorenci, accompagné de deux Anges plus grands que nature, qui supportent le manteau ducal.

Sur le socle du sarcophage, on lit cette épitaphe :

Henrico II, Momoriaci Ducum ultimo & maximo, Franciæ Pari, Thalassiarcho, Polemarcho, terrori hostium, amori suorum. Maria-Felix-Ursina ex Romanâ stirpe conjux unica, cui ex immensis viri divitiis unæ amor viventis & functi cineres. Post exactos in conjugio felicissimo annos XVIII, marito incomparabili de quo dolere nihil unquam potuit, nisi mortem. Benemerenti F. an. Sal. 1652, sui luctûs XX.

Plusieurs personnes seront peut-être curieuses d'en avoir la traduction françoise :

« A *Henri II*, le dernier & le plus grand
» des Ducs de *Montmorenci*, Amiral, Pair &
» Maréchal de France, l'effroi de ses ennemis,
» & l'amour des siens. *Marie-Felix des Ur-*
» *sins*, de noblesse Romaine, son unique épouse,
» ne conservant de ses richesses immenses, que
» les cendres du défunt, & sa tendresse pour lui,
» après avoir vécu dix-huit ans dans la plus

---

sont, sans conséquence. Les yeux chastes de la Duchesse en furent très-choqués ; l'Artiste eut beau faire des représentations, il fut contraint de couvrir d'une draperie le sexe des petits bons hommes.

Partie VI.

» douce union avec le meilleur des maris, qui
» jamais ne lui donna d'autres chagrins, que
» celui de sa mort; dans sa douleur profonde,
» elle a fait élever ce monument, l'an de grace
» 1652, & la vingtième année de son deuil ».

La Duchesse de Montmorenci choisit les plus habiles Sculpteurs de son temps, pour qu'il ne manquât à ce monument ni magnificence ni perfection. Le célèbre *François Anguier* eut la direction de tout l'ouvrage, & sculpta les principales figures; il s'associa *Thomas Renaudin* (1) & *Thibaut Poissant*, qui y travaillèrent conjointement. Le tout fut exécuté à Paris.

Cette Dame, après la mort tragique de son époux, victime de la vengeance du cruel Richelieu, & décapité à Toulouse le 30 octobre 1632 (2), fut elle-même accusée de l'avoir excité à la révolte; en conséquence elle fut prise & conduite prisonnière au château de Moulins, où, pendant un an, on la garda fort étroitement. L'année suivante, elle obtint un peu plus de liberté. Les Religieuses de la Visitation lui offrirent souvent des consolations & des secours spirituels qu'elle reçut avec reconnoissance; elle eut aussi de fréquentes relations avec la mère *de Chantal*, & avec le Jésuite *Lingendes*, qui étoit son di-

---

(1) *Renaudin*, dont on voit, à Paris & au parc de Versailles, plusieurs ouvrages, étoit natif de Moulins.

(2) Voyez à l'article *Castelnaudari*, le récit de sa prise, tom. II, pag. 205; & à l'article *Toulouse*, le récit de sa mort, tom. II, pag. 252 & suivantes.

recteur. L'exemple de l'une, les sollicitations de l'autre, joints à sa douleur profonde, la déterminèrent à vivre dans la retraite. Après deux ans de prison, elle fut libre; mais elle vécut toujours à Moulins, &, en 1641, elle entra dans le monastère de la Visitation, y prit le voile le 30 septembre 1657, & y mourut Supérieure, le 5 juin 1666, à soixante-six ans.

En 1642, Louis XIII passa à Moulins, & vint loger dans le château. Le bruit de cette entrée renouvela les douleurs de Madame de Montmorenci. Le Roi envoya un de ses Gentilshommes pour s'informer de l'état de cette veuve. *Monsieur*, lui dit-elle, *je vous supplie de dire au Roi que j'ai été bien surprise qu'il conserve encore en son souvenir une si malheureuse créature, & si indigne de l'honneur qu'elle reçoit de lui.*

Le Cardinal de Richelieu, qui accompagnoit le Roi en ce voyage, qui, par des moyens odieux, avoit conduit lui-même le Duc de Montmorenci sur l'échafaud, qui avoit plongé sa veuve dans le plus affreux malheur; ce Cardinal fut assez audacieux ou assez hypocrite, pour oser aussi envoyer, de sa part, un Gentilhomme auprès de la Duchesse. A cette nouvelle, Madame de Montmorenci ne put contenir un premier mouvement d'indignation. On est femme avant d'être dévote; cependant sa piété l'emporta bientôt sur la nature; elle se transporta au parloir, & dit au Gentilhomme envoyé: *Monsieur, vous direz, s'il vous plaît, à votre Maître, que mes larmes parlent pour moi, & que je suis sa très-humble servante.*

Le sanctuaire de cette église est orné de bas-reliefs & de statues en pierres, qui sont de *Poissant*.

Le tableau du maître-autel est très-précieux ; c'est une Présentation au temple, peinte par *Pietre de Cortonne*. Il fut envoyé de Rome à la Duchesse de Montmorenci, par son neveu le Cardinal des Ursins. Parmi les figures de ce tableau, on en voit plusieurs qui sont les portraits de quelques personnes de la Maison des Ursins.

Le tabernacle d'ébène est garni de bas-reliefs en argent ; l'ostensoire, qui y est enfermé, a son pied en vermeil, & toute sa partie supérieure en or pur, enrichi de diamans & d'émeraudes.

Dans la sacristie, on voit plusieurs portraits, parmi lesquels on remarque ceux de Saint-François de Sales, du Pape Alexandre VII, & du Cardinal des Ursins.

Il y a trois *hôpitaux* à Moulins ; le premier, sous le nom de *Saint-Gille*, est destiné aux hommes ; il est administré par des Religieux de la Charité ; le second, appelé l'*Hôtel-Dieu de Saint-Joseph*, est l'asile des femmes malades ; & le troisième est l'Hôpital général, où l'on reçoit les vieillards, les orphelins, les insensés, & les incurables des deux sexes.

Le *Collège royal* est professé par des Prêtres de la Doctrine Chrétienne, établis par lettres patentes de 1780.

Le *Pont* de Moulins passe, à juste titre, pour un des plus beaux ouvrages en ce genre, qu'il y ait en France. Dans l'espace d'un siècle, on avoit construit dans cet endroit quatre ponts, trois en pierres, & un en bois; le troisième, bâti en pierres, s'écroula en 1689 : on entreprit d'en construire un quatrième au mois de mars 1706, sur les dessins de *Jules Hardoin Mansard*. A peine fut-il achevé, que, le 8 novembre 1710, à neuf heures & un quart du matin, il fut entraîné par l'impétuosité des eaux. Il n'en resta qu'une seule arche, que l'on fit démolir, parce qu'elle gênoit la navigation. En 1754, on commença la construction d'un cinquième pont, qui est celui qui existe aujourd'hui, sous la conduite & les dessins de M. *de Regemortes*. Cette construction demandoit beaucoup de soins & des moyens nouveaux. Tout le terrain étant de sable, la fondation offroit la plus grande difficulté, & l'épuisement de l'eau devenoit presque impossible. M. de Regemortes parvint à surmonter tous les obstacles, & à faire, par un encaissement, un pont aussi beau que solide, qui fut entièrement achevé en 1763.

Ce pont, bordé de trottoirs, offre une route plate, nivelée dans toute sa longueur. Il est composé de treize arches égales, chacune de dix toises d'ouverture, & dont le cintre présente une demi ellipse; sa largeur est de sept toises, & sa longueur, prise du nu d'une culée à l'autre, est de cent soixante-quinze toises. A l'extrémité de ce pont, du côté de l'Auvergne, est une chaussée en ligne droite qui a près d'une lieue de longueur.

Du même côté, & à l'extrémité de ce pont, on vient de construire de superbes & vastes casernes.

Evénemens remarquables. Du temps de la guerre du *bien public*, *Jean*, Duc de Bourbon, étoit un des Princes révoltés. Louis XI vint, avec une armée, en Auvergne & en Bourbonnois, chassa les Princes de plusieurs places qu'ils occupoient; entre autres de la ville de Riom & de celle de Montluçon; il se seroit aussi rendu maître facilement de tout le Bourbonnois, & même de *Moulins*, si le Duc de Bourbon & le Cardinal son frère n'eussent envoyé, de Bourgogne en cette ville, un secours considérable, commandé par Claude de Montagu, Seigneur de *Coulches*, par Rodolphe de *Hochberg*, Marquis de *Rotelin*, & par de *Neufchâtel*, Seigneur de Montagu, &c. Ces troupes qui, sous le titre imposant de *bien public*, faisoient la guerre au Monarque, étant mal payées par leurs chefs révoltés, pilloient les campagnes, exerçoient, sur leurs passages, des brigandages affreux, & devenoient réellement la ruine du *bien public*. Le Roi ne s'arrêta pas à faire le siège de Moulins; il partit aussi-tôt du Bourbonnois, & se rendit à Paris. Quelques jours après son départ fut donnée la célèbre bataille de *Montlhery*.

Le Connétable *Charles de Bourbon*, furieux contre *Louise de Savoie*, mère du Roi, & contre le Chancelier *du Prat*, son satellite, qui, avec des formes juridiques, lui avoient enlevé, très-injustement, la plus grande partie de ses biens, venoit de former le projet de sortir de France, d'aller se réunir à l'Empereur, & de tourner ses armes contre sa patrie; lorsque François Ier, partant pour la guerre d'Italie, fut instruit, en passant à Saint-Pierre-le-Moutier, de la secrète résolution du Connétable. A cette nouvelle, le Roi, ne voulant pas, sans être bien accompagné, entrer à Moulins, où se trouvoit le Duc de Bourbon, séjourna quelques jours de plus à Saint-Pierre-le-Moutier, & y attendit des bandes de Lansquenets qui lui arrivoient. Encouragé par ce secours, François Ier entra dans Moulins, & logea ses troupes aux portes de cette ville. Il apprit que le Connétable feignoit d'être malade, afin d'avoir un prétexte qui l'exemptât de le suivre en Italie. Le Roi montra, en cette occasion, beaucoup de franchise ; il vint visiter le Connétable dans sa chambre, lui déclara, sans détour, qu'il étoit instruit des pratiques que faisoit l'Empereur auprès de lui pour l'attirer dans son parti. Le Duc de Bourbon avoua qu'il avoit été sollicité par le Seigneur de Rieux d'abandonner la France pour se retirer auprès de l'Empereur ; mais qu'il avoit constamment rejeté ces propositions ; il ajouta, que s'il n'avoit pas plutôt instruit Sa Majesté des menées de l'Empereur, c'est qu'il avoit cru prudent de n'en confier le secret qu'à elle-même, & de vive voix ; il l'assura d'ailleurs qu'aussi-tôt que sa santé seroit un peu rétablie, il se hâteroit de suivre l'armée, & qu'il ne tarderoit pas à rejoindre Sa Majesté à Lyon, attendu que ses Médecins lui avoient fait espérer que dans peu de jours il pourrait voyager en litière.

François Ier fut cependant conseillé par plusieurs Gentilshommes de s'assurer de la personne du Connétable ; mais n'ayant pas encore des preuves assez certaines des projets de ce Prince, il refusa de se porter, envers lui, à une extrémité aussi éclatante, & partit de Moulins en attendant l'effet de ses promesses.

Peu de jours après le départ du Roi, le Connétable partit en effet de Moulins, prit la route de Lyon; mais arrivé au lieu de *la Pacaudière*, il s'y arrêta, sous prétexte d'un redoublement de maladie qui l'empêchoit de continuer sa route; de là il dépêcha à Lyon *Perot de Warty* (1), pour avertir le Roi de son départ de Moulins, & de la maladie qui le retenoit en chemin. Tourmenté par l'incertitude du parti qu'il avoit à prendre; entraîné d'un côté par son devoir qui l'appeloit auprès du Roi; de l'autre, par le sentiment profond de l'injustice & de la perte immense qu'il venoit d'éprouver de la part de la mère du Roi & de ses lâches satellites; sentiment qui le portoit à se venger d'une manière éclatante, en acceptant les propositions de l'Empereur; il crut très-prudent d'agir comme s'il n'adoptoit ni n'abandonnoit aucun des deux partis. Ainsi, sans rejeter ouvertement les propositions de l'Empereur, & sans paroître trahir le Roi, il abandonna son voyage de Lyon, revint presque sur ses pas, & se retira en son château de *Chantelle*, place très-forte, dans laquelle il croyoit pouvoir, en sûreté, proposer

---

(1) Ce Perot de *Warty* étoit Gentilhomme & espion. Le Roi l'avoit secretement placé auprès du Connétable qui ne s'en méfioit point, afin de connoître toutes ses démarches.

à François Ier l'alternative de servir sa patrie avec zéle, s'il lui faisoit restituer ses biens, ou de prendre les armes contre elle, si on lui refusoit cette restitution. (Voyez *Chantelle*, p. 15)

Vers le milieu du quinzième siècle, le Protestantisme eut plusieurs partisans à Moulins. En 1562, le sieur de *Montaré* fut envoyé en cette ville, avec charge de persécuter les Religionnaires. Il fit premièrement, dit *de Serres*, sans figure de procès, pendre deux Artisans; il leva ensuite jusqu'à trois mille hommes de troupes, chassa de la ville les personnes qu'il redoutoit le plus; puis il lâcha la bride à ses soldats, qui pillèrent, dans les campagnes des environs, un grand nombre de métairies, & égorgèrent plusieurs villageois.

Le Capitaine *Saint-Auban*, conduisant, de Languedoc, quelques troupes à Orléans, faillit prendre *Montaré* & Moulins; mais lorsqu'il commençoit le siège de la ville, il reçut des lettres qui l'obligèrent d'en partir promptement. Comme il partoit avec sa troupe, la populace de Moulins courut sur l'arrière-garde, se saisit de plusieurs personnes, parmi lesquelles étoit le sieur *de Foulet*, Gentilhomme du voisinage, & un Avocat nommé *Claude Brisson*, qui furent tués sur le champ; quatre autres furent pendus à Moulins. De Serres ajoute que *le noble Montaré*, & le Bourreau, qu'il appeloit *son compère*, servoient les passions & le fanatisme de la populace, &, sans forme de procès, exécutoient à mort tous les Protestans qui leur étoient livrés.

L'événement le plus remarquable dont cette

ville ait été le théâtre, est la célebre *assemblée de Moulins*, qui commença au mois de janvier 1566.

Charles IX, quoique jeune, mais dirigé par les sages conseils du Chancelier *l'Hôpital*, assembla les Grands du royaume en cette ville, dans l'unique intention de faire cesser la mésintelligence qui régnoit entre les *Guise* & les *Coligny*, & qui tendoit à la ruine du royaume. Cependant, pour ne pas faire paroître que cette assemblée avoit été uniquement convoquée pour des particuliers, on voulut qu'il y fût aussi question des affaires de l'état ; en conséquence les chefs de tous les Parlemens du royaume y furent invités, & s'y rendirent.

Le Roi ouvrit la séance par un discours dans lequel il parla des maux dont les provinces de France étoient accablées par une suite naturelle de la dernière guerre civile ; il dit que c'étoit pour y remédier, par les moyens les plus prompts & les plus faciles, qu'il avoit convoqué cette assemblée ; il pria & enjoignit même aux membres qui la composoient, de s'appliquer à seconder ses intentions.

Le Chancelier *l'Hôpital* parla beaucoup des malheurs qu'avoient éprouvés, & qu'éprouvoient encore les habitans des campagnes, par les insolences, les brigandages & les cruautés infinies des militaires & des Gentilshommes ; il soutint que ces maux étoient causés & entretenus par l'impunité & la licence, & que les Juges, amis ou esclaves des Grands, n'employoient la force qui leur étoit confiée, qu'à tolérer ou protéger les attentats des plus forts contre les plus foibles. Il proposa de nouvelles lois judiciaires, & la suppression de plusieurs tribunaux subalternes. « Il faut, dit-il, augmenter les gages des Juges qui resteront, les payer des deniers publics, & retrancher absolument les épices que paient les parties; car je blâme extrêmement, & je condamne ce trafic honteux qu'on fait de la justice. » Il insinua encore qu'il étoit à propos de soumettre les Juges à la censure, & de les obliger à rendre compte de la manière dont ils exerçoient leurs charges.

D'après plusieurs autres propositions pleines de sagesse, on rédigea, au mois de février, une ordonnance appelée aujourd'hui l'*ordonnance de Moulins*, dont plusieurs articles sont, jusqu'à nos jours, restés en vigueur.

Les Prêtres & les Cardinaux qui assistoient à cette assemblée, proposèrent de révoquer l'édit de pacification; ce fut sur-tout l'opinion du Cardinal *de Lorraine*, qui demanda la cassation d'un édit particulier, qui permettoit à ceux de la Religion réformée de s'assembler, quand bon leur sembleroit, pour tenir leurs prêches, & à leurs Ministres d'exercer leurs fonctions. Le Chancelier, qui avoit, par cet édit, voulu adoucir un peu la situation malheureuse dans laquelle se trouvoient les Protestans des provinces, fut fort blâmé par le bon & ignorant Cardinal de Bourbon, & par l'arrogant & fanatique Cardinal de Lorraine : ce dernier se récria surtout avec emportement contre la tolérance du Chancelier, qui lui répondit : *Monsieur, vous êtes déjà venu pour nous troubler.* Le Cardinal plein d'orgueil & d'insolence, répliqua à cet illustre Magistrat : *Je ne suis pas venu vous troubler, mais empêcher que ne troubliez, comme avez fait par le passé,* BELISTRE QUE VOUS ÊTES ! Le Chancelier lui ajouta : *Voudriez-vous empêcher que ces pauvres gens, auxquels le Roi a permis de vivre en liberté de leurs consciences, ne fussent aucunement consolez ?* — OUI, JE LE VEUX EMPECHER, repartit le Cardinal, *car l'on sait bien que souffrant telles choses, c'est tacitement souffrir les prêches secrètes, & l'empêcherai tant que je pourrai.*

L'intérêt & le fanatisme de ces Prêtres Cardinaux l'emportèrent sur la sagesse du Chancelier. On révoqua l'édit particulier, & les persécutions se continuèrent. On voulut cependant, pour tranquilliser les peuples, réconcilier les Guise & les Coligny ; c'étoit le principal objet de l'assemblée. On obligea donc les parties à se promettre paix & amitié, même à s'embrasser ; mais cette réconciliation simulée ne fut qu'une vaine représentation, faite pour contenter un moment les Protestans, qui cependant n'en furent pas dupes.

Le Roi partit de Moulins le 23 mars 1566, & fit un voyage dans la Limagne d'Auvergne.

MANUFACTURES. La coutellerie est à Moulins une principale branche de l'industrie du peuple ; on y fabrique sur-tout des ciseaux qui sont renommés.

CLIMAT. L'air qu'on respire à Moulins est très-sain ; favorisé par le courant de la rivière, il circule & se renouvelle sans obstacle. Cette heureuse disposition du local & l'éloignement des pays marécageux rendent ce séjour très-salubre, & les maladies épidémiques y sont rares.

CARACTÈRE. La plupart des habitans de Moulins ont le tempérament sanguin & billieux; ils sont doux, paisibles par caractère, & d'une agréable société; ils ont des dispositions à l'esprit, & pourroient, avec succès, s'adonner aux Sciences; mais ces dispositions sont généralement absorbées par l'insouciance nationale : le préjugé & la paresse y étouffent le génie. Ils aiment beaucoup le jeu & la société des femmes; mais on croiroit qu'ils aiment encore mieux les plaisirs d'opinion : les habits riches, les titres pompeux, toutes les apparences du pouvoir ou de l'opulence les séduisent & les flattent infiniment. Ils ont cela de commun avec plusieurs autres peuples de France, que c'est plutôt à l'éclat extérieur qu'au mérite modeste qu'ils accordent de la considération. Enfin, pour achever le portrait, & lui ajouter des traits incontestables de ressemblance, il faut dire que les habitans de Moulins, placés dans une des situations les plus heureuses de France pour faire un grand commerce, n'en font aucun.

Leur ville, où viennent aboutir les routes de Limoges, de Bourgogne, celles d'Auvergne à Paris, de Paris à Lyon, où passe une rivière navigable, & dont la Loire est peu éloignée, reste comme paralysée au milieu du mouvement général; spectateurs insensibles, les habitans voient devant eux, sur les grandes routes, comme sur la rivière, les nombreux transports des marchandifes ou des productions des provinces limitrophes, & ils ne font point tentés d'imiter l'induftrie de leurs voifins, & de partager avec eux la peine & les fruits de ce travail.

En conféquence de ce caractère infouciant, Moulins eft la feule capitale dont on n'ait point écrit l'Hiftoire, & la feule qui n'ait produit aucun homme qu'on puiffe appeler *grand* dans aucun genre; les plus diftingués font les trois *Lingendes*, l'un Jéfuite & Prédicateur; l'autre Evêque; & le troifième Poète; on cite encore *Gilbert Gaulmin*, célèbre par fon érudition, par fon orgueil (1); mais leurs noms & leurs ouvrages font aujourd'hui oubliés & perdus dans la foule obfcure des anciens & médiocres Ecrivains.

POPULATION. La population de Moulins eft évaluée à vingt mille ames.

_____

(1) On a confervé fur cet érudit des traits de caractère affez remarquables. Son Curé ayant refufé de lui adminiftrer le Sacrement de Mariage avec une Demoifelle qu'il aimoit, il déclara, en préfence de ce Prêtre, qu'il prenoit une telle pour fa femme, & fe regardant comme marié en face de l'églife, il vécut depuis avec elle comme fon légitime époux; de pareilles alliances furent alors nommées des *mariages à la Gaulmine*. *Colomies* rapporte une anecdote qui prouve l'orgueil particulier de *Gaulmin*, & celui des favantaffes du fiècle paffé. Gaulmin ayant rencontré à la Bibliothèque du Roi *Saumaife* & *Mauffac*, leur dit: *Je penfe que nous pourrions bien tous trois tenir tête à tous les Savans de l'Europe*. Saumaife renchérit fur cette pédantefque rodomontade, en répondant: *Joignez à tout ce qu'il y a de Savans au monde, & vous & M. de Mauffac, je vous tiendrai tête moi feul.*

Environs. A trois lieues de Moulins, sur la grande route de cette ville à Paris, on trouve le bourg de *Villeneuve*, qui est sur les frontières du Bourbonnois. Une maison qui est à gauche en allant à Nevers, & qui se voit encore sur la route, porte cette inscription en vers, faite sans doute par un zélé royaliste, au commencement du règne d'Henri IV :

> Vive les lis, vive Bourbon,
> Vive Henri IV de ce nom ;
> Vive celui
> Qui pour sa Révérence,
> A fait poser ici
> Les armoiries de la France,
> 1596.

LA PALICE.

Ville, avec un ancien château, située sur la rivière de Bêbre, & sur la route de Paris à Lyon, à onze lieues de Moulins, à cinq lieues de Vichi, & à neuf lieues de Roanne.

Au commencement du quinzième siècle, cette terre fut acquise par *Jacques de Chabannes*, premier du nom, qui la laissa à son fils aîné *Geoffroi de Chabannes*. Geoffroi fut père du célèbre *Jacques de Chabannes*, Seigneur de la Palice, qui, sous les règnes de Louis XII & de François Ier, fut Grand-Maître de France, Général des armées, & Maréchal de France. Il épousa en secondes noces *Marie de Melun* ; il institua son fils aîné, *Charles de Chabannes*, son héritier, & substitua à son profit, la terre de *la Palice, pour entretenir son nom, sa grandeur, hautesse & ses armes*, est-il dit dans l'acte de substitution.

La branche aînée des Seigneurs de la Palice étant éteinte, cette terre est sortie de cette maison ; elle a été rachetée par *Antoine de Chabannes*, de la branche de Chabannes-Pionsac, qui la substitua, en 1743, à *Jean-Baptiste de Chabannes*, son neveu. Celui-ci se voyant sans enfans, l'a, à son tour, substituée, en 1759, à Jacques-Charles de Chabannes, Marquis de Curton, en faveur de son mariage avec Marie-Elisabeth de Taleyrand-Perigord.

Cette ville, vivifiée par la grande route qui y passe, est assez bien bâtie ; sur la hauteur est situé l'ancien château des Seigneurs de la Palice, dont l'aspect est plus imposant qu'agréable.

La chapelle du château renferme la principale curiosité de la ville. On y voit le mausolée de *Jacques de Chabannes*, Maréchal de France, que sa veuve, *Marie de Melun*, lui fit élever ; il est en marbre d'Italie, & fut exécuté à Rome ; il représente la figure du Maréchal à genoux, les mains jointes, & revêtu de son armure. *Marie de Melun*, son épouse, y est aussi représentée dans la même attitude, & en habit de veuve. Ces deux figures sont bien faites, mais on admire encore les bas-reliefs qui ornent ce mausolée ; on pourroit les comparer avec ceux du tombeau de François Ier, qui est à Saint-Denis.

On y lit l'épitaphe suivante :

« Cy gist haut & puissant Seigneur, Messire Jacques de Chabannes, en son vivant Chevalier de l'ordre, Maréchal de France, Capitaine de cent hommes d'armes, Gouverneur des pays de Bourbonnois, Auvergne, Lyonnois, Forez, Dombes, Roannois, la Marche, Beaujollois, Combrailles ; Lieutenant-Général pour le Roi en Italie, Seigneur de la Palice, Montaigu-le-Blanc, Châtel-Peron, Chezelles, Dompierre & Vendenesse, qui trépassa en la bataille devant *Pavie*, le jour de Saint-Mathias mille cinq cent vingt-quatre ; lui ayant charge de l'avant-garde, le Roi présent. »

Jacques de Chabannes avoit servi sous Charles VIII, sous Louis XII, & sous François Ier ; il fut tué à la bataille de Pavie, qui fut donnée contre son avis ; il combattit cependant avec un courage extraordinaire ; son cheval fut tué sous lui ; il parvint à s'en dégager, & comme il se retiroit du côté des Suisses de l'armée françoise, un Capitaine Espagnol, nommé *Castaldo*, courut sur lui à cheval, & le fit prisonnier. *La Palice* se rendit à lui ; mais un autre Espagnol, nommé *Buzarto*, étant survenu, jaloux de la glorieuse réputation du Capitaine françois, lui tira un coup d'arquebuse dans sa cuirasse, le tua en assassin, & contre tous les droits de la guerre.

Ce Seigneur étoit le digne Émule du *Chevalier Bayard*, l'honneur de notre chevalerie.

Voici de lui un trait de courage, cité par d'*Auton*, qui mérite d'être rapporté.

Le Pape ayant fait révolter la populace de Gênes contre le Roi de France Louis XII, ce Monarque vint soumettre les rebelles. Pour arriver à Gênes, il falloit que l'armée françoise passât près d'une montagne très-escarpée; sur la cime, les Génois avoient construit une forteresse bien défendue, & du haut de laquelle ils incommodoient beaucoup les François : on jugea qu'il étoit indispensable de s'en emparer. *La Palice*, à la tête de plusieurs Gentilshommes, grimpa la montagne. « Comme chacun s'efforçoit de monter, dit d'*Auton*, un trait vint d'amont donner droit au défaut de la gorgerette dudit Seigneur de la Palice, & lui entra, en devalant bas, dedans la gorge, bien quatre doigts, de quoi ne tint compte, mais marcha encore en avant disant : *Ce n'est rien, ce n'est rien* ; & arracha le trait, dont incontinent grand force de sang commença à jaillir de la gorge, & tant qu'il ne put plus tirer avant ; car jà avoit perdu moult sang, & toutes fois ne s'ébahit de rien ; mais tout en riant dit : *Je n'ai nul mal, si n'est que ma douleur est seulement pour ce que je ne puis, à mon vouloir & à ce besoin, servir le Roy, & me trouver à la bataille contre ces VILAINS* (1),

---

(1) Vilain, dans l'origine, dérivé du mot *villa*, exprimoit simplement un habitant des campagnes ; l'orgueil des Nobles en fit un terme de mépris, qui s'appliquoit également aux habitans des campagnes, & à ceux des villes, qui n'étoient pas gentilshommes. Dans

lesquels sans faillir, à l'aide de Dieu & des grands coups que vous, Messeigneurs, donnerez aujourd'hui, seront défaits.

Après avoir donné le commandement de cette entreprise au Duc d'Albanie, il se fit mettre un appareil à sa blessure, & bientôt la place fut prise.

SEPT-FONTS.

Abbaye d'hommes de l'ordre de Cîteaux, & de la filiation de Clervaux, située près de la rive gauche de la Bèbre; à une demi-lieue du confluent de cette rivière & de la Loire, à six lieues & demie de Moulins, près des frontieres du Bourbonnois & de la Bourgogne.

Cette abbaye fut fondée, en 1132, par *Guichard* & *Guillaume de Bourbon*, cadets de l'anciene Maison de ce nom. Elle fut dédiée à la Vierge, sous le nom de *Notre-Dame de Saint-Lieu*. Le nom de *Sept-Fonts* lui vient de sept fontaines qui prenoient leur source en cet endroit, lors de l'établissement de ce monas-

---

l'acception que lui donne ici La Palice, ce mot est injurieux. La Palice étoit brave, prudent, & *bon guerroyeur*; mais il s'en falloit bien qu'il fût au dessus des préjugés absurdes de son siècle; il ne doutoit certainement pas que son parent, *Antoine de Chabannes*, *Comte de Dammartin*, qui étoit un vrai brigand, & un des chefs des *escorcheurs*, ne valût beaucoup mieux qu'un bourgeois honnête homme. (Voyez *Montaigu-le-Blanc* en Auvergne, tom. V, page 365, & *Châlons-sur-Saône* en Bourgogne).

tère, & dont aujourd'hui il n'en existe qu'une qui fournit abondamment de l'eau aux besoins de la maison.

Cette abbaye, comme toutes celles qui sont riches & éloignées des villes, tomba dans un grand relâchement ; elle ne fut bientôt occupée que par une société de libertins, sans règle & sans pudeur, qui n'étoient connus dans le monde que par le scandale qu'ils y causoient.

En 1654, l'abbaye de Sept-Fonts vint à vaquer ; le Cardinal *Mazarin*, par des raisons politiques, l'offrit au jeune *Eustache de Beaufort*, qui n'avoit que dix-neuf ans ; on vainquit la répugnance de ce jeune homme pour l'état ecclésiastique, en flattant sa vanité, en faisant briller à ses yeux une crosse & une mitre. Ces frivoles décorations, qui font le charme des enfans, le séduisirent ; il se décida, & le Roi le nomma abbé de Sept-Fonts.

Comme la vanité plutôt que la religion avoit décidé sa vocation, il se conduisit suivant son goût ; il partageoit son temps entre les jouissances d'une puérile représentation, & celles des plaisirs ; d'ailleurs la conduite des Moines avec lesquels il vivoit, autorisoit parfaitement l'irrégularité de la sienne. Il s'amusoit beaucoup à officier avec les habits pontificaux, & faisoit de fréquens voyages à Moulins, où il voyoit des Dames dont l'honnêteté étoit un peu suspecte.

Neuf années s'écoulèrent dans cette vie dissipée. Cet Abbé libertin avoit un frère dévot, qui, frappé d'un si grand scandale, le prêcha, &, après de longues sollicitations, l'obligea à faire une retraite chez les Récollets de Nevers. L'Abbé fut tant sermonné, qu'il se convertit, & prit la ferme résolution de renoncer à ses anciennes habitudes & de vivre dans la pénitence: ce changement s'opéra en l'année 1663.

De retour dans son monastère, il déclara qu'il étoit décidé à y introduire la réforme. Les Moines, au nombre de quatre, qui seuls formoient la communauté, rejetèrent bien loin cette pieuse résolution, se moquèrent également de ses prières & de ses menaces, &, pour se défaire de ce gênant réformateur, ils l'accusèrent juridiquement d'avoir voulu les empoisonner: la plainte fut portée au Parlement de Paris. Pendant que l'Abbé de Beaufort s'étoit transporté dans cette capitale pour s'y justifier, les Moines profitèrent de son absence pour mettre le monastère au pillage; ils enlevèrent les meubles, vendirent les grains, les bestiaux, & les bois.

L'Abbé revint de Paris, après avoir mis à découvert la méchanceté de ses Moines; voyant les déprédations qu'ils avoient commises dans le monastère, il désespéra de les ramener jamais à son sentiment; il traita avec eux, & leur proposa une pension raisonnable, à condition qu'ils se retireroient dans des maisons de la commune observance de Cîteaux. Ils acceptèrent cette offre, & l'Abbé resta seul à Sept-Fonts. Après qu'il y eut rassemblé un certain nombre de prosélytes, il fit des réglemens, dont les principaux sont, la stabilité dans le monastère, le travail des mains, le silence perpétuel, l'abstinence de viandes, de poissons, d'œufs;

l'hospitalité, l'exclusion des études, la privation de tout divertissement, de toutes récréations, & plusieurs autres réglemens, semblables à ceux qu'on observe à *la Trape*.

L'Abbé de Beaufort, après avoir gouverné ce monastère depuis la réforme, pendant quarante-cinq ans, mourut le 22 octobre 1702.

L'enclos du monastère est très-vaste; l'église est belle & gothique. La cuisine se trouve disposée au centre de cinq réfectoires qui peuvent être servis sans qu'on en sorte. Ces réfectoires sont, celui des *Religieux*, des *Convers*, des *Donnés*, des *Infirmes* & des *Hôtes*.

Ces Moines mangent du gros pain, & ont chaque jour dix onces de vin. À dîner on leur sert un potage d'herbe qui n'a pour tout assaisonnement que du sel, un plat de légumes, & un autre de racines. Depuis Pâques jusqu'à l'Exaltation de Sainte-Croix, ils ont quelquefois à dîner une tranche de beurre qui tient lieu de seconde portion; leurs mets sont alors assaisonnés de sel & d'un peu d'huile de noix.

Ils se lèvent plusieurs fois la nuit pour prier; ils se couchent tout habillés sur une paillasse, & n'entrent dans leurs cellules qu'aux heures du sommeil.

Si, pour être parfaitement vertueux, il faut être inutile au monde, contrarier & torturer, pour ainsi dire, toutes les facultés naturelles; s'il faut ressembler à des muets, à des Eunuques, à des Sauvages, vivre dans un dur esclavage, être mal nourri, se priver du sommeil, se fustiger fréquemment, & croupir dans l'ignorance, enfin renoncer à la qualité d'homme ; on peut dire que ces Moines atteignent le dernier période de la sagesse.

VICHI.

Petite ville située sur la rive droite de l'Allier, sur les frontières de l'Auvergne & du Bourbonnois, à onze lieues de Moulins, & à dix de Clermont.

Cette petite ville, célèbre par ses sources minérales, étoit connue du temps des Romains ; elle est nommée *Aquæ Calidæ*, dans la Table Théodosienne, qui en représente la position par l'édifice carré qui distingue les lieux où coulent des sources thermales. Une voie romaine partoit d'*Augustonemetum*, Clermont, passoit à *Aquæ Calidæ*, qui est *Vichi*, & de là à Vourroux, & puis à Roanne.

Vichi étoit une place forte du temps des guerres des Anglois. Pendant la guerre civile de *la Praguerie*, Charles VII, en 1440, après avoir assemblé les Etats d'Auvergne à Clermont, voyant que les Seigneurs & Princes révoltés qui avoient juré de se soumettre & de se rendre auprès de lui, manquoient absolument à leur parole, partit de la ville, bien résolu de continuer la guerre, fit passer l'Allier à ses troupes, & vint assiéger Vichi.

Cette place étoit défendue par un nommé *Barrette*, qui la rendit aussi-tôt que le Roi y fut arrivé, & jura de lui rester fidèle. Quoique la ville se fût rendue presque à la première sommation, quoique les habitans fussent fort innocens de cette révolte qui étoit l'unique ouvrage de l'ambition des Princes & Seigneurs, ils demandèrent cependant au Roi, comme une grace, de n'être pilés ni égorgés par ses troupes; & le Roi, dit un Ecrivain du temps, *bénignement leur octroya*, avec cette condition, que les vivres qui se trouvoient dans la ville seroient départis à ses soldats, & qu'ils y resteroient en garnison. De Vichi, le Roi marcha vers Cusset, & envoya mettre le siège devant *Varenne*, qui se rendit après quelque résistance. (Voyez *Cusset*.)

Le pont qui étoit autrefois à Vichi sur l'Allier, faisoit de cette ville un poste important pour le passage des troupes. Du temps des guerres de la religion, l'armée des Princes confédérés, composée de soldats Protestans, du Querci, du Languedoc, de l'Auvergne & du Bourbonnois, venant du Forez, passa à Vichi pour aller à Chartres se joindre aux troupes du Prince de Condé; elle y arriva le 4 janvier 1568, & y séjourna un jour. Le 6 janvier, jour des Rois, les troupes partirent, & ayant reconnu dans la plaine qui est entre *Cognac & Gannat*, une armée considérable de Catholiques qui venoient leur disputer le passage, elles se disposèrent au combat; & pour ôter aux soldats tout espoir de retraite, & les obliger à vaincre ou à mourir, les chefs firent rompre le pont de Vichi qui étoit le seul endroit par où les fuyards auroient pu se sauver. (Voyez *Cognac*, tom. V, pag. 92.)

Ce pont fut rétabli dans la suite; l'armée des Allemands, conduite par le Prince Palatin, qui marchoit au secours du parti Protestant, après avoir traversé la Loire à la Charité, vint à Vichi pour y passer l'Allier.

Ces troupes auxiliaires, vers la fin de février 1576, assiégèrent Vichi, prirent cette place, & sur la nouvelle du voisinage de l'armée royale, elles s'y retranchèrent. Le Prince Palatin, après avoir séjourné quelques jours dans cette ville, passa l'Allier avec son armée, alla attendre le Prince de Condé sur les frontières de l'Auvergne, & mit les habitans de cette province à contribution (1).

DESCRIPTION. Vichi, situé sur les bords de l'Allier & à l'extrémité de la Limagne d'Auvergne, participe aux beautés de ce magnifique pays. Madame de Sévigné, dans ses Lettres, en a fait la peinture la plus séduisante. Le célèbre Fléchier, pendant qu'il étoit encore jeune, fit un voyage en Auvergne & à Vichi. Dans la relation de ce voyage, il parle de cette ville & de ses environs avec l'enthousiasme d'un homme enchanté. « Il n'y a pas dans la nature, dit-il, de paysage plus beau, plus riche, & plus varié que celui de Vichi. Lorsqu'on y

---

(1) Le comte *Mansfeld*, qui commandoit les troupe Allemandes, avoit marqué sa route par des ravages si excessifs, que son nom seul imprimoit la terreur aux malheureux habitans des campagnes. L'Auteur des *Bigarures* raconte que lors de l'arrivée de ces troupes, « les pauvres villageois fuyoient de toutes parts, & disoient qu'il y avoit un comte *Machefer*, au lieu de *Mansfeld*, tellement qu'ils pensoient que ce fût un grand diable de géant qui mangeoit les charrettes ferrées ».

arrive, on voit d'un côté des plaines fertiles, de l'autre des montagnes dont le sommet se perd dans les nues, & dont l'aspect forme une infinité de tableaux différens, mais qui, vers leur base, sont aussi fécondes en toutes sortes de productions que les meilleurs terrains de la contrée.... Ce qu'il y a de plus remarquable en ce lieu, continue-t-il, c'est qu'on n'y trouve pas seulement de quoi récréer la vue lorsqu'on le contemple, & à s'y nourrir délicieusement lorsqu'on l'habite, mais encore à se guérir quand on est malade; en sorte que toutes les beautés de la nature semblent avoir voulu s'y réunir avec l'abondance & la santé ».

A cette description en prose, le même Ecrivain en joint une autre en vers, où l'on trouvera plus de facilité que de poésie.

C'est pour voir ces lieux à loisir,
Où la nature a pris plaisir
A réunir dans l'étendue
Tout ce qui peut plaire à la vue;
Les villages & les châteaux,
Et les vallons & les côteaux,
La perspective des montagnes,
Couronnant de vastes campagnes;
Le beau fleuve, qui, dans son cours,
Forme à leurs pieds mille détours:
La verdure émaillée des plaines,
Le cristal de mille fontaines,
Les prés, les ruisseaux & les bois,
Toutes ces beautés à la fois
Rendent le pays admirable;

Et dans ce séjour délectable,
Séjour à jamais préférable
A celui qu'habitent les Dieux;
On pense, & c'est chose croyable,
Que pour l'utile & l'agréable,
Jamais on ne peut trouver mieux.
Tous les efforts que la peinture
Fait pour imiter la nature,
Ne sont que de foibles crayons
Des beautés que nous y voyons.
Auprès de toutes ces merveilles,
Qui sont peut-être sans pareilles,
Je n'estimerois pas un chou,
Le paysage de Saint-Cloud,
Non plus que celui de Surêne,
Arrosé des eaux de la Seine;
Et qui vante Montmorenci,
Se tairoit s'il eût vu ceci.

Cette ville est en effet située dans une magnifique position. Le vaste bassin de la rivière, bordée de côteaux chargés de vignes & d'arbres fruitiers, s'ouvre & se prolonge au sud, & laisse voir les montagnes d'Auvergne qui bornent l'horison. C'est sur-tout de la terrasse des Célestins que cette vue est admirable, l'œil enchanté se promène successivement sur des paysages délicieux, enrichis par le cours brillant de l'Allier.

La ville est petite & assez bien bâtie. Le quartier des bains, séparé de la ville, est composé d'hôtelleries vastes, commodes & bien aërées, où les Étrangers trouvent abondamment de quoi satisfaire à tous les besoins de la vie.

Les sources minérales sont fort abondantes dans le territoire de Vichi : on les voit percer de toutes parts. Celles dont on fait usage sont au nombre de six, dont cinq chaudes & une froide.

Celle *du grand puits carré* est enfermée dans un bâtiment appelé *la Maison du Roi*. Ce bâtiment, peu digne de sa dénomination imposante, est destiné aux douches & aux étuves, qui n'y sont guère administrées. Il servoit aussi pour les bains des pauvres ; mais les personnes chargées de la respectable fonction de soigner les malheureux, ont préféré servir les riches ; c'est ce que nous apprend M. *Desbrest*, Docteur en Médecine, qui gémit sur cette coupable négligence (1).

La chaleur de cette source fit monter, en 1750, le thermomètre de Réaumur à trente-neuf degrés, & en 1777, à trente-sept degrés. Elle est la plus abondante des sources de Vichi, & celle qui contient le moins d'esprit sulphureux volatil.

La source de *la grande grille* est celle où tout le monde puise, & à qui l'on donne ordinairement la préférence. « La prévention, dit à cet égard M. *de Brieude*, paroît avoir beau-

―――――――――――――――――――

(1) Voyez le *Traité des eaux minérales de Chateldon, de Vichi & de Hauterive*, &c., par M. *Desbrest*, Conseiller du Roi, Docteur en médecine de l'Université royale de Montpellier.

coup de part dans cette opinion; car on n'en donne aucune raison solide (1) ».

Elle est située à l'extrémité orientale du bâtiment du Roi, entourée d'une grille de fer, & couverte d'un grand pavillon soutenu par six colonnes. La chaleur de cette eau fit monter le thermomètre, en 1750, à près de trente-neuf degrés; en 1777, il ne monta qu'à trente-cinq degrés.

La source de *la petite Grille*, ou la fontaine *Chomel*, du nom d'un Médecin, intendant de ces eaux, est adossée à la Maison du Roi, à l'aspect du nord; sa chaleur, en 1750, étoit de trente-quatre degrés & demi, &, en 1777, de vingt-neuf degrés.

La source *du petit Boulet* est sur le grand chemin des bains à Cusset; sa chaleur est la moindre des sources dont nous venons de parler; en 1750, elle faisoit monter le thermomètre à vingt-cinq degrés, &, en 1777, à vingt-deux & demi.

La source *du gros Boulet* est à quatre ou cinq cents toises de la Maison du Roi, sur le chemin des bains à la rivière d'Allier, & près de l'Hôpital. L'eau de cette fontaine a aujourd'hui la même température que celle de la petite Grille, & elle est la seule qui n'ait point, depuis 1750, perdu de sa chaleur (1).

---

(1) *Observations sur les eaux thermales de Bourbon-l'Archambaud, de Vichy & du Mont-d'or, faites dans un voyage par ordre du Gouvernement, par M. de Brieude, Médecin, &c.*

(2) Nous regardons comme une chose importante

La fontaine *des Célestins* est minérale, mais froide ; l'accès en est difficile, & même dangereux. Son réservoir est sur le bord de l'Allier, & creusé dans le rocher même qui sert de fondement à la maison des Célestins.

On trouve encore la source du *petit Puits carré*, qui étoit la plus chaude ; mais elle n'est plus en usage.

Les malades prennent les bains dans leurs chambres, où les baigneurs portent de l'eau du grand puits carré, qu'ils mêlent avec une quantité indéterminée d'eau de rivière. M. *Desbrest* pense qu'il seroit beaucoup plus efficace de prendre ces bains dans le bassin même du puits carré.

Ces eaux sont fondantes & apéritives. « Leur principale vertu se manifeste dans les maladies chroniques, dont le siége est dans les viscères du bas-ventre ; c'est sur-tout dans celles de l'estomac, du foie, de la rate, & des parties qui les entourent, que leur action est suivie des plus grands succès ».

Ces bains sont très-fréquentés ; au printemps & en automne, la ville est peuplée d'Étrangers & de malades. L'heureuse situation du lieu contribue peut-être autant que l'efficacité des eaux à ce grand concours de personnes. « Je ne crains

---

pour l'observateur naturaliste, l'état de la diminution très-sensible de la chaleur de ces différentes sources, depuis les expériences faites, avec beaucoup d'exactitude, en 1750, par M. *de Lassone*, Médecin du Roi, jusqu'à celles faites, en 1777, par M. *Desbrest*.

pas d'exagérer, dit M. *de Brieude*, en assurant que c'est la source du royaume à laquelle la nature a prodigué le plus d'avantages. La pureté de l'air qu'on y respire, l'agrément des promenades, soit dans la plaine, soit sur les bords de la rivière, dont le cours est rapide; ses eaux claires & transparentes, la fraîcheur de la campagne, sa variété; tout semble réuni pour distraire les malades, & leur faire éprouver des sensations agréables ».

Il se fait des envois très-considérables de ces eaux à Paris & dans les provinces de France. Le transport cependant leur fait perdre beaucoup de leur qualité, & presque tout leur esprit volatil s'évapore par la manière abusive avec laquelle les bouteilles sont remplies & bouchées; ce qui a fait dire à M. *de Lassonne*, dans le Mémoire qu'il a composé sur ces sources, « qu'il faut attendre, dans l'usage médicinal, des effets bien différens, de ces eaux transportées ou bues à leurs sources ».

Il y a dans cette ville un Hôpital bien aéré, quelques monastères. Celui des *Célestins*, bâti sur les bords de l'Allier, & dont la terrasse est une promenade publique, fut fondé, vers la fin du quatorzième siècle, par *Louis II*, Duc de Bourbon; il a été supprimé comme l'ordre de ces Moines.

M. Douet, Fermier-Général, est Seigneur engagiste de Vichi.

On peut appliquer à cette petite ville tout ce que nous avons dit à l'article *Gannat*, relativement à la perception des droits des Aides. Un peuple de commis arrête, fouille

& met à contribution, au nom du Roi, toutes les marchandises qui descendent par la rivière d'Allier. Cette tyrannie fiscale est le plus grand fléau du commerce de la province d'Auvergne, dont les denrées sont toujours surabondantes, & dont la rivière d'Allier est le seul canal d'exportation ; mais des jours plus fortunés vont dissiper ces brouillards fétides qui empoisonnent la surface d'une partie de la France. Des hordes odieuses de commis ne seront plus armées contre leurs frères ; la circulation sera libre, & de cette administration impolitique, on ne conservera que de l'indignation contre ses inventeurs, & du mépris contre ses lâches agens.

M. *Desbrest*, dans son *Traité des eaux de Vichi, &c.*, ne peut s'empêcher, quoique dans un ouvrage consacré entièrement à la médecine, d'exprimer la fatale influence de cet établissement fiscal qui peuple la ville de Vichi d'une hiérarchie d'oppresseurs ; il dit, avec le ménagement alors exigé : « Sa situation sur les bords de l'Allier, qui flotte le long de ses murs, la rendroit aussi riche & aussi commerçante qu'elle l'est peu, si les habitans, au moins pour la plupart, n'étoient, par leur état même, faits pour éteindre l'émulation, entretenir la paresse, éloigner l'industrie, & répandre sur ceux qui les fréquentent, la tristesse, l'ennui & le dégoût qui accompagnent ordinairement la liberté opprimée ».

Environs. A une demi-lieue de Vichi, en remontant la rive gauche de l'Allier, on trouve le village d'*Hauterive*, où coule une fontaine

fontaine minérale froide. Les eaux ont à peu près la même propriété que celles de la fontaine des Célestins de Vichi; mais elles sont moins chargées d'alkali minéral, & moins actives.

Cusset est une petite ville située à une demi-lieue de Vichi; une belle & grande route communique d'une ville à l'autre. Cusset est d'Auvergne, mais nous le plaçons ici, à cause de sa proximité de Vichi.

On y voit une ancienne abbaye royale de filles de l'ordre de Saint-Benoît, fondée, en 886, par *Eumenus*, Evêque de Nevers. Cette fondation fut confirmée par lettres de Charles le Chauve, de l'an 886. L'Abbesse est Dame de la ville; mais elle n'a que la justice domaniale, & le Roi a la justice sur la ville.

Il y a dans cette ville un chapitre composé d'un Chantre & de dix-sept Chanoines qui sont à la nomination de l'Abbesse, & un Hôpital, fondé en grande partie par le sieur *Guérin de Champagnat*, originaire de Cusset, qui est mort à Paris en 1706.

Charles VII avoit soumis une partie de l'Auvergne & du Bourbonnois, & s'étoit emparé de *Vichi*, de *Varrenne*, & d'autres places du voisinage, sur les Princes & Seigneurs révoltés, dont le Dauphin son fils étoit du nombre. Quoique ces révoltés eussent déjà violé le traité fait à Clermont quelques jours avant, se voyant battus de tous côtés, & sans espoir de succès, ils tentèrent de nouvelles voies d'accommodement; ils députèrent auprès du Roi, qui étoit à *Roanne*, le Comte d'*Eu*, pour proposer à Sa Majesté de se rendre à Cusset, & « *que là*, dit Berri dans son Histoire de Charles VII, Monseigneur le Dauphin & Monseigneur de Bourbon viendroient *se mettre à sa miséricorde* ».

Le Comte d'*Eu*, par ses sollicitations, disposa le Roi à recevoir humainement des ennemis qui ne se rendoient que parce qu'ils y étoient forcés. Le Roi se rendit à Cusset, & *là*, ajoute le même Ecrivain, *vinrent en grande révérence Messeigneurs le Dauphin & de Bourbon, en lui requérant merci & pardon, lesquels Seigneurs le Roi reçut fort humblement & bénignement. Après plusieurs paroles & démêlés, en toute humilité, ils firent grande cherre ensemble, & firent crier & publier la paix, dont tout le peuple fut très-réjoui.*

Le peuple avoit certes bien raison de se réjouir de la paix; car quoi qu'il fût entièrement innocent de la révolte, il étoit cependant le seul puni. Des milliers de citoyens périrent dans cette guerre civile, qui dura six mois, & les seuls coupables, après s'être révoltés contre leur Roi, après avoir violé leur serment, furent *humblement & bénignement* accueillis.

Le Roi fit expédier des lettres datées de Cusset, du 24 juillet 1440, par lesquelles, pour prévenir la continuation des hostilités, il annonce à ses peuples la soumission du Dauphin & du Duc de Bourbon. Le Duc d'Alençon, instruit de la démarche des Princes, dont il avoit été le complice, envoya aussi-tôt à Cusset un Député, pour offrir aussi sa soumission au Roi, qui pardonna à tous les chefs de la révolte, mais qui refusa la grace de quelques Seigneurs moins puissans, tels que *Chaumont*, *de Prie* & *la Trimouille*. Le Dauphin lui ayant représenté qu'il avoit engagé sa parole, & que sans le rappel de ces Seigneurs, il ne pouvoit rester à la Cour; le Roi lui répondit fièrement, qu'il étoit libre de se retirer, *que les portes étoient ouvertes*, & que si elles ne suffisoient pas, il feroit abbatre vingt toises de murs pour le laisser partir à son aise.

Cette réponse annonce que cette paix étoit de part & d'autre commandée par la seule nécessité.

Il se fait un grand commerce de blé dans Cusset. Cette ville est peuplée de bourgeoisie chez laquelle règne un esprit d'insouciance, de galanterie, & de politesse, qui est assez général dans le Bourbonnois.

On croit, avec beaucoup de fondement, que *Doyac*, Procureur Général au Parlement, Gouverneur d'Auvergne & du Bourbonnois, étoit de Cusset : du vil métier d'espion, il parvint à être le favori du méchant Roi Louis XI; ses crimes furent punis comme nous l'avons raconté à l'article de *Montferrand*, qui, suivant quelques-uns, est le lieu de sa naissance (1); il est plus vraisemblable qu'il étoit natif de Cusset, où il existe encore des familles de ce nom.

BUSSET, situé sur les frontières de l'Auvergne, à deux lieues & au sud-est de Vichi, est

_____
(1) Voyez *Montferrand*, tom. V, page 155.

F ij

un château qui a donné son nom à la branche bâtarde de Bourbon, appelée *Bourbon-Busset* (1).

Ce château, situé dans une position très-élevée, se voit à dix ou douze lieues du côté de la Limagne d'Auvergne & du Bourbonnois.

Il a appartenu long-temps à la Maison de Vichi, ensuite à celle d'*Allègre*, & a passé enfin à celle de Bourbon, par le mariage de Marguerite d'Allègre avec *Pierre de Bourbon*, fils de *Louis*, dont les descendans la possèdent encore.

CHATELLEDON est une petite ville située sur les frontières de l'Auvergne & du Bourbonnois, à une lieue de la rive droite de la Dore, à une lieue & demie du confluent de cette rivière & de l'Allier, & à trois lieues & au dessus de Vichi & de Cusset. Ce lieu, célèbre par ses eaux mi-

---

(1) « Un jour, dit l'abbé *Longuerue*, un homme, de je ne sais où, d'Auvergne, ce me semble, vint me lire un Mémoire dans lequel il prétendoit prouver que MM. de *Busset* étoient Princes légitimes; je renvoyai bien vîte ce fou-là avec son Mémoire; lui disant qu'il se jouoit à se faire mettre à la Bastille, & moi avec lui; que, si ce qu'il disoit étoit vrai, la couronne leur appartenoit, puisque *Louis*, Evêque de Liège, dont ils descendoient, étoit de la branche aînée de Bourbon, & Louis XIV de la cadette; mais que personne que lui n'avoit imaginé cette extravagance: *Pierre*, fils bâtard de l'Evêque, & tige de MM. de Busset, ayant toujours été regardé comme bâtard, que comme tel, on lui avoit fait un legs, & que comme tel il l'avoit reçu ».

nérales, est environné de côteaux couverts de vignobles, dont les vins, ainsi que ceux de *Riz*, lieu situé dans le voisinage, sont très-estimés. La ville n'est point belle; mais les environs sont agréables. Le château, situé près de la ville, appartient à M. *Douet*, Fermier Général; le parc & les avenues servent de promenades. De la terrasse du jardin, on découvre un lointain immense, & très-richement varié; la vue est bornée par les montagnes de la basse Auvergne & par celles du Forez. On admire dans ce vaste tableau le cours azuré de deux rivières considérables, la Dore & l'Allier, qui viennent réunir leurs eaux près de Chatelledon.

Dans le voisinage de la ville, sont deux sources minérales froides; l'une est connue sous le nom de la *source des vignes*; l'autre sous celui de *la source de la montagne*. Ces eaux ont un goût piquant, aigrelet, & ferrugineux. Elles contiennent de la terre absorbante, de la nature de la *magnésie*, de la terre calcaire, de l'alkali minéral ordinaire, du sel marin, de la sélénite, une substance martiale très-divisée, & beaucoup de fluide élastique. M. *Desbrest* ne balance pas à mettre ces eaux fort au dessus des célèbres eaux de *Spa*. « C'est à la juste combinaison de ces divers principes, dit-il, que les eaux de Chatelledon doivent leurs propriétés médicinales, & qu'elles sont si fort au dessus des eaux de *Spa*, qui ont à peu près les mêmes propriétés, mais dans un degré bien inférieur ».

Si cette vérité étoit parfaitement démontrée, il faudroit la *crier* dans tous les coins du royaume & de l'Europe, afin d'attirer en France & à

Châtelledon le concours nombreux des personnes riches, oisives ou malades de tous les pays, qui viennent chaque année peupler & enrichir Spa & ses environs (1).

A une lieue de Chatelledon est le bourg de Riz, situé près du confluent de la Dore & de l'Allier ; il est nommé en latin, *de Rivis*. Il y a un ancien prieuré de l'ordre de Cluni. Ce lieu est célèbre par son vignoble, qui produit les meilleurs vins de la Limagne.

---

(1) Suivant M. *Desbrest*, ces eaux ont opéré de grands miracles. Des femmes usées, maigries, attristée par l'excès des jouissances de plusieurs genres, ont recouvré la gaîté, l'embonpoint, la fraîcheur, & leur première aptitude au plaisir. Ces eaux sont salutaires dans les maladies vénériennes; elles possèdent sur-tout, à un degré *éminent*, la faculté, précieuse aux personnes du beau sexe, de faciliter la conception : elles ont la vertu prolifique, & la vertu de la fontaine de *jouvence*.

LYONNOIS, &c.

Tableau général du Lyonnois, Forez & Beaujolois.

CES trois petites provinces contiguës & long-temps réunies sous le même gouvernement, sous le même diocèse, & sous la même généralité, c'est-à-dire, sous le gouvernement, le diocèse & la généralité de *Lyon*, qui est la métropole de ces provinces, sont encore aujourd'hui, depuis la nouvelle division du royaume, unies sous le même département.

GÉOGRAPHIE. LE LYONNOIS, dont *Lyon* est la capitale, est borné à l'est par le Rhône qui le sépare du Dauphiné, par le pays de Bresse & la principauté de Dombes; au nord par le Beaujolois; à l'ouest & au sud par le Forez. Cette province a environ quinze lieues de longueur sur huit dans sa moyenne largeur, ce qui peut donner une surface d'environ cent vingt lieues carrées.

Il faut y joindre *le Franc Lyonnois*, petite contrée ou langue de terre qui s'étend le long de la rive gauche de la Saône, depuis le village de *Riottiers* jusqu'aux portes de Lyon; elle a de longueur environ une lieue & demie, & sa largeur moyenne peut être évaluée à une lieue. *Genay* en étoit autrefois le chef-lieu; c'est aujourd'hui *Neuville*.

LE FOREZ, dont *Feurs* étoit anciennement la capitale, & que la ville de *Montbrison* a remplacé dans cette prérogative, est borné à l'est par le Lyonnois; au nord par le Bourbonnois & le Beaujolois; à l'ouest par l'Auvergne, & au sud par le Velai & le Vivarais. Cette province a environ vingt lieues de longueur sur dix de largeur, ce qui donne une surface de deux cent vingt lieues carrées.

LE BEAUJOLOIS. *Beaujeu* en étoit autrefois la capitale, c'est aujourd'hui *Villefranche*. Cette petite province est bornée à l'est par la Saône qui la sépare de la principauté de Dombes; au nord par le Mâconnois & le Charollois; à l'ouest par le Forez; & au sud par le Forez & le Lyonnois. Elle a dans sa longueur environ quatorze lieues, & six lieues dans sa moyenne largeur; ce qui peut donner en surface quatre-vingt-quatre lieues carrées.

HISTOIRE. Le *Lyonnois*, le *Forez* & le *Beaujolois* formoient, avant la conquête des Gaules, un seul pays habité par les peuples appelé *Segusiani*, Ségusiens, qui dépendoient des *Eduens*. César dit *Ségusiani Eduorum clientes*. La capitale des Segusiens étoit alors *Feurs Forum Segusianorum*. Pline les qualifie de *Libres*, *Segusiani Liberi*. Après la conquête des Gaules, les Romains, craignant que la puissance des *Eduens* ne les portât à recouvrer leur liberté, prirent la résolution de diminuer l'étendue de leur domination. Les Ségusiens furent alors séparés des Eduens, & Lyon, déjà ville considérable, & qui faisoit partie de la *Narbonnoise*, devint la capitale de ces pays, qui furent compris, sous l'empire d'Auguste, dans *la province Lyonnoise* ou *la Lyonnoise première*.

En 470, l'Empereur *Antheme*, trop foible pour résister aux conquêtes des Visigoths, demanda du secours aux Bourguignons, &, pour les récompenser du service qu'ils rendirent alors à l'Empire, il céda la province Lyonnoise à leur Roi *Chilpéric*, à qui il donna, en même temps, la charge de Maître de la milice des Gaules pour les Romains; & Lyon devint la capitale de l'ancien royaume de Bourgogne.

Ce royaume, fort étendu, passa sous la domination des Princes françois. Sous la seconde race de nos Rois, le Lyonnois & les deux autres provinces qui en dépendent, furent réunis à la Couronne. Les enfans de Louis le Débonnaire s'étant partagé la succession de leur père, ces pays, alors connus sous le nom de *Duché de Lyon*, échurent à *Lothaire*. Ce Duché passa à son fils *Louis le Begue*, dont les enfans, ou plutôt leur tuteur, le cédèrent à *Louis de Germanie*.

Ce Prince étranger, malgré cette cession, ne jouit point de ce Duché. *Bozon*, Gouverneur des royaumes d'Arles & de Vienne, s'en étoit fait proclamer Roi, en 879; il étendit sa domination sur le Lyonnois, & fit même pendant quelques années sa résidence à Lyon.

Cette usurpation, quoiqu'autorisée par un grand nombre de Prélats & de Seigneurs, ne resta pas impunie. *Louis* & *Carloman* son frère, auxquels les provinces de ce nouveau royaume appartenoient légitimement, firent, pendant toute leur vie, une guerre cruelle à l'usurpateur & ambitieux *Bozon*; ils le dépouillèrent d'une partie de ses états; mais les ravages des

Normands en France, & la mort des deux Princes françois, arrêtèrent l'exécution entière de leurs projets. *Boxon* conserva encore quelques provinces; mais il perdit le Duché de Lyon, qui fut réuni à la Couronne de France.

Le Roi Charles le Chauve établit dans ces pays un nouveau Gouverneur nommé *Guillaume*.

Guillaume fut le premier qui, profitant de la foiblesse de nos Rois, rendit ce gouvernement héréditaire dans sa famille. Il mourut en 890, & son fils Guillaume lui succéda.

Guillaume II, qui ne fut Comte du Lyonnois que par l'usupation de son père, s'intitula néanmoins Comte *par la grace de Dieu*; il eut pour fils *Artaud Ier*, qui fut Comte du Forez, & qui succéda à son père dans le Comté du Lyonnois, & *Bérard* ou *Beraud*, qui fut Sire de Beaujolois.

Vers ce même temps, c'est-à-dire, vers les commencemens du dixième siècle, *Rodolphe*, à la faveur des troubles & des malheurs que les Normands causoient en France, parvint à établir un nouveau royaume de Bourgogne.

Sous le gouvernement d'*Artaud I*, qui portoit le double titre de Comte de Lyonnois & de Forez, *Lothaire*, Roi de France, céda, l'an 955, la ville de Lyon à *Conrad*, Roi de Bourgogne, pour la dot de Mathilde de France, sa sœur; & le Lyonnois fit alors partie du royaume de Bourgogne. *Artaud* mourut vers l'an 960, & laissa *Geraud Ier*, dont le fils, Artaud II, lui succéda dans le Comté de Lyon,

& devint ensuite Comte de Forez. Il eut deux fils, *Artaud III* & *Geraud II*; le premier eut le Lyonnois en partage, & le second le Forez.

Rodolphe III, dit *le Fainéant*, avoit cédé ses Etats à l'Empereur *Conrad le Salique*, qui ne fit point sa résidence dans le Lyonnois ; son éloignement favorisa les usurpations de plusieurs Seigneurs, qui s'emparèrent, chacun dans leur district, de l'autorité souveraine. Les Archevêques de Lyon furent de ce nombre ; ils étendirent leurs usurpations sur Lyon & sur son territoire.

Artaud III eut de grands démêlés avec *Burchard*, Archevêque de Lyon, touchant leurs juridictions respectives. Ce Prélat, fils de *Conrad le pacifique*, & frère de *Rodolphe III*, Roi de Bourgogne, regardoit le Comté de Lyon comme son apanage, & en fit hommage, en 1030, à l'Empereur *Conrad le Salique*. *Artaud*, aidé de son frère, entra dans le Lyonnois, en chassa l'Archevêque. Artaud céda ensuite plusieurs de ses droits sur Lyon à l'Archevêque, qui lui rendit en échange les terres qu'il possédoit dans le Forez. Artaud mourut sans postérité. Son frère *Geraud* lui succéda, & réunit le Forez, le Roannois & le Lyonnois. Geraud mourut en 1058 ; son fils aîné, *Artaud IV*, lui succéda, & qui eut de grands démêlés avec *Humbert*, Archevêque de Lyon, sur la seigneurie de la ville de Lyon. Si, en matière d'usurpation, l'ancienneté doit prévaloir, il est constant que le Prélat étoit le moins fondé dans cette discussion. *Humbert* & son adversaire *Artaud IV* firent un traité par lequel il fut convenu que ce Comte du Lyonnois & du Forez céderoit la plupart de ses droits sur la ville de Lyon, au Prélat, qui, en échange, lui donneroit tout ce qu'il possédoit en Forez, & ils s'accordèrent à partager entre eux tous les droits honorifiques & utiles du Comté de Lyon.

La postérité d'Artaud IV continua de prendre le titre de Comte de Lyon & de Forez; mais elle cessa d'habiter Lyon, & y perdit insensiblement son autorité. Guillaume III, tué dans les Croisades en 1097, au siège de Nicée, eut deux fils, *Guillaume* & *Eustache*, qui moururent sans postérité vers l'an 1107. Sa tante *Ide-Raimond*, fille d'*Artaud V*, recueillit la succession de ses neveux avec *Guigues-Raymond d'Albon*, son second mari, qui mourut en 1109, & laissa un fils nommé *Guigues II de Viennois*, qui commença la seconde race des Comtes de Forez, de la Maison d'*Albon*. Il décéda en 1137, & laissa un fils en bas âge, nommé *Guigues III*. Devenu majeur, il fut obligé de prendre les armes contre *Guillaume II*, Comte de Nevers, qui faisoit des entreprises sur le Forez. Saint-Bernard vint sur les lieux pour appaiser la querelle des deux Comtes; il trouva beaucoup de docilité dans le Comte de Forez, & fort peu dans celui de Nevers. Le Comte *Guigues* se recommanda aux prières du saint homme, qui lui prédit la victoire, & l'événement justifia la prédiction.

Plein de foi & d'assurance, *Guigues* se jeta comme un lion sur les troupes du Comte de

Nevers, le fit prisonnier, tailla en pièces ses gens, de manière qu'à peine deux ou trois échappèrent au carnage.

Enhardi par ce succès, *Guigues*, qui voyoit avec peine son autorité entièrement déchue sur la ville de Lyon, revint contre le traité qu'avoit fait *Artaud IV* avec l'Archevêque Humbert, prétendit être Seigneur de Lyon, ou du moins y avoir l'autorité prépondérante, & ne reconnoître d'autre Seigneur au dessus de lui que le Roi de France.

Héraclius de Montboissier, alors Archevêque de Lyon, avoit obtenu, l'an 1157, de l'Empereur Fréderic I, par sa Bulle d'or, l'exarcat du royaume de Bourgogne, avec tous les droits régaliens sur la ville de Lyon. Le Comte de Forez vit dans cette cession un attentat considérable à ses droits; il vint à main armée dans la ville de Lyon, pilla sur-tout les maisons des Prêtres & des partisans de l'Archevêque, lequel fut forcé de prendre la fuite, & de se réfugier dans la Chartreuse *des Portes*. Cette guerre fut terminée par la mort du Prélat, arrivée en 1163.

L'Empereur, qui conservoit toujours des prétentions sur Lyon, fit élever, par son Chancelier, une petite citadelle dans le territoire de cette ville. *Guigues* s'y opposa vigoureusement, & chassa les ouvriers.

La querelle de *Drogon* & de *Guichard*, qui tous deux se disputoient l'archevêché de Lyon, favorisa beaucoup les entreprises du Comte de Forez sur cette ville, & il parvint à s'en rendre le maître absolu. *Drogon* l'emporta pour quelque temps sur son concurrent, & voulut rentrer dans les droits de ses prédécesseurs; ayant mis dans ses intérêts *Girard*, Comte de Mâcon, il opposa à *Guigues*, une vigoureuse résistance; mais bientôt *Guichard*, appuyé de l'autorité du Saint-Siège, triompha du Prêtre *Drogon*, le chassa, & fit à son tour la guerre au Comte de Forez.

Le Pape Alexandre III commit l'Archevêque de Tarentaise pour examiner les prétentions respectives des parties. On fit un traité, en 1167, par lequel il étoit dit que la monnoie, les péages & autres droits seroient communs entre l'Archevêque & le Comte, & qu'ils ne pourroient acquérir de fiefs l'un sans l'autre dans la ville & ses dépendances; mais ce traité n'affermit point la paix. Bientôt de nouvelles discussions s'élevèrent entre le Prélat & le Comte; elles furent enfin terminées par un nouveau traité fait en 1173, de l'avis du Pape Alexandre III, par lequel le Comte de Forez céda à l'Archevêque le Comté de Lyon, & tout ce qui lui appartenoit, tant dans la ville que dans son territoire, avec quelques autres terres en Bresse ou en Dauphiné, & l'Archevêque *Guichard*, en échange, lui céda plusieurs seigneuries qui lui appartenoient en Forez & en Beaujolois, & lui donna en outre une somme de onze cents marcs d'argent. Le Pape Alexandre III & son successeur; ainsi que Philippe Auguste, ratifièrent ce traité en 1183. Ce Roi reçut en même temps, de *Jean aux belles mains*, alors Archevêque, l'hommage de la partie de Lyon, située sur la rive droite de la Saône; ce traité fut confirmé, en 1184, par l'Empereur *Frédéric I*, comme suzerain de l'autre partie de la ville.

Depuis ce traité, les Comtes de Forez ont cessé de porter le titre de *Comtes de Lyon*; l'Archevêque s'est avidement emparé de ce titre fastueux & peu conforme à l'esprit évangélique, & l'a partagé avec tous les Chanoines de son église cathédrale, qui ont aussi-tôt été transformés en autant de *Comtes de Lyon*: ainsi, c'est par une suite d'intrigues, d'usurpations & de guerres, que les Prélats de Lyon & les Chanoines de la cathédrale possèdent le titre & la décoration de *Comtes*, dont ils sont si fiers.

A peine le Prélat & les Chanoines furent-ils Seigneurs de la ville, qu'ils signalèrent leur autorité par des actes tyranniques contre les habitans de Lyon. Ils imposèrent sur eux des droits nouveaux, attentèrent ouvertement aux anciens privilèges de cette ville, que la féodalité laïque avoit respectés pendant plusieurs siècles, & par leur avarice & leur despotisme, ils occasionnèrent des révoltes sanglantes, & des querelles qui ne furent terminées qu'en 1313, que l'Archevêque céda au Roi de France, en échange de plusieurs terres, la juridiction temporelle de la ville, excepté celle du château de Pierre-Encise.

Le Comté de *Forez* resta dans la Maison d'Albon jusqu'à la mort de Jean II, Comte de Forez, mort en 1373, sans être marié. Sa sœur, *Jeanne-d'Albon Forez*, qui avoit épousé, le 22 juin 1357, *Beraud II*, surnommé *le Grand*, Comte de Clermont, & Dauphin d'Auvergne, étoit morte en Auvergne, le 17 février 1369, &

n'avoit laissé, pour toute postérité, qu'une fille nommée *Anne Dauphine*. *Anne de Bourbon*, mère de *Jeanne d'Albon*, se porta pour héritière du Comté de Forez, s'en mit en possession, puis le donna à sa petite-fille *Anne Dauphine*, qui, en 1371, épousa, à Ardes en Auvergne, *Louis II*, Duc de Bourbon, auquel elle porta les Comtés de Clermont & de Forez.

Ce Duc de Bourbon, qui fut le premier de la troisième race des Comtes de Forez, suivant un Ecrivain de son temps, aimoit sa femme de *vrai amour*, & eut d'elle plusieurs enfans; mais presque tous moururent en bas âge, excepté *Jean I*, Duc de Bourbon, & Isabeau de Bourbon.

La postérité des Ducs de Bourbon a joui du Comté de Forez jusqu'à la défection du fameux Connétable de Bourbon. Louise de Savoie se fit alors adjuger le Forez, & le remit au Roi François Ier son fils, qui, en 1531, le réunit à la Couronne.

En 1566, le Comté du Forez fut donné au Duc d'Anjou, depuis Roi sous le nom d'*Henri III*, pour faire partie de son apanage. En 1574, il fut cédé à la Reine *Elisabeth d'Autriche*, veuve de Charles IX, à titre de douaire, & depuis elle, toutes les Reines veuves l'ont possédé successivement.

Le Beaujolois, dont nous avons quitté l'Histoire à l'époque de l'hérédité des fiefs, lorsque Guillaume II, Gouverneur du Lyonnois, de Forez & de Beaujolois, donna ce pays à son fils *Beraud* ou *Berard*, fut titré de
Sire

Sirie ou de Baronnie, & la postérité de Beraud en jouit sous le titre de Sire de Beaujeu.

Humbert II, Sire de Beaujeu, de la race de Beraud I, fit une guerre cruelle à Renaud III, Seigneur de Bresse, & en obtint une partie du pays de Dombes. Il étoit un des Seigneurs de son temps les plus débauchés & les plus brigands. La peur du feu de l'enfer fut seule capable d'arrêter les déportemens du Sire; il se fit Religieux à Cluni, & y mourut en 1174.

Son fils, Humbert III, fonda Villefranche, & *Humbert IV*, Baron ou Sire de Beaujeu & Seigneur de Montpensier, fut fait Connétable de France par le Roi Saint-Louis; il mourut en 1218. Son fils, *Guichard V*, mourut sans postérité en 1265. Sa sœur Isabeau épousa en secondes noces *Renaud*, fils de Guigues, Comte de Forez. Ce mariage, qui réunit pendant quelques années le Beaujolois & le Forez, termina les différens qui existoient entre les Seigneurs de ces pays pour la fixation de leurs limites; il en provint deux enfans mâles; l'aîné fut Comte du Forez, sous le nom de *Guigues VI*; le puîné fut Sire de Beaujeu, sous le nom de *Louis I*^{er}. Ainsi la Maison de Beaujeu fut régénérée par celle d'*Albon Forez*, à laquelle elle étoit alliée depuis long-temps.

Edouard Ier, Baron ou Sire de Beaujeu, petit-fils de Louis Ier, fut fait Maréchal de France en 1347, & tué au combat d'Ardres en 1351; il eut la réputation d'un des vaillans Capitaines de son temps, & d'être fort *dévot à la Vierge Marie*.

Partie VI. G

Edouad II, par ses excès, ses atrocités exercées contre ses vassaux, perdit le Beaujolois (1). Il méritoit de perdre la vie ; mais Louis II, Duc d'Orléans, oncle du Roi Charles VI, eut la lâcheté & l'avarice de lui promettre la vie & l'impunité de ses crimes, s'il vouloit lui faire don du Beaujolois & du pays de Dombes. En cédant ses possessions, il obtint sa grace & sa liberté, & mourut six semaines après être sorti de prison, sans postérité, le 11 août 1400.

Louis II, Duc d'Orléans, qui avoit si honteusement vendu sa faveur, succéda à Edouard II; sa postérité en jouit jusqu'en 1522, que Louise de Savoie, mère de François Ier, se fit adjuger le Beaujolois & le Forez, comme nous l'avons dit ci-dessus.

En 1531, François Ier réunit le Beaujolois à la Couronne; mais, en 1560, il le restitua à Louis II de Bourbon, Duc de Montpensier. La célèbre Mademoiselle de Montpensier le céda dans la suite, ainsi que plusieurs autres terres, à Philippe de France, frère de Louis XIV, Duc d'Orléans. Depuis ce temps, cette province a demeuré dans la Maison d'Orléans; elle appartient aujourd'hui au Duc d'Orléans, & l'un de ses fils en porte le nom.

Le Lyonnois, le Forez, & le Beaujolois, réunis aujourd'hui sous le même gouvernement militaire, ont beaucoup participé aux événemens qui ont désolé la France pendant le seizième siècle, & Lyon en a été le principal

---

(1) Voyez ci-après *Villefranche*.

théâtre. En décrivant les villes que contiennent ces pays, nous placerons les faits les plus saillans qui s'y sont passés.

CLIMAT. Dans le *Lyonnois*, le climat est assez tempéré, mais plus froid que chaud, à cause des montagnes dont ce pays abonde. Dans les plaines la température est humide & pluvieuse. La ville de Lyon est souvent couverte d'épais brouillards. Le passage du printemps l'été est fort brusque ; les chaleurs y sont quelquefois excessives, mais non pas de longue durée. Le vent du nord, qui souffle fréquemment dans ce pays, rafraîchit l'air. On a remarqué qu'en 1738 le thermomètre s'éleva au vingt-huitième degré au dessus de la congélation.

Dans le *Forez*, le climat varie comme le sol ; il est froid & sain dans les parties montagneuses, & il est plus chaud dans la plaine ou bassin formé par la Loire. Entre Feurs & Montbrison, les étangs sont nombreux, & l'air qu'on y respire est humide & fiévreux. La quantité de chanvre qu'on fait rouir chaque année dans ces étangs, contribue beaucoup à ces maladies périodiques ; on a même remarqué qu'elles ne commencent à se manifester que vers le milieu du mois de septembre, époque où les chanvres remplissent les étangs.

Le *Beaujolois* diffère peu pour la température du Forez & du Lyonnois.

SOL, PRODUCTIONS, &c. Dans le *Lyonnois*, on trouve plusieurs côteaux & des montagnes assez hautes. Les pâturages y sont abondans ; mais en général la terre est peu fertile en grains. Le long de la côte du Rhône, on recueille de bons vins, & ceux du vignoble de *Condrieu* sont très-estimés.

Le sol du *Forez* est encore plus montagneux, & si l'on excepte quelques vastes plateaux & le bassin de la Loire, le reste est tout hérissé d'aspérités; la chaîne des montagnes granitiques qui sépare cette province de l'Auvergne, celle qui la sépare du Vivarais, sont très-considérables; dans cette dernière chaîne, on distingue sur-tout le *Montpilat*, célèbre par sa hauteur & ses curiosités naturelles.

Le bassin de la Loire, qui est la plus belle partie de cette province, en est aussi la mieux cultivée. Elle est fertile en quelques endroits, & en général on y trouve beaucoup de terres légères & sablonneuses; mais elle fournit suffisamment de blés pour la nourriture des habitans : ce qu'on y recueille le plus abondamment, sont les chanvres, qui, sans venir trop haut, sont forts & fins, & peuvent être employés à des ouvrages recherchés. Les côteaux qui bordent ce bassin, sur-tout du côté de Roanne, sont couverts de vignobles considérables. Les vins de *Renaisons* y sont fort estimés.

Le *Beaujolois* offre un sol très-montagneux & peu fertile en général. L'extrémité de cette province, qui est à l'ouest où se trouve le bassin de la Loire, ainsi que son autre extrémité où est le bassin de la Saône, sont les deux parties les plus agréables & les plus fertiles; on y recueille du blé, du chanvre, & du vin qui est d'une qualité supérieure, mais qui ne peut se garder au delà de trois ou quatre ans sans se décomposer.

Dans les montagnes qui sont au centre de la

province, on trouve des bois & quelques bons pâturages.

Histoire Naturelle. Le Forez est, des trois provinces dont nous parlons, celle dont l'Histoire Naturelle offre le plus d'objets intéressans & utiles ; on y trouve des mines de plomb, de fer & de cuivre, dont plusieurs sont en exploitation ; des carrières de charbon de terre. Les environs de *S.-Etienne* contiennent plusieurs curiosités naturelles, dont nous parlerons à cet article.

Rivières. Le *Rhône* borde le Lyonnois & le Forez, & les sépare du Dauphiné.

La Saône vient de la Bourgogne, sépare le Beaujolois du pays de Dombes, & le Lyonnois, du petit pays appelé le *Franc Lyonnois*.

La Loire, qui prend sa source dans le Vivarais, traverse entièrement le Forez dans une direction du sud au nord, & commence à être navigable à *Saint-Rambert*, petite ville de cette province, passe à Roanne, où elle sépare le Forez du Beaujolois, puis continue son cours entre la Bourgogne & le Bourbonnois.

Ce qui doit être remarqué, c'est que deux rivières aussi considérables que la Loire & le Rhône, coulant presque parallelement pendant un assez long espace, & n'étant éloignées l'une de l'autre que de dix à onze lieues, ont cependant un cours directement opposé. La Saône jointe au Rhône coule du nord au sud, tandis que la Loire coule du sud au nord.

Le rapprochement du Rhône & de la Loire, qui ne laisse entre *Saint-Rambert* & *Givords*, que neuf à dix lieues d'intervalle, a fait imaginer le projet d'un canal très-utile, & dont la conſtruction ſeroit favoriſée par le cours de la rivière de *Giers*, qui coule aux deux tiers de cette diſtance, & va ſe jeter dans le Rhône à Givords, & par celui de la rivière appelée *Furand*, qui s'approche à un quart de lieue de la rivière de Giers, & va ſe jeter dans la Loire au deſſous de Saint-Rambert.

Le Lignon eſt une petite rivière depuis long-temps célèbre dans les faſtes de la galanterie françoiſe; elle prend ſa ſource dans les montagnes qui ſéparent l'Auvergne du Forez, paſſe à *Leigneux*, à Boen, & ſe jette dans la Loire au deſſous de *Feurs*. Le Lignon a été illuſtré dans le fameux Roman de l'*Aſtrée*, compoſé par un Seigneur de la Maiſon d'*Urfé*. Les ruines de ſon ancien château dominent encore le voiſinage de cette rivière, dont les bords ſont devenus, dans la poéſie françoiſe, une expreſſion proverbiale qui ſert à déſigner le ſéjour des *froids Céladons*, des *Amans froids & doucereux*. (Voyez ci-après *Urfé*.)

COMMERCE. Le commerce du Lyonnois, ſi l'on en excepte le débit des vins que produiſent les bords du Rhône, les toiles de Tarare & les chanvres de la province, eſt preſque entièrement compris dans celui de la ville de Lyon. C'eſt un centre où la plupart des productions & des marchandiſes, non ſeulement du Lyonnois, du Forez & du Beaujolois, mais encore des provinces voiſines & éloignées, vont aboutir, & d'où partent en même temps & ſe répandent au loin l'activité & la richeſſe. (Voyez *Lyon*.)

Le Forez fait un commerce conſidérable de

charbon de terre, de métaux exploités dans ses mines, de chanvres, & même de vins. La ville de Roanne, qui sert d'entrepôt à Lyon, & où les marchandises expédiées de cette ville pour Paris & autres lieux, sont embarquées sur la Loire, est commerçante, & on y trouve plusieurs manufactures. La ville de Saint-Etienne, renommée par ses rubans, ses armes à feu, sa quincaillerie, &c., est la ville la plus commerçante du Forez. On exploite aussi dans cette province des sapins, & les planches qui en proviennent sont transportées sur de grands chars en Languedoc & en Auvergne.

Le Beaujolois est la moins commerçante des trois provinces; son principal commerce consiste en planches, en toiles, & en vins, qui sont transportés à Lyon & dans les provinces voisines.

ADMINISTRATION. La généralité de Lyon, qui comprend, comme nous l'avons dit, le *Lyonnois*, le *Forez*, & le *Beaujolois*, fait partie des petites gabelles; mais le sel s'y vend plus chèrement que dans les autres provinces, qui ne sont également assujetties qu'aux petites gabelles; le prix est de quarante-quatre à quarante-cinq livres le quintal. Cette généralité supporte d'ailleurs toutes les impositions du royaume, & les travaux des chemins y sont exécutés par corvées.

POPULATION. Suivant les calculs de M. Necker, cette généralité offre en surface quatre cent seize lieues, & un quart de lieue carrée.

Sa population étant évaluée à six cent trente-trois mille six cents habitans, c'est quinze cent vingt-deux habitans par lieue carrée.

Les contributions étant évaluées à dix-neuf millions, c'est trente liv. par tête d'habitans.

D'après la nouvelle division du Royaume, le département des trois provinces, dont Lyon est provisoirement le chef lieu, est divisé en six districts, qui sont, le district de la ville de Lyon, celui de la campagne de cette ville, ceux de Saint-Etienne, de Montbrison, de Roanne, & de Villefranche.

CARACTÈRE & MŒURS. « Le peuple du Lyonnois est doux & gracieux, & la façon niaise ; mais l'effet n'en est pas si grossier que l'apparence : car le paysan y est rusé ; & pour ceux qui sont un peu plus relevés de condition, ils font habilement leurs affaires ; ce sont gens de grand trafic, qui font argent de toutes choses (1) ».

La ville de Lyon, qui est pour la province un centre d'activité, de lumière, de luxe & de corruption, influe sur les pays qui l'avoisinent, en raison de leur éloignement & de leur correspondance avec elle. On peut dire que par le mouvement des importations & exportations, par le goût des bâtimens, par le luxe & les manières du peuple, on sent, à sept à huit lieues à la ronde, les approches de cette grande ville.

Dans le Lyonnois le peuple est affable, doux, quoique méfiant & intéressé. Les hommes sont laborieux, & généralement de belle stature, sur-tout ceux qui habitent les bords de la Saône & du Rhône. Les femmes ont la poitrine & le

_____
(1) *Etats & Empires*, par *Davity*, Gentilhomme du Vivarais.

cou ordinairement chargés d'une chaîne d'or à plusieurs rangs, & leur costume est aussi avantageux que galant. Leur teint est conservé sous un grand chapeau de paille, garni de rubans. Les bourgeoises, ainsi que les femmes du peuple, tiennent un peu de la vivacité des Provençales & de la coquetterie des Avignonoises.

Suivant l'ancien Auteur déjà cité, « le peuple du Forez est subtil, accort & de bon esprit, sait sagement pourvoir à ses affaires, aime le gain, & pour cet effet trafique par tout le monde ; mais il est charitable à l'endroit de ceux de son pays, lorsqu'ils sont réduits à quelques nécessités en pays étranger ». Cet Ecrivain ajoute au tableau un autre trait peu flatteur. *Il est besoin*, dit-il, *de prendre soigneusement garde à soi lorsque l'on doit démêler avec un Forésien quelques affaires.*

Les habitans du Forez sont généralement doux & laborieux. Ceux qui travaillent dans les mines, qui s'occupent à scier les planches dans les bois, ont un caractère plus rustique.

Les habitans du Beaujolois ne diffèrent guère pour le caractère de ceux du Forez. Le peuple est pauvre & grossier dans les montagnes ; il est plus poli dans les cantons plus fertiles qui bordent la Loire & la Saône.

FOREZ.
ROANNE.

VILLE ancienne & riche, avec le titre de Duché, chef-lieu du district, située sur la rive gauche de la Loire, à quinze lieues de Clermont, à douze lieues de Lyon, à huit lieues de la Palice, & à neuf lieues de Montbrisson.

Cette ville existoit du temps des Romains, & Ptolomée en parle sous le nom de *Rodomna*, comme de la seconde ville des *Segusiens*, aujourd'hui les peuples du Forez; la table Théodosienne la nomme *Roidumna*; elle a donné son nom au Roannois, appelé en latin, *Pagus Rodumnensis*. On a trouvé, dans les environs de cette ville, plusieurs antiquités dont parle *la Mure*, qui concourent à prouver l'antique existence de cette ville.

Roanne, ainsi que le Forez, fit partie de l'ancien royaume de Bourgogne; elle fut réunie à la Couronne sous la seconde race de nos Rois, & ensuite comprise dans la seigneurie des Comtes de Forez, qui ne possédèrent long-temps que la moitié de cette ville.

Ce lieu, dont l'antiquité est reconnue, & dont la population & le commerce sont assez considérables, paroît n'avoir jamais eu, au moins pendant la monarchie, d'enceinte ni le titre de *ville*; on l'appelle encore aujourd'hui *bourg*, en ajoutant que c'est *le plus beau de France.* Le commerce & l'activité qui règnent dans ce lieu, les établissemens importans qui s'y trouvent, son étendue & sa richesse le mettent au rang des villes florissantes du troisième ordre; nous l'avons nommé *ville*, parce qu'il a tout ce qui constitue la plupart des villes de France. Son ancien état ne change rien à son état actuel; d'ailleurs la raison peut bien faire aujourd'hui ce qu'auroit fait autrefois un arrêt du Conseil.

Cette ville est située sur un sol uni; on y voit de belles rues & des maisons bien bâties. La Loire, qui d'un côté la borde, en fait le principal ornement & la principale richesse. Un pont, divisé en deux parties par une île, communique à la rive opposée, & sert de passage aux deux routes de Moulins & de Clermont à Lyon.

L'île est habitée & peuplée de Mariniers & de Marchands.

Le quai s'embellit de jour en jour; le port paroît presque toujours couvert de marchandises, & la rivière de bateaux; on y voit souvent des bateaux à voiles qui ne remontent point au delà; ils sont chargés de marchandises venant de Nantes ou des autres villes qui bordent la Loire, & qu'on voiture ensuite par terre jusqu'à Lyon. C'est là que se font aussi des embarcations de charbon de terre qui vient du Forez, & d'autres objets que produisent les provinces voisines dont Roanne est l'entrepôt.

Il n'y a dans cette ville qu'une église paroissiale, desservie par un Curé & par trois Vicaires, & une succursale sous le titre de *Saint*-

Nicolas, située dans l'île ; mais les dévots sont dédommagés par un assez grand nombre de maisons religieuses : telles sont les *Capucins*, les *Minimes*, les *Pénitens* du Saint-Sacrement, les Religieuses de *Sainte-Elisabeth*, les *Ursulines*, &c.

L'Hôpital général ou *l'Hôtel-Dieu* est desservi par des Religieuses Hospitalières de l'ordre de Saint-Augustin.

L'Hôpital de la Charité est desservi par des filles du Saint-Sacrement, chargées aussi de l'éducation des pauvres orphelins.

Le Collège, autrefois dirigé par des Jésuites, & aujourd'hui par des Prêtres missionnaires de la Congrégation de Saint-Joseph, a été fondé par le fameux Père *Cotton*, Confesseur d'Henri IV, qui étoit natif du château de Chenevoux à quatre lieues de Roanne. Cette maison, où l'on prend les jeunes gens en pension, est bien construite.

La salle de spectacle a été bâtie en 1771, à l'occasion du séjour qu'y fit alors *Marie-Josephe-Louise de Savoie*, MADAME, en se rendant à la Cour de France. Pour témoigner leur reconnoissance, les beaux esprits & les courtisans de Roanne (car je crois le peuple de cette ville incapable d'une telle flagornerie) y ont placé cette inscription tirée d'un vers de la première églogue de Virgile, qu'ils ont ainsi parodié :

DEA nobis hæc otia fecit.

Lorsque Virgile donne le titre de *Dieu* à *Auguste*, qui étoit, pour ainsi dire, le maître du monde, & qui s'étoit montré son protecteur, c'est qu'il parloit en Poète, & que l'exagération est du domaine de la poésie. D'ailleurs *Auguste* paroissoit alors un si grand homme, & les Dieux de ce temps-là étoient pour la plupart si petits, que la comparaison est moins choquante; mais lorsqu'on fait dire aux habitans d'une ville, qu'une Princesse est une *Déesse*, parce qu'elle a fourni aux frais de leurs délassemens, c'est un de ces éloges qui déshonorent autant ceux qui les donnent, qu'ils blessent ceux qui les reçoivent. Le langage du peuple d'une ville doit avoir de la dignité, & ne doit point s'abaisser au ton des gens de la cour.

Sur la route d'Auvergne, à l'extrémité occidentale de la ville, on voit un bâtiment neuf & considérable; c'est celui d'une *Manufacture de quincailleries & de boutons de métal* de toute espèce: elle a été établie par MM. *Alkoc*, freres, & occupe journellement plus de cent ouvriers. C'est un des objets de cette ville les plus dignes de la curiosité des Voyageurs.

Cette ville, qui s'accroît continuellement, pourra devenir un jour très-considérable, surtout si le canal projeté de *Givords*, qui formeroit la communication de la Loire au Rhône par les rivières de *Furand* & de *Giers*, étoit continué; cette communication seroit d'une très-grande ressource, non seulement pour la ville de Roanne, mais encore pour les provinces voisines & pour tout le royaume.

Roanne est peuplée d'environ huit à dix mille habitans; elle a, depuis plusieurs années, ainsi que la plupart des villes des trois provinces du gouvernement, une *milice bourgeoise*.

Cette ville est la patrie de l'Abbé *Jacques Pernety*, Historiographe de la ville de Lyon, & de l'Académie de cette ville ; il naquit à Roanne en 1696, & mourut en 1777 ; ses *recherches sur la ville de Lyon* & son *tableau* de cette ville, sont les ouvrages qui l'ont plus particulièrement fait connoître dans la république des Lettres. Il est aussi l'Auteur des *Lettres Philosophiques sur les physionomies*, & des *Conseils de l'amitié* ; il ne faut pas le confondre avec *Dom Pernety*, qui a quelques droits de plus à la célébrité.

URFÉ.

Village, avec les mazures d'un ancien château fort, situé à une lieue de Saint-Just en Chevalet, entre la ville de Thiers & celle de Roanne, à quatre fortes lieues de l'une & de l'autre.

L'ancien château d'Urfé, nommé dans les titres *Ulphiacum*, puis *Urfetum*, existoit au douzième siècle ; il étoit considérable, & très-bien fortifié ; aujourd'hui il n'offre plus que des ruines, élevées sur la cîme d'une haute montagne, & qui s'aperçoivent à de grandes distances. Ses murs solitaires, dégradés & noircis par le temps, impriment au premier aspect un sentiment d'effroi ; c'est un des squelettes du pouvoir féodal, qui sert encore d'épouvantail aux passans.

Ce château, & la terre qui en dépend, ont

donné leur nom à une Maison très-ancienne du Forez; le premier Seigneur d'Urfé que l'on connoisse, est *Arnauld Ier*, qui vivoit en 1256; il étoit surnommé *Raibi* ou *l'Enragé*.

En 1418, ce château fut le théâtre d'un affreux massacre. Les Domestiques, Pages, Gentilshommes ou Valets, conspirèrent contre leurs maîtres, & les assassinèrent tous.

Arnaud IV, Seigneur d'Urfé, de la Bastie, & Bailli du Forez; *Jean* d'Urfé de la Bastie, son fils; *Eléonore de Saint-Marcel*, femme de *Jean*, & son oncle *Guichard de Marzé*, ainsi que plusieurs autres personnes de la même famille, furent égorgés en même temps.

La postérité des Seigneurs d'Urfé auroit été éteinte par cet affreux massacre, si *Pierre* d'Urfé, fils de *Jean*, ne se fût alors trouvé à Paris. Ce *Pierre* étoit Capitaine des Gendarmes du Roi Charles VII.

Jean d'Urfé, fils de Pierre Ier, & frère de Pierre II, Seigneur d'Urfé, fut le premier de sa Maison qui porta le surnom de *Paillard*; il fut Baron d'Orose, de Tinières & de Beaulieu, Conseiller & Chambellan du Roi, Capitaine & Châtelain de la ville & baronnie de Thiers, & Bailli du Vélai.

Jacques Ier du nom, petit-fils de Pierre II, Seigneur d'Urfé, fut le père de plusieurs enfans, dont quelques-uns se sont rendus célèbres. *Anne*, son fils aîné, fut Comte d'Urfé, Marquis de Baugé, Baron de Châteaumorand, &c.; il avoit épousé Diane de Châteaumorand, riche héritière; mais après dix ans de mariage, cette femme l'accusa d'impuissance, & établit si bien son accusation, que le mariage fut déclaré nul.

Anne d'Urfé, peu propre à occuper la place de mari, remplit avec plus de succès celle de Chanoine; l'hymen l'avoit disgracié, le Clergé l'accueillit; il se fit Prêtre, & fut bientôt nommé Chanoine & Comte de Lyon, Prieur de Montverdun, & Doyen de Montbrison. Il employa les loisirs que lui laissoit son état à la culture des lettres; il mit au jour plusieurs poésies, dont les moins inconnues sont *la Diane*, en cent quarante sonnets; *la Hiérosolime*, imitée du Tasse, & quelques hymnes pieuses, imprimées à Lyon en 1608; il mourut en 1621.

Jacques II du nom, Seigneur d'Urfé, succéda à son père Jacques 1er; il eut le titre de Marquis d'Urfé & de Baugé, Lieutenant pour le Roi & Bailli de Forez; il fut un des Députés des prétendus Etats de Paris pour la Ligue. Il eut aussi, comme un de ses aïeux, le surnom de *Paillard* (1).

―――――――――――――――

(1) Ce mot de *paillard* n'avoit point, au quinzième siècle, l'unique & même acception qu'on lui donne aujourd'hui; il signifioit traître, méchant, vil : on l'appliquoit également aux choses & aux personnes; l'exemple suivant, tiré de la Chronique de *Jean de Troye*, suffira pour le prouver. Au mois de juillet de l'an 1465, un Sergent à verge du Châtelet de Paris, se mit à crier dans les rues d'un air épouvanté : *Mettez-vous tous dans vos maisons, & fermez vos huis, car les Bourguignons sont entrés dans la ville*. L'effroi qu'il causa fit accoucher plusieurs femmes avant terme, & en fit mourir quelques autres. Il fut pris & condamné au

Honoré

Honoré d'Urfé fut le cinquième fils de Jacques Ier, & le plus célèbre de ses enfans. Ses parens le destinèrent de bonne heure au célibat : il fut fait Chevalier de Malte. Pendant sa jeunesse, il devint amoureux de *Diane de Chenillac*, Dame de *Châteaumorand*, dont je viens de parler; mais il fut forcé d'abandonner ses amours, pour aller faire ses caravanes à Malte. Pendant son absence, son frère, *Anne d'Urfé*, épousa la Dame de Châteaumorand.

A son retour de Malte, le Chevalier *Honoré d'Urfé* apprit avec douleur le mariage de sa maîtresse avec son frère ; mais cette union étoit devenue nécessaire pour concilier les intérêts, long-temps opposés, des Maisons d'Urfé & de Châteaumorand, les plus puissantes du Forez, & dont, par conséquent, les divisions entraînoient plus d'inconvéniens & de maux.

Diane de Châteaumorand, après avoir vécu dix ans avec *Anne d'Urfé*, parvint, comme je l'ai dit, à faire dissoudre son mariage pour cause d'impuissance. La passion d'*Honoré d'Urfé* pour la femme de son frère devoit être alors fort amortie ; cependant il se détermina, moins par amour que par convenance, à épouser cette Dame dont les attraits de la première

---

fouet. Le Chroniqueur le traite de *paillard*, & donne le même nom au tombereau dans lequel on le conduisoit ; il fut mené, dit-il, *dans un ord, villain & PAILLARD tombereau*. Le Roi Louis XI, qui, assistoit à cette exécution, crioit au Bourreau : *Battez fort, & n'épargnez point ce PAILLARD, car il le a bien pis desservy*.

Partie VI. H

jeunesse étoient effacés. Il obtint à Rome toutes les dispenses nécessaires, &, l'an 1600, son mariage fut célébré.

Cette union à laquelle l'intérêt seul avoit eu part, fut bientôt suivie du dégoût. Les manières de la Dame de Châteaumorand n'étoient guère propres à faire oublier son âge, & à ranimer, dans le cœur d'*Honoré d'Urfé*, ses anciennes amours. Sa malpropreté excessive auroit seule suffi pour éteindre la passion la plus aveugle. *Diane* étoit continuellement environnée de grands chiens, qui non seulement remplissoient ses appartemens de saleté, mais encore qui partageoient sa couche.

D'Urfé avoit supporté les habitudes dégoûtantes de son épouse dans les premières années de son mariage, afin de se procurer un fils & un héritier; mais, cette femme, au lieu d'enfant, accouchoit tous les ans d'une masse de chair informe. Enfin il se débarrassa d'une compagne si répugnante, & se retira en Piémont, où, plus tranquille, il composa son roman d'*Astrée*.

Quelques Ecrivains rapportent sa retraite en Piémont à une autre cause. Ils disent que parcourant un jour la campagne, il fut pris avec sa suite par des troupes de la Reine *Marguerite*, qui demeuroit alors à *Usson* en Auvergne (1), & fut conduit dans ce château. Les graces de ce Seigneur charmèrent la Princesse, & de prisonnier, il devint amant favorisé. Henri IV

___
(1) Voyez tome V, page 380.

n'avoit jamais regardé de bon œil les favoris de sa femme, & d'*Urfé*, redoutant une disgrace éclatante, s'exila lui-même de France, & se retira en Piémont, où le Duc de Savoie, son parent, eut pour lui une considération particulière.

Son roman d'*Astrée*, qui eut en Europe le succès le plus distingué, & qui donna lieu à plusieurs productions de ce genre, aussi fades que volumineuses, se fait encore lire avec plaisir; c'est un tableau des diverses conditions de la vie humaine, dont le fonds des événemens est véritable; lui-même, sous les noms de *Céladon* & de *Sylvandre*, est le héros du roman; on y trouve l'histoire de ses amours avec *Diane de Châteaumorand*, qui est nommée *Diane* ou *Astrée*; son aventure avec la Reine *Marguerite*, qu'il nomme *Galathée*, ainsi que plusieurs anecdotes du temps (1).

Les environs du château d'Urfé sont le théâtre de la plupart des scènes pastorales qu'offre ce roman; le ruisseau de *Lignon*, qui coule à une demi-lieue du château, est devenu à jamais célèbre dans les fastes de la poésie. Toujours *les bords du Lignon* exprimeront le séjour des Bergers tendres & galans, comme les *Sylvandres* & les *Céladons* rappelleront des Amans

---

(1) M. Pattu a donné des *éclaircissemens* sur l'Histoire d'*Astrée*, où il découvre plusieurs personnes dont d'Urfé a eu intention de parler sous des noms empruntés; mais la clef de ce roman devient aujourd'hui très peu intéressante.

constans & doucereux. M. *de Fontenelle* a dit à ce sujet :

O rives du *Lignon !* ô plaines du Forez,
Lieux consacrés aux amours les plus tendres !
Montbrison, Marcilly, noms toujours pleins d'attraits,
Que n'êtes-vous peuplés d'Hylas & de Sylvandres !

La Fontaine a dit aussi :

Amour est mort, le pauvre compagnon
Fut enterré sur les bords du *Lignon.*

D'Urfé a donné plusieurs autres productions dans le genre pastoral. *La Syrene*, poëme divisé en trois parties, & en stances de six vers, offre encore le tableau de ses amours avec *Diane* de Châteaumorand. *La Sylvanire* ou *la Morte vive*, *Fable bocagere*, est une pastorale en vers non rimés, dont voici un échantillon, tiré du prologue, où la Fortune, déguisée en Berger, fuit la cour & les grandeurs, & dit :

Or pour finir leur importunité,
Sous ces habits je me suis déguisée,
Et m'en viens dans ces bois
Me dérober aux yeux ambitieux
Des Nymphes qui me cherchent
Parmi les plus grands Rois
Et les plus grands Monarques;
Comme si je devois
Toujours rompre des sceptres,

> Et fouler des couronnes ;
> Renverser des royaumes,
> Bâtir des républiques
> Ou fonder des cités.

Il a composé aussi un poëme sous le titre de *la Savoisiade*, dont il n'y a qu'une partie d'imprimée. D'Urfé étant tombé malade à Nice, se fit porter à Villefranche, où il mourut, en 1625, à cinquante-huit ans.

La Maison d'Urfé est éteinte ; la terre appartient aujourd'hui à M. de Simiane.

On exploite deux mines de plomb dans les environs du château ; l'une est dans la montagne même d'Urfé, l'autre est près de *Champoly*, village situé au bas d'Urfé. M. *Blumestein*, qui est concessionnaire de ces mines, a une fonderie considérable près du village *des Salles*, & au bas du château de *la Goutte* (1) ; le plomb étant purifié est envoyé à Lyon.

A peu de distance & au nord du château de la Goutte, dans une terre dépendante du lieu de *Chazelet*, est un réservoir voûté dans lequel l'eau vient se rendre par des tuyaux ; cette construction paroît être un ouvrage des Romains, & dépendoit d'une maison qui étoit

---

(1) M. *Blumestein* père, Saxon d'origine, fut un des plus habiles Minéralogistes de son siècle. La France lui est redevable de plusieurs procédés neufs & très-expédiens dans l'art d'exploiter les mines. Son fils, dont il est ici question, a fait faire encore des progrès à cet art.

voisine, dont une multitude de pierres entassées atteste l'existence.

Dans le même lieu, & près de la principale maison de Chazelet, est un creux appelé dans le pays le *Creux des Fades*, c'est une excavation souterraine qui ne va pas fort loin, & qui n'offre rien de remarquable. Sa dénomination seule mérite quelque attention, parce qu'elle nous indique dans ce lieu le séjour de ces Druidesses que les Latins nommoient *Fatidicæ*, que les habitans des provinces méridionales appellent *las Fadas*, & les François, *les Fées*. (Voyez tome V, pages 71 & 72.)

BOEN.

Petite ville située sur la nouvelle route de l'Auvergne à Lyon, & sur la rive gauche du Lignon, à trois lieues de Feurs, & à peu près à la même distance de Montbrison.

Cette ville, qui est dans une situation assez pittoresque, a une église paroissiale & une *chapelle de la Vierge*, située dans le faubourg; une confrérie de *Pénitens* du Confalon; un collège & un hôpital.

Boen se trouve entre deux abbayes considérables, toutes deux situées sur la même rivière du Lignon, l'une au dessus, l'autre au dessous de la ville, dont elles sont toutes deux à une distance égale, à une demi-lieue; toutes deux abbayes de filles; avec cette différence cependant que les Religieuses de l'une ont porté jusques dans la retraite les vanités du monde & les vieux préjugés de la noblesse; & que celles de l'autre ne portent point à la fois les titres incohérens de *Religieuſes* & de *Nobles*.

L'une de ces abbayes, ſituée au deſſus de Boen, eſt nommée *Leigneux*; elle eſt de l'ordre de Saint-Benoît, & dépend de l'abbaye de Savigni; elle a été fondée dans le dixième ſiècle, & dans la ſuite érigée en chapitre de Chanoineſſes Régulières.

Des lettres patentes, du 21 juin 1748, autoriſent ce chapitre à n'admetre que des demoiſelles Nobles de cinq degrés du côté paternel, & dont la mère doit être Noble. Par autres lettres patentes, du mois d'avril 1757, enregiſtrées au Parlement au mois de mars 1758, le Roi a cédé aux ſollicitations de ces Dames, qui vouloient abſolument une décoration, & leur a permis de porter une médaille d'or émaillée, accompagnée de quatre fleurs de lis en ſautoir, qui lui donnent la forme d'une croix, & ſurmontée d'une couronne comtale. D'un côté, cette médaille offre l'image de la Vierge, & de l'autre, celle de Saint-Benoît; elle eſt ſuſpendue à un ruban blanc, avec un liſeré bleu, que ces Dames portent en écharpe de droite à gauche.

Ces Chanoineſſes ſont très-nombreuſes, on en compte dans cette maiſon près de cinquante. Les amours de quelques-unes furent autrefois célébrées dans le roman de l'*Aſtrée*. Aujourd'hui même une médaille n'eſt point un taliſman contre l'amour, & un ruban qui ne ſemble ſéparer des charmes que pour mieux en deſſiner les formes, ne gêne point les mouvemens du cœur des jeunes & tendres Chanoinesses.

L'autre abbaye, située au dessous de Boen, est celle de *Bonlieu*; elle fut fondée, en 1199, par *Guigues III*, Comte de Forez, & par *Ermengarde* sa femme; plusieurs filles des Comtes y ont pris le voile; elle a le titre d'abbaye royale, & elle est de l'ordre de Cîteaux.

L'église de cette maison est fort belle; on remarque dans l'intérieur un mausolée construit en 1543; c'est celui des Seigneurs d'*Urfé*.

A deux fortes lieues, & au nord de Boen, est la petite ville de *Saint-Germain-Laval*, qui a le Roi pour Seigneur, & qui est la patrie de *Papire Masson*. Il y naquit en 1544, prit l'habit de Jésuite, le quitta pour se livrer à l'étude du Droit, fut Avocat à Paris, puis Substitut du Procureur Général. Il a composé plusieurs Ouvrages historiques en latin, dont la réputation ne s'est pas soutenue long-temps. Il est Auteur d'une Description des fleuves de France, qui, quoique commentée & publiée de nouveau, en 1686, par l'Abbé *Baudrand*, est encore moins estimée que l'ouvrage du Père *Coulon* sur le même sujet. Papire Masson étoit fort considéré dans son temps; il avoit du savoir & de l'esprit; mais pour écrire l'Histoire, cela ne suffit pas; il faut de plus du goût, de la liberté & de la force dans l'esprit; il faut des principes vastes, & d'une pureté inaltérable; qualités qu'il n'étoit guère possible d'avoir ou de conserver dans son siècle.

FEURS.

Petite ville ancienne, & autrefois capitale du Forez, située sur la rive droite de la Loire, à sept lieues & au dessus de Roanne, à neuf lieues de Lyon, & à quatre de Montbrison, sur la nouvelle route de Clermont à Lyon.

Cette ville étoit le *Forum Segusianorum*, capitale des Ségusiens, dont parle Ptolomée, & dont la position est marquée dans la table Théodosienne comme une capitale ; ces autorités se joignent à celle de plusieurs inscriptions antiques, pour attester l'ancien état de cette ville du temps des Romains. On sait que *Forum* indique le lieu d'une province où les habitans tenoient leurs assises. *La Mure*, dans son histoire du Forez, cite quatre colonnes milliaires trouvées au siècle dernier dans l'enclos des Ursulines, au nom de l'Empereur Maximin, dont l'une porte cette inscription : C. Jul. F. Seg. Libera, qui donne à cette ville la dignité de Colonie ; le même Historien fait mention d'un poids romain de cuivre qui porte ces mots en caractère d'argent : Deae Seg. F., lesquels donnent le titre de *Divinité* à la ville ; titre qui étoit commun à plusieurs autres villes des Gaules. *Forum* conserve son nom dans celui de Feurs, & c'est de lui que la province de Forez, *Pagus Forensis*, a tiré sa dénomination.

Cette ville a conservé le titre de capitale jusqu'en 1441, que *Charles I*er, Duc de Bourbon & Comte de Forez, transféra, par lettres patentes du 6 mai, ce titre à la ville de Montbrison.

Cette ville, qui conserve encore une partie de ses murailles, n'a rien qui annonce son ancien état; elle est petite & mal peuplée. La Loire, dont elle est éloignée d'environ trois cents pas, n'étant point navigable à cette hauteur, ne peut point contribuer à l'enrichir. La route de Saint-Etienne à Roanne, & la nouvelle route d'Auvergne à Lyon, qui passent & se croisent en cet endroit, procurent quelques avantages à cette ville.

Feurs renferme une seule église paroissiale, un couvent de *Minimes*, des *Pénitens* du Saint-Sacrement, un *hôpital* & de *petites écoles*; il y avoit une *Chatellenie royale*, qui, après le Bailliage de Montbrison, étoit le siège le plus considérable de la province, sur-tout depuis les édits des mois de mai 1771, & de décembre 1773, qui avoient réuni à Feurs plusieurs Châtellenies.

Cette ville fut assiégée & prise, en 1562, par le parti Protestant. Blacons, Lieutenant du Baron des Adrets, averti que le Baron de Saint-Vidal, avec quelque noblesse d'Auvergne, du Vélai & du Gévaudan, étoit en campagne pour venir faire le dégât dans le Lyonnois, chargea *Poncenac*, & le Capitaine Montferrier, de marcher avec un détachement de cinq cents hommes, au devant de *Saint-Vidal*; celui-ci, qui traînoit avec lui environ trois mille paysans mal armés, fut mis en déroute au premier choc; plusieurs paysans périrent les armes à la main, & les Nobles prirent la fuite.

Poncenac, poursuivant la victoire, s'avança jusqu'à Feurs: avant de faire le siége de la place, il eut à combattre la noblesse du pays; qui vint à sa rencontre sous les ordres de Saint-Prix; mais un léger combat suffit pour les mettre tous en fuite. Une partie se sauva dans les montagnes voisines, l'autre se réfugia dans la ville de Feurs. Poncenac en fit aussi-tôt le siége, & la prit d'assaut.

MONTBRISON.

Ville capitale du Forez, située à trois lieues des frontières de l'Auvergne, à six lieues de Saint-Etienne, & à treize lieues de Lyon.

Monsbriso ou *Monsbrisonum* tire son nom de Mons, montagne sur laquelle étoit l'ancien château de *Briso*, qui, suivant l'Historien *la Mure*, est une Divinité payenne, adorée par les anciens Gaulois; il prétend aussi que cette ville étoit l'ancien *Mediolanum Segusianorum*; mais M. d'Anville n'adopte point cette opinion, & place cette position entre *Feurs* & *Lyon*.

Ce lieu étoit le séjour des anciens Comtes de Forez (1); ils y avoient un château considérable

___

(1) *Artaud IV*, Comte de Lyonnois & de Forez, avoit une fille nommée *Preves*, qui consacra sa virginité au Seigneur; mais sur une fausse accusation de libertinage, ses frères lui coupèrent la tête, & jetèrent son cadavre dans un puits. La calomnie ayant été découverte, *Preves* fut honorée comme martyre.

qui exiſtoit avant le onzième ſiècle. Louis le Jeune, Roi de France, en revenant d'Auvergne, où il étoit allé pour punir le Vicomte de *Polignac* des brigandages qu'il commettoit dans cette province, vint, en 1165, loger au château de Montbriſon. Ce Roi emmenoit même alors priſonniers le Vicomte *Armand de Polignac* & ſon fils *Héracle*. *Guigues III*, Comte de Forez, eut l'honneur de l'y recevoir; en 1167, il lui rendit hommage des châteaux de Montbriſon & de Montſupt, & le Roi lui céda des domaines qu'il avoit dans le Lyonnois.

 Guigues V, Comte de Forez, fut le premier qui, par une charte du mois de novembre 1223, donna des franchiſes & privilèges à la ville de Montbriſon; & l'année ſuivante, il y fonda la collégiale. Cette ville n'étoit point encore capitale du Forez, elle ne le devint que long-temps après, & ce fut *Charles I*, Duc de Bourbon, qui lui accorda, par lettres patentes du 6 mai 1441, le titre de capitale, qu'avoit poſſédé juſqu'alors l'ancienne ville de *Feurs*.

 DESCRIPTION. Cette ville, quoique capitale, & quoiqu'elle ait été, depuis pluſieurs ſiècles, le chef-lieu de la juſtice du Forez, n'eſt cependant pas fort conſidérable; elle eſt aſſez mal percée; on y voit des maiſons bien bâties. Les riches du voiſinage y viennent ordinairement paſſer l'hiver. Par arrêt du Conſeil, du 30 juin 1767, on y a établi des *marchés royaux* qui s'y tiennent tous les ſamedis. Il y a auſſi quatre foires dans le courant de l'année. On y a établi une manufacture de papiers peints, & d'indiennes de toute eſpèce, bon teint;

néanmoins cette ville n'est point commerçante, & sa population n'excède pas cinq mille habitans.

Cette ville est arrosée par la petite rivière de *Vigezy*, qui descend des montagnes d'Auvergne, & va se jeter, après un cours d'environ cinq lieues, dans le Lignon. Sur une butte volcanique, qui s'élève dans l'enceinte de la ville, étoit l'ancien château des Comtes de Forez. Cette butte présente une variété de basalte. « Le fond de ce basalte, dit M. *de Bournon*, est d'un noir très-foncé, fort dur, donnant de très-vives étincelles, frappé avec le briquet; sa pâte paroît homogène, & nullement mélangée de schorl noir ; seulement on distingue çà & là quelques granits de chrysolite; mais il est semé d'une très-grande quantité de parties de feld-spath blanc, dont plusieurs appartiennent visiblement à des cristaux de cette même substance, & dont la texture lamelleuse est très-apparente (1) ».

Je ne crois pas, comme M. *de Burnon*, que cette butte de basalte, & plusieurs autres de la même substance qui environnent Montbrison, soient *des jets sortis de dessous terre par quelques fortes actions dont le foyer devoit sans doute être dans la masse des montagnes qui séparent le Forez de l'Auvergne*. C'est ainsi que M. Faujas de Saint-Fond a expliqué dans son ouvrage des *Volcans éteints*, l'élévation d'une masse basaltique située sur la cîme de

---

(1) *Essai sur la lithologie des environs de Saint-Etienne en Forez*, &c., 1785.

la montagne de *Rochemaure*, sur la rive droite du Rhône. Il est bien plus satisfaisant, je crois, de penser que ces buttes de basalte, qui ne portent aucune empreinte de cratère, sont les restes de quelque montagne volcanique bien plus considérable, que le temps & l'écoulement des eaux auront entièrement dégradée, & de laquelle il ne sera resté que les parties les plus solides ; tels sont aujourd'hui les amas de basaltes produits par un cratère plus élevé qui n'existe plus, & qui ont naturellement affecté les formes coniques que présentent ces buttes.

Cette explication, que plusieurs Naturalistes ont adoptée pour de semblables phénomènes, me semble bien préférable à l'idée bizarre de faire tout à coup sortir des montagnes de dessous terre, & de faire remplacer le vide qu'elles y auroient laissé, par des fondemens assez solides pour les soutenir pendant l'éternité.

Il est vrai que les montagnes de Judée, dont parle *David* dans ses pseaumes, sautoient comme des beliers ; qu'à l'Opéra on fait sortir des montagnes de dessous terre ; mais ce ne sont ni les merveilles des pseaumes, ni celles de l'Opéra qui doivent expliquer les grands phénomènes de la nature.

Le chapitre de Notre-Dame a été fondé, en 1224, par Guigues V, Comte de Forez ; il y institua treize Chanoines, & ne les obligea à résidence que pendant six mois de l'année. Aujourd'hui cette collégiale est composée de onze Chanoines & de cinq Prébendiers qui sont à la nomination du Roi. Six sont à la nomination du chapitre, & les sept autres à celle de différens particuliers.

Dans cette église étoit la sépulture ordinaire des Comtes de Forez; on y voit encore leur mausolée.

Le monument qui paroît au devant de la chapelle de la Madeleine, sous une arcade, est le tombeau, avec la figure couchée de *Pierre de Verney*, Professeur ès-lois, Chanoine de cette église, & qui y fonda une prébende.

On conserve, dans les archives de ce chapitre, un bréviaire manuscrit & en vélin, qui est un des plus anciens & des plus rares de tout le diocèse. On voit au commencement un calendrier exact, où sont marqués tous les Saints que l'église de Lyon honore. On y trouve aussi un vieux missel en vélin, qui n'est pas moins curieux.

Montbrison contient trois églises paroissiales & une annexe; celle de *Saint-André*, celle de *Saint-Pierre*, & la troisième, de *Sainte-Madeleine*; l'annexe appelée de *Sainte-Anne* est commune avec l'hôpital.

Les Cordeliers ont été fondés, à ce qu'on croit, en 1254, par un Vicomte *de Ladvieu*, d'une ancienne Maison du Forez, ruinée par des causes dont nous ferons bientôt mention. L'église fut achevée en 1272. Elle est d'une belle construction gothique. Dans le chœur, à chaque côté du maître-autel, sont les tombeaux des Seigneurs de *Couzan* & de *Montrond*. Au milieu du chœur est celui du Vicomte de *Ladvieu*, fondateur de ce monastère. Ce monument étoit d'un travail fort recherché avant qu'il fût endommagé par les soldats Protestans qui, en 1562, prirent la ville d'assaut sous les ordres du Baron des Adrets.

Dans ce tombeau sont aussi les cendres du fils du fondateur. L'événement de la mort de ce Seigneur qui causa la ruine de sa Maison, & qui offre un trait de caractère des mœurs de l'ancienne féodalité, mérite que j'en fasse le récit.

Anecdote. Le jeune Vicomte de *Ladvieu* avoit épousé une femme jeune & belle, dont le Comte de Forez fut épris (1). Pendant que l'époux étoit absent, le Comte, sous prétexte de visiter son vassal, vint chez la Vicomtesse, lui déclara son amour par des brutalités, & finit par la violer. Cette violence avoit fait de l'éclat : la Vicomtesse, redoutant la colère que feroit éclater son époux en apprenant cet attentat, prit le parti de se dépouiller de tous ses ornemens. Ses meubles, ses domestiques & ses propres habits reçurent l'empreinte du deuil. Ce fut dans cet appareil de tristesse & d'humiliation, & avec un visage baigné de larmes, que cette Dame vint au devant de son mari. Le Vicomte de *Ladvieu* parut fort étonné de cet accueil ; mais lorsqu'il en eut appris le motif, il rassura sa femme en lui disant : *Votre corps a été souillé, mais il suffit que votre ame soit pure.*

---

(1) On ne peut douter que ce Comte de Forez ne fut *Renaud*, frère & successeur de Guigues VI ; sa mort est marquée en 1275 ; ainsi c'est à cette époque qu'il

Aussi-tôt il songe à se venger; il s'arme, & s'apprête à partir pour Montbrison; arrivé dans cette ville, il se rend chez des habitans de sa connoissance, auxquels il déguise la cause de son voyage; puis il se présente le matin au palais du Comte. Ses gens lui exposent qu'il n'est pas encore éveillé; mais ayant prétexté des affaires très-pressantes & secretes, ils l'introduisent, dans la chambre de leur maître & l'y laissent seul: il s'approche du lit, voit le Comte qui dormoit encore, & le poignarde.

Il n'ose partir sur le champ, de crainte que les domestiques n'aient quelques soupçons sur un départ trop prompt; il reste quelque temps dans la chambre; puis il sort, & dit à tous ceux qu'il rencontre, que le Comte s'étoit rendormi, & leur recommande de ne point troubler son sommeil; aussi-tôt il monte sur un vigoureux coursier, & prend la fuite.

Bientôt les domestiques pénètrent dans la chambre de leur maître, & le voient baigné

---

faut placer l'événement dont nous parlons. Quelques Ecrivains ont avancé, sans autorité, que ce fut *Jean II*, Comte de Forez, qui fut tué par le Vicomte de Ladvieu: mais ce Prince mourut, en 1373, ce qui est bien éloigné du temps où vivoit le fils du Vicomte de Ladvieu, fondateur des Cordeliers de Montbrison. Il est prouvé que Jean II étoit tombé en démence plusieurs années avant sa mort, & qu'il avoit, en 1369, pour curateur, Louis II, Duc de Bourbon; il n'est pas à présumer qu'un homme en démence, & par conséquent veillé de près, forme le projet d'une telle violence, & l'exécute sans aucun obstacle de la part de ses surveillans; d'ailleurs plusieurs Ecrivains témoignent qu'il mourut d'une mort naturelle.

Partie VI. I

dans son sang ; ils poursuivent le Vicomte assassin, l'atteignent dans un champ de blé, & le tuent.

La Vicomté de *Ladvieu* (1) fut confisquée au profit des Comtes de Forez pour ce crime de félonie. Le jeune Vicomte fut enterré aux Cordeliers, dans le tombeau de son père, & le Comte de Forez le fut en même temps dans la collégiale, & dans le tombeau de ses aïeux.

On trouve dans cette ville plusieurs autres maisons religieuses, sur lesquelles nous n'avons rien à dire ; tels sont les *Capucins*, un couvent de filles de *Sainte-Claire*, des Religieuses de *la Visitation*, des *Ursulines* & des *Hospitalières*. Il y a aussi une confrérie de *Pénitens*, établie, en 1591, à l'instar de celle du *Gonfalon* de Lyon.

Le Collège est confié, depuis 1624, aux soins des Prêtres de l'Oratoire. Le principal bienfaiteur de cette maison est le Comte de *Verdun*, Lieutenant de Roi en Forez.

L'Hôpital, ou *Hôtel-Dieu*, fut fondé, vers la fin du onzième siècle, par *Guillaume III*, Comte de Forez & de Lyonnois. Ses fils, *Guillaume & Eustache*, qui moururent vers l'an 1107, furent aussi les bienfaiteurs de cet établissement.

La commanderie de *Saint-Jean-Desprès* a été fondée, en 1130, par *Guigues II* de Viennois, fils d'Ide Raimonde, & Comte de Forez.

_____

(1) *Ladvieu* est un village & paroisse, avec titre de Châtellenie royale, situé à une lieue & au sud de Montbrison.

Les casernes de Montbrison, bâties sur les desseins de M. *Deville*, depuis une cinquantaine d'années, sont très-belles ; elles sont également destinées à la cavalerie & à l'infanterie.

Depuis 1749, il y a dans cette ville un corps de Milice bourgeoise, formé sous l'inspection de M. *de Rochebaron*, Commandant de la province.

Événemens remarquables. Le Baron des Adrets, homme dur & féroce, qui ne cherchoit, dit M. de Thou, que des prétextes pour répandre le sang, entra en fureur à la nouvelle des cruautés horribles que les Catholiques venoient d'exercer, contre les Protestans, à Orange & ailleurs (1). Il prit Montelimart, Pierre-

---

(1) Les Catholiques d'Orange avoient lâchement trahi leurs compatriotes Protestans, en introduisant les ennemis dans la ville. Les vainqueurs Catholiques, commandés par *Serbellon*, se portèrent aux excès les plus affreux : « Après avoir tué, dans le premier feu, dit M. de Thou, ceux qu'ils rencontrèrent sous leurs mains, ils traitèrent inhumainement ceux qui s'étoient dérobés aux premiers coups. Ils percèrent les uns de plusieurs petits coups de poignards, lentement, & à diverses reprises, pour leur donner le temps de sentir toutes les horreurs de la mort ; ils précipitèrent les autres, & les firent tomber sur des piques, des hallebardes, & des épées nues ; ils en pendirent quelques-uns à des crémaillères, & les brûlèrent ; enfin il y en eut qu'ils coupèrent par morceaux. Ils ne firent point de quartier ni aux vieillards, ni aux estropiés, ni à ceux qui étoient au lit malades, ni aux pauvres des hôpitaux, ni même aux misérables moissonneurs, à qui un siège si prompt & si imprévu n'avoit pas permis de sortir de la ville, quoiqu'ils n'eussent d'autres armes

Latte, Bourg, Boulenes, se rendit à Grenoble, dont Maugiron s'étoit emparé pendant son absence, & qu'il abandonna lâchement à son arrivée; puis il marcha en Forez, & vint, au mois de juillet 1562, mettre le siège devant Montbrison.

Cette place étoit mal fortifiée; *Moncelar*, qui commandoit la garnison, exhorta si bien ses soldats & les habitans, qu'il les détermina, malgré leur foiblesse, à faire une vigoureuse résistance. A la première sommation, ils refusèrent

que leurs faucilles. On tua la plupart des femmes, on les pendoit aux fenêtres ou aux portes (la plume tombe des mains); on arrachoit les enfans qu'elles tenoient dans leurs bras, on les tuoit à coups d'arquebuses. Plusieurs filles furent forcées, violées. Plusieurs jeunes garçons, enlevés pour assouvir l'infâme passion de ces abominables vainqueurs, furent détenus dans une affreuse captivité, dont ils ne sortirent que long-temps après. Ils ajoutèrent à tant de cruautés les plus horribles spectacles. Les cadavres des femmes furent exposés nus, après leur avoir mis des cornes de bœuf, ou des pierres, ou de petits pieux dans les endroits que la pudeur ne permet pas de nommer. On exposa de même les cadavres des hommes, après avoir rempli leurs plaies des feuillets des livres sacrés qu'on avoit lacérés & jetés çà & là, uniquement parce qu'ils étoient en langue vulgaire ».

La garnison du château capitula; on lui promit la vie sauve, mais on ne tint point parole: cent neuf hommes furent ou précipités ou passés au fil de l'épée. le sang ruisseloit dans les rues. On finit par mettre le feu à la ville. Ce n'étoient pas les furies infernales, ce n'étoient pas des tigres enragés qui se livroient à tant d'atrocités, c'étoient des hommes, des François, des Catholiques, qui prétendoient combattre pour leur religion!

de se rendre ; mais le Baron des Adrets, ayant, le 16 juillet, fait venir du canon, força la place, la prit d'assaut, & fit tuer tous ceux qui furent rencontrés ; les rues n'offroient que des cadavres, & regorgeoient de sang. Il restoit un fort, où ceux qui avoient échappé au carnage, s'étoient retirés. Des Adrets parvint bientôt à s'en rendre maître, & résolut de ne faire quartier à personne. Il fit d'abord couper la tête à une partie de ceux qui s'y trouvèrent ; puis après son dîner, par maniere de récréation, il fit monter sur la tour de l'horloge, qui étoit très-élevée, tous ceux qu'il n'avoit pas encore fait égorger ; là, il les forçoit à se précipiter en bas ; les angoisses qu'éprouvoient ces malheureux étoient pour lui un spectacle divertissant. Le Capitaine *Moncelar*, à qui cependant on avoit promis la vie, fut du nombre de ces victimes. Les officiers du Baron frémissoient d'horreur, & entre autres *de Blaccons* & *Poncenac*, qui l'accusoient de perfidie & de cruauté (1).

Parmi ceux qui étoient condamnés à ce genre de mort, il se trouva un soldat que le spectacle de son supplice n'intimida point assez pour arrêter une saillie d'autant plus originale, que la circonstance étoit peu propre à la faire naître. Pour sauter du haut en bas de la tour, il demande du temps & de l'espace, afin de s'é-

---

(1) On m'a assuré qu'il y avoit encore un *Noble* qui portoit le nom de *Baron des Adrets*. J'aimerois mieux être appelé *Mandrin*.

lancer ; deux fois il s'approche des bords du précipice, & deux fois il s'arrête. Des Adrets se plaint du temps qu'il lui faisoit perdre. Le soldat, sans se troubler, lui répond : *Ce que vous me commandez de faire en une fois, je vous le donne à faire en dix.* En faveur de l'esprit & du sang froid de cet homme, des Adrets lui accorda la vie (1).

Le Duc de Soubise, que le Prince de Condé avoit envoyé à Lyon, exhorta le Baron des Adrets à faire la guerre avec plus de modération, & à ne pas traiter si rigoureusement ceux qui se rendoient ; c'étoit lui reprocher assez les cruautés dont il venoit d'user à Montbrison. Des Adrets s'excusoit sur la manière dont les Catholiques avoient traité la ville d'Orange, & sur la nécessité de relever le parti des Protestans par quelques coups d'éclat qui portât l'épouvante dans l'esprit de leurs adversaires.

---

(1) La tour de l'horloge, qui servit à ces odieuses exécutions, fut abattue au commencement du siècle dernier par un coup de tonnerre. Le Père *Fodéré* parle de cet événement comme d'un miracle fait pour venger en quelque sorte le crime du Baron des Adrets ; mais ce miracle, si c'en est un, venoit un peu trop tard. Cette tour avoit été rétablie en 1488. On lisoit au bas ces deux vers, dans lesquels on fait dire à la cloche, que le son qu'elle produit chasse le tonnerre. L'événement a prouvé le contraire, c'est le tonnerre qui a détruit la cloche. Voici les vers :

Vox mea terribilis, malisque bonisque jucunda,
Fulgura sono fugans, audior hâc arce locata.

Quelque temps après, le baron des Adrets, mécontent du parti Protestant, & séduit par le Duc de Nemours, changea de religion comme de parti, & persécuta les Huguenots avec le même acharnement qu'il avoit mis à persécuter les Catholiques.

Hommes célèbres. *Antoine du Verdier*, Seigneur de *Vauprivas*, naquit à Montbrison en 1544; il fut Historiographe de France, & Gentilhomme ordinaire du Roi; il est connu dans les Lettres par sa *Bibliothèque des Auteurs François*; c'est un ouvrage utile, quoique peu recommandable par sa critique & son exactitude. M. *Rigoley de Juvigni* en a donné une nouvelle édition, en 1773, enrichie de notes. *Du Verdier* mourut en 1600, à cinquante-six ans.

Papon, célèbre Jurisconsulte du seizième siècle, naquit à Montbrison en 1505, y remplit la charge de Lieutenant Général, & y mourut en 1590. Il fut maître des requêtes de Catherine de Médicis. Il a composé des *Commentaires sur la coutume du Bourbonnois*, le *Rapport des deux principes de l'éloquence grecque & latine*, & un *Recueil d'arrêts notables*, en trois volumes in-folio, autrefois souvent cités dans les tribunaux.

Jacques-Joseph Duguet, né à Montbrison en 1649, donna les plus grandes espérances dans sa jeunesse. On dit qu'ayant lu avec avidité l'*Astrée* de *d'Urfé*, il composa un roman dans le même goût. Il montra cet essai à sa mère qui étoit fort pieuse, qui lui dit: *Vous seriez bien malheureux si vous faisiez un si mauvais usage des talens que vous avez reçus.* Cette leçon détermina l'enfant à jeter son manuscrit au feu, & depuis il ne s'occupa plus d'ouvrages galans; ayant embrassé l'état ecclésiastique, il n'en composa que de pieux. Ardent Sectateur de la doctrine de *Quesnel*, son ami, il se montra un des plus hardis champions du jansénisme. Quoiqu'il réunît du savoir à beaucoup d'esprit, il se plongea aveuglément dans les vaines disputes théologiques, & ses productions polémiques nuisirent à son repos, sans être fort utiles à sa mémoire, dont la célébrité ne s'est guere soutenue au delà de son siècle.

C'est le sort des ouvrages de ce genre, & à moins d'être un *Pascal*, la réputation de ceux qui s'en occupent, s'éteint avec les querelles qui les ont fait naître.

Quant à son mérite littéraire, voici ce qu'en dit l'Abbé *Trublet*. « *Duguet*, solide & touchant, tient de Nicole & de Fénelon; mais il est inférieur à l'un & à l'autre ». *Arnaud* disoit de lui, *cet homme a un clinquant qui m'éblouit les yeux.* Son livre intitulé, l'*Education d'un Prince*, qui, suivant l'Abbé *Goujet*, pourroit être nommé le *Bréviaire des Souverains*, étoit fait pour assurer sa réputation, si l'agrément se fût mêlé à l'instruction, & si les leçons eussent été moins prolixes: les longs sermons font bailler. M. *Sabathier de Castres*, dans ses *trois siècles littéraires*, prétend que MM. *Marmontel* & *Thomas* lui doivent quelques idées qu'ils ont, dit-il, fondues à leur manière, l'un dans son *Bélisaire*, l'autre dans l'*Eloge de M. le Dauphin*: on seroit plus porté à le croire, si M. *Sabathier de Castres* n'en eût point parlé.

Usson est un bourg en Forez, situé dans la chaîne des montagnes qui séparent cette province de celle de l'Auvergne, à cinq lieues & au sud de Montbrison. On a trouvé près de ce lieu une colonne milliaire de six pieds de haut, qu'on a transportée à Usson. Elle est chargée d'une inscription romaine qui constate que l'Empereur *Maximin*, la première année de son règne, & son fils *Verus*, Prince de la Jeunesse, ont fait rétablir les chemins que le temps avoit dégradés. Le nombre marqué est de quatorze milles ; le mille romain étant évalué à sept mille cinquante-six toises, ce millésime fait dix mille cinq cent quatre-vingt-quatre toises, ou environ quatre lieues & demie, qui semblent annoncer la distance précise qui est entre Usson & la ville de Montbrison. Une semblable colonne milliaire qui se trouve en Auvergne près de Saint-Paulien, a été dressée par le même Empereur & dans le même temps. (Voyez tom. V, *Saint-Paulien*, pag. 556.)

Saint-Galmier est une petite ville située à quatre petites lieues & à l'est de Montbrison, à cinq quarts de lieue environ de la rive droite de la Loire, directement placée entre *Feurs* & *Saint-Etienne*, & à une distance égale de l'une & de l'autre de ces deux villes.

Cette petite ville ancienne & murée est surtout remarquable par sa fontaine minérale, située au bas de la ville, & appelée dans le pays

Font fort ou *fontaine forte*; elle a un goût piquant, & la propriété de faire d'excellent pain; elle équivaut, dit-on, au levain pour faire lever la pâte; elle est encore purgative. Le Pere *Boussigaut* assure dans son *Théâtre du monde*, « qu'un demi-septier de cette eau merveilleuse, mêlée avec un peu de vin, ne l'affoiblit point; au contraire elle lui donne une force particuliere, qui échauffe, qui anime ceux qui la boivent, & leur sert de préservatif contre toutes sortes de maladies pour arriver à une heureuse vieillesse, sans autres drogues que le seul usage de l'eau de cette fontaine ». Le Pere Boussigaut ne parle ni en fin gourmet ni en naturaliste instruit. Ces eaux ne doivent leur qualité merveilleuse qu'à la quantité de gaz acide qu'elles contiennent; toutes les eaux gazeuses ont les mêmes vertus.

SAINT-ETIENNE.

Ville très-marchande, la plus considérable du Forez, & la seconde ville des trois provinces, située sur la petite rivière de Furand, à six lieues de Montbrison, à quatorze de Roanne, à six lieues de Givors, à huit lieues de Vienne, & à dix lieues de Lyon.

Cette ville n'a aucun des titres que la vanité humaine a si long-temps prodigués, non seulement à des hommes qui en étoient indignes, mais même à des objets inanimés, comme des villes & des châteaux. Elle n'a jamais eu le titre de baronnie, de capitale, ni même de principauté; elle n'a jamais été humiliée, ni foulée, ni appauvrie par la protection, le séjour ou le brigandage de quelques illustres Seigneurs. Elle est riche & très-peuplée ; elle répand l'abondance sur les pays qui l'environnent, & ces avantages si précieux, elle ne les doit qu'à l'activité, l'industrie de ses utiles & laborieux habitans. Ce lieu eût été un désert sous les lois d'un haut & puissant Baron ; sous celles des roturiers, il est devenu, après Lyon, la ville la plus opulente & la plus peuplée des trois provinces.

Au quinzième siècle ce lieu n'étoit qu'un bourg, dont le nom vient de celui de son ancienne église paroissiale, dédiée à *Saint-Etienne*. En 1444, les habitans obtinrent du Roi Charles VII la permission de se clorre de murailles. L'étendue que circonscrivoit cette première enceinte, dont il ne reste presque plus de traces, ne forme pas la dixième partie de l'étendue actuelle de la ville.

Les abondantes mines de charbon, les carrières de pierre à aiguiser, la rivière du Furand qui traverse la ville, dont les eaux ont, dit-on, une propriété favorable à la trempe de l'acier & à la teinture des soies, & sur-tout l'activité infatigable des habitans, ont attiré dans cette ville un commerce considérable de rubans, de quincailleries, & d'armes à feu.

Saint-Etienne est fondé sur des carrières de charbon (1), & cette substance est le combus-

―――――――――――――――――

(1) La rue de Lyon, le grand moulin, la place, tout le quartier de Polignais, jusqu'à la rue froide inclusive-

tible le plus généralement employé, soit dans les fabriques, soit chez les particuliers ; de sorte que l'atmosphère de cette ville est continuellement chargée des épaisses exhalaisons de ce minéral. Les bâtimens en reçoivent une teinte sombre, dont la vue frappe les étrangers presque aussi désagréablement, qu'ils sont affectés par l'odeur très-sensible de la vapeur qu'exhale sans cesse le charbon de terre.

L'église paroissiale de *Saint-Etienne*, qui a été la première & l'unique église de cette ville, existoit dès l'an 1296 ; elle est desservie par un Curé, deux Vicaires, & par une communauté de Prêtres appelés *Sociétaires*. Le lieu de Saint-Etienne devenant, au quinzième siècle, de plus en plus considérable, le service divin exigea de nouveaux sujets ; en 1466, *Charles de Bourbon*, Archevêque de Lyon, établit cette communauté, dont les membres doivent être choisis parmi les enfans de la ville.

Notre-Dame est la seconde église paroissiale. L'accroissement rapide de la ville en nécessita l'établissement ; elle ne fut d'abord, en 1669, érigée que sous le titre de succursale ; mais, en 1754, elle reçut le titre de paroisse ; elle est desservie par un Curé, deux Vicaires, & par des *Sociétaires*, comme à Saint-Etienne.

Les communautés religieuses de cette ville sont des *Minimes* établis en 1608, des *Capu-*

---

ment, sont bâtis sur du charbon ; les bâtimens de la rue neuve, & tous ceux qui sont au delà sont fondés sur un sol différent.

ins en 1618, des religieuses de *Saint-Dominique* en 1610, de la *Visitation* en 1620, des *Ursulines* en 1636, des *Hospitalières* de Notre-Dame en 1666; enfin des *Pénitens du Saint-Sacrement* en 1624. On voit que tous ces pieux établissemens datent à peu près du même temps; c'étoit la manie des commencemens du dix-septième siècle; toutes les villes de France se trouvèrent alors augmentées, attristées ou embarrassées par plusieurs de ces couvens, qui, sans biens, sans utilité, devinrent une charge réelle pour toutes les villes où ils s'établirent, & en augmentèrent la consommation, sans en accroître les ressources (1).

Cette ville, qui contient un si grand nombre de couvens, n'a pas seulement un *collège*; ainsi on y a plus fait pour la superstition que pour l'éducation. L'instruction publique y est confiée à des maîtres particuliers qui enseignent le latin, les Belles-Lettres & la Philosophie.

L'hôpital de l'*Hôtel-Dieu* est desservi, depuis 1665, par des Religieuses Hospitalières de Notre-Dame, sous la direction d'un bureau,

---

(1) Dans l'espace de dix ou douze ans, la France se vit surchargée de cinq ou six mille couvens de cette nature. C'étoient des légions que le Clergé mettoit sur pied pour combattre avec succès la doctrine des Protestans, dont le culte public étoit alors toléré par les lois. Depuis la révocation de l'édit de Nantes, les Protestans n'ayant plus d'existence avouée dans le royaume, tous ces couvens sont devenus inutiles.

Voyez l'observation faite à cet égard à l'article *Moulins*, pag. 46 de ce Volume.

On y a joint depuis quelques années une nouvelle salle destinée aux pauvres femmes en couche ; il leur faut, pour y être admises, un certificat du Curé de leur paroisse & du juge, qui atteste qu'elles sont de la ville, pauvres & de bonnes mœurs. Ce nouvel établissement est dû au zèle de feu MM. de *Moras* & de *Voisins*, Seigneurs de la ville.

L'hôpital de *la Charité* ou *Aumône générale* existoit avant 1682, époque où M. *Colombet*, Curé de cette ville, fit construire les bâtimens commodes de cet établissement. Il y a des salles pour les *incurables*, & des lieux de correction pour les personnes des deux sexes, &c.

Depuis long-temps il existe à Saint-Etienne une milice bourgeoise, qui porte sur ses drapeaux différentes légendes faisant allusion aux fabriques d'armes de cette ville ; l'une porte : *Jovis parat arma triumphis* ; l'autre, *Prodit & arma ministrat* ; une troisième est un vers tiré de l'inscription fameuse qu'on lit sur la porte de l'arsenal de Paris :

Tela giganteos debellatura furores.

Outre cette milice bourgeoise, il existe encore une compagnie d'arquebuse, trois ou quatre du jeu de l'arc, & deux du jeu de sarbacane ; ainsi, dans cette ville il ne manque ni d'armes ni de gens armés.

MANUFACTURES. Il en est trois, formant les trois branches principales du commerce, qui vivifient la ville & une partie de la province,

& qui s'étendent chez toutes les Nations commerçantes ; ce sont les manufactures de la quincaillerie, celle des armes & celle des rubans.

La manufacture de quincaillerie concerne une infinité d'ustensiles en fer, en acier & en cuivre, qui, s'ils n'ont pas le poli d'Angleterre, ont au moins beaucoup plus de solidité.

La première manufacture d'armes à feu est uniquement employée pour le service du Roi; elle est dirigée par un Inspecteur, un sous-Inspecteur, deux Capitaines en second, plusieurs Contrôleurs, &c.

La seconde manufacture d'armes à feu est entretenue par plus de quatre-vingts Marchands & Négocians, en armes bourgeoises & de commerce. On y trouve des armes riches, élégantes, & même solides.

La manufacture de rubans offre ici un contraste assez piquant. Dans cette ville enfumée, peuplée de noirs Forgerons, où l'on entend par-tout siffler la lime & retentir le marteau, où tout rappelle *les forges de Vulcain*, il est singulier de trouver des ateliers consacrés aux graces & à l'ornement de la beauté; on pourroit dire qu'en rapprochant les attributs de *Vulcain* de ceux de *Vénus*, on a semblé réunir ces deux époux si peu faits l'un pour l'autre.

La fabrique de rubans, déjà considérable, s'accroît de plus en plus, depuis que l'on a adopté des métiers à *la Zuricoise*. Les habitans des campagnes, à cinq ou six lieues à l'entour de Saint-Étienne, s'occupent de ce travail, dont le produit adoucit un peu leur indigence.

Événemens remarquables. Lors des premiers progrès de la religion Protestante, la plupart des habitans de Saint-Étienne en adoptèrent les opinions, & partagèrent, avec presque toutes les villes du royaume, les malheurs des guerres, dont le nom spécieux de *guerre de la religion* cachoit l'ambition particulière des grands. Le massacre de Vassi donna lieu aux premiers troubles. Les Protestans, jusqu'alors paisibles & cachés, se montrèrent, & cherchèrent à tirer vengeance de l'outrage qu'ils venoient de recevoir dans leurs frères de Vassi. Les Nobles profitèrent de ces dispositions, & se mirent à leur tête. Le *Baron des Adrets* chargea, en 1562, le Capitaine *Sarras*, d'assiéger Saint-Étienne. Ce Capitaine ayant rassemblé environ cent quarante Artisans ou Laboureurs, les fit armer, y joignit quelques troupes réglées; & vers la fin d'octobre, il se mit en marche : il surprit un matin cette ville, & s'en rendit maître. Il enleva toutes les armes qui s'y trouvoient, y fit un butin considérable ; mais tandis que ses troupes s'amusoient au pillage, les Barons de *Saint-Vidal* & de *Saint-Chaumond*, informés de cette surprise, rassemblèrent, à la hâte, quelques Gentilshommes de leurs amis, & sept à huit cents Arquebusiers, surprirent, à leur tour, *Sarras* & ses soldats, & les massacrèrent presque tous ; le frère de *Sarras* y fut dangereusement blessé.

Les habitans eurent encore beaucoup à souffrir, en 1570, du passage de l'armée des Princes de Navarre & de Condé, & dans la suite des diverses incursions des Capitaines Catholiques & Protestans

Protestans, qui, différant de religion ou d'intérêts, étoient tous également brigands & cruels (1).

Lorsque les Protestans de Saint-Etienne eurent obtenu, par l'édit de Nantes, le libre exercice de leur religion, ils virent succéder aux persécutions des militaires, celles du clergé Catholique : le fanatisme remplaça le brigandage.

Dans les plaintes que les églises réformées adressèrent au Roi en 1597, pour lui représenter les violences & les injustices qu'ils ne cessoient d'éprouver, malgré l'édit, de la part des Catholiques, il est souvent parlé du Curé de Saint-Etienne qui s'acharnoit à tourmenter le petit nombre des Protestans qui restoient dans cette ville.

Lorsque ce Curé portoit l'hostie aux malades, & qu'il appercevoit dans les rues quelques particuliers qui s'évadoient pour ne point se prosterner, il les poursuivoit, les arrêtoit, & les forçoit à s'incliner en les frappant à coups de poings ou à grands coups du bâton de la croix. Un Protestant de Nismes, âgé de soixante-quinze

---

(1) La province du Forez, & celle qui dépendent du diocèse de Lyon, furent des plus tourmentées du royaume. *La postérité*, dit *Froumenteau* dans son *Secret des finances*, *ne croira point la centième part de ce qui en est*. Dans l'espace de douze à quinze ans on compta dans ce diocèse seize mille huit cent quatre-vingt-un hommes massacrés ; trois cent cinquante villages ou bourgades brûlés ; quatre cents femmes ou filles violées, sans compter celles qui n'ont point fait leur déclaration.

Partie VI   K

ans, qui se trouvoit à Saint-Etienne pour son commerce, fut frappé de tant de coups de croix sur la tête par le Curé, qu'il en fut grievement malade.

Il faisoit mettre en prison les vieillards sans parens & sans amis, & les y laissoit languir jusqu'à ce qu'ils eussent abjuré leur religion. Il cherchoit dans les maisons les nouveaux nés, & les arrachoit des bras de leurs parens, pour les faire baptiser malgré eux (1); il faisoit déterrer les morts que les Protestans inhumoient dans leur cimetière, & les faisoit porter dans la campagne; en chaire il menaçoit d'excommunication ceux qui donneroient à loyer des maisons ou des appartemens aux Protestans; enfin ce Curé convertissoit les Protestans, comme Louis XIV, sa maîtresse, ses Ministres, ses Intendans & ses Dragons les ont convertis depuis, & comme Mahomet convertissoit les Arabes & les Juifs, par la violence. Ce n'est pas ainsi qu'on persuade; ce n'est pas ainsi que prêchèrent les Apôtres.

---

(1) Le 28 mai 1596, ce furieux Curé fut averti, sous de faux rapports, que la femme de *Jean de la Forge* étoit accouchée. Il se transporte chez lui à la faveur de l'obscurité, laisse ceux qui l'accompagnoient à la porte de la maison, frappe *la Forge* qui nioit que sa femme fût accouchée, fouille dans tous les coins, & ne trouve point d'enfant. Il sort; mais ceux qui l'attendoient à la porte lui certifient qu'il a mal cherché, & que l'enfant existe. Le Curé remonte, fait de nouvelles recherches; enfin, pour se convaincre pleinement, il oblige la femme de ce particulier, qui étoit couchée, de sortir de son lit, & de lui montrer son ventre.

Environs. Les environs de Saint-Etienne offrent aux Naturalistes une infinité d'objets intéressans; ils présentent une plaine coupée de collines, semée de côteaux, & bornée au midi par une chaîne de montagnes granitiques, qui la sépare du Vivarais, & par une autre chaîne qui s'élève entre le bassin de la Loire & celui du Rhône.

Le sol de cette plaine repose presque entierement sur des mines de charbon de terre, pour la plupart exploitées; telles sont celle *du Treuil*, dont la partie supérieure offre une carrière de pierre & de meules; celles de *Mont-Brunand* & de la *Ricamari*, *de Terrenoire*, &c. Les mines de *Mont-Brunand* (1) & de *Terre-noire* ont été long-temps en combustion; mais celles de *la Ricamari* brûlent encore.

La Ricamari ou *la Rica-Marie* est un village situé à une lieue & au sud-ouest de Saint-Etienne. C'est dans ce canton qu'on voit le phénomène d'une carrière de charbon de terre enflammée. Cette carrière brûle depuis plusieurs siècles; des terriers de plus de trois cents ans d'ancienneté la donnent pour confins, & la désignent comme étant alors enflammée: *Juxtà calceriam inflammatam.*

On voit un espace d'environ trois cents toises que le feu a parcouru dans une direction de l'est à l'ouest. Le feu se manifeste aujour-

---

(1) La mine de *Mont-Brunand* s'étoit enflammée en 1764; elle a brûlé quelques années, & aujourd'hui elle est éteinte.

d'hui à l'extrémité de cet espace, par une vapeur bitumineuse, & par de la fumée qui s'élève visiblement par plusieurs petits trous, formant autant de soupiraux de cette espèce de volcan. En mettant la main dans ces trous, on y éprouve une forte chaleur, semblable à celle que produit la vapeur de l'eau bouillante. « Après quelques jours de pluie, dit M. de Bournon, cette chaleur augmente considérablement, & elle est alors trop forte pour pouvoir la supporter quelque temps, & la fumée qui s'exhale de ces trous devient aussi plus considérable (1) ».

Le même Auteur nous apprend que cette mine n'est pas toujours restée dans l'état de tranquillité où elle est aujourd'hui. Il y a plusieurs années qu'un événement entr'ouvrit le sol de cette mine ; aussi-tôt l'air atmosphérique s'étant communiqué dans l'intérieur, & ayant donné de nouvelles forces à l'incendie, il se fit une forte explosion ; les flammes s'élevant à une hauteur considérable, offrirent l'effet épouvantable d'un volcan.

Le feu a produit sur les différentes pierres qui forment le sol de cette mine, des effets singuliers, dont M. de *Bournon* a parlé fort en détail.

SAINT-PRIEST est un village situé à une lieue & au nord de Saint-Etienne, & au bas d'une chaîne de montagnes, qui, de ce côté-là

---

(1) *Essai sur la Lithologie des environs de Saint-Etienne en Forez*, 1785.

borne la plaine. Le côteau sur lequel ce village est bâti, & à la cîme duquel sont les restes d'un vieux château, offre aux Naturalistes plusieurs objets curieux. M. de Bournon y a découvert du pétro-silex formant des roches en masses considérables, sans continuité, mais formées d'une infinité de parties isolées. Quelques morceaux sont d'un grain très-fin, approchant de celui de l'agathe, d'autres ont un grain très-grossier ; on en trouve d'un blanc très-pur, d'un blanc jaunâtre & de nuancé de noir, de rouge & de vert ; il s'en rencontre qui ressemble au *pechstein* ou pierre de poix.

Le côteau qui est en face, & qui est séparé de celui de Saint-Priest par la rivière de Furand, présente une masse de rochers qui offrent les mêmes substances, & plus abondamment encore ; comme elles sont peu connues, nous laissons aux Naturalistes à leur donner la qualification qui leur convient.

SAINT-RAMBERT est une petite ville située sur la rive gauche de la Loire, & sur la route de Montbrison à Saint-Etienne, à deux fortes lieues de cette dernière ville.

Cette ville, qui a un chapitre, est célèbre par ses mines de charbon de terre, & par ses forges.

C'est à une demi-lieue & au dessus de cette ville, que la rivière de Furand se jette dans la Loire, & c'est là que doit s'ouvrir, dans cette rivière, le canal projeté qui réuniroit le Rhône à la Loire, par les rivières de *Furand* & de *Gier*. La Loire versant ses eaux dans l'Océan,

& le Rhône dans la Méditerranée, ce canal formeroit la communication de ces deux mers.

Le sieur *Zacharie*, Horloger à Lyon, proposa ce projet au gouvernement, &, le 6 septembre 1761, il obtint des lettres patentes enregistrées au Parlement le 6 juin 1763, qui lui permirent d'entreprendre ce canal depuis Givors jusqu'à *Rive de Gier* seulement. Ce canal, si utile au commerce, & qui diminueroit considérablement les frais de transport, n'a point été continué.

A trois cents pas environ au dessus de *Saint-Rambert*, à l'endroit où la Loire commence à devenir navigable, est, sur cette rivière, une digue en bois destinée à prendre le saumon, & construite par M. d'*Antremont*, dont le château, appelé de *la Baraillère*, est situé sur le bord de la Loire.

Cette digue en pilotis, d'environ trois cents pieds, traverse le fleuve. Ses deux extrémités offrent deux écluses en avaloirs en bois, soutenues de massifs en maçonnerie, où les saumons, en remontant, viennent s'enfermer. La digue produit une chûte d'eau d'environ dix pieds; & malgré cette élévation, les saumons sautent quelquefois par dessus, & franchissent toutes ces entraves.

C'est ici un de ces droits honteux de la tyrannie féodale, qui atteste que les prédécesseurs des Seigneurs de *la Baraillère* étoient des usurpateurs; bientôt les principes d'équité qui s'établissent en France, éviteront de semblables reproches au Seigneur actuel de *la Baraillère*;

Il n'aura pas plus le droit d'arrêter le poisson qui appartient également à tous les riverains, qu'il n'a celui d'arrêter les oiseaux dans leur vol, & le vent dans sa course; sa digue & ses avaloirs ne gêneront plus le cours ordinaire de la nature.

Les montagnes qui s'élèvent à l'est de Saint-Etienne sont bien dignes de la visite des curieux. Pour les y déterminer, il suffit de nommer le *Montpila*, la principale aspérité du groupe de ce nom, & une des plus hautes montagnes de l'intérieur de la France.

En partant de Saint-Etienne, à un quart de lieue de cette ville, on trouve l'ancienne & célèbre abbaye royale de *Val-Benoît*, de l'ordre de Cîteaux, & de la filiation de Bonnevaux, fondée en 1184, & située dans un paysage délicieux.

En s'avançant vers le Montpila, on trouve, à une forte lieue de Saint-Etienne, *Rochetaillée*, village & paroisse avec un ancien château qui avoit le titre de baronnie. Si l'on remarque la roche sur laquelle le château est bâti, on verra qu'elle est d'un quartz blanc.

On arrive ensuite au village de *la Valla*, située à deux fortes lieues de Saint-Etienne, & au bas du Montpila; il est bâti dans un vallon profond, & dominé de toutes parts par de hautes montagnes, qui semblent s'ouvrir au nord, pour laisser un étroit passage à la rivière de *Gier*.

La vallée, dont le village tire son nom, se

prolonge dans une direction du sud au nord; elle paroît être constamment tourmentée par les vents du sud. Les arbres, que l'effet du vent a pliés, se montrent tous fortement inclinés vers le nord; on dit même dans le pays, que les ouragans sont si furieux, qu'ils enlèvent les toits des maisons, déracinent ou brisent les arbres, & renversent quelquefois les voitures les plus chargées.

Après trois ou quatre heures de marche sur un terrain fort inégal, on se trouve sur le sommet d'un vaste plateau, qui, quoique très-élevé, est encore surmonté par un énorme pic, appelé *les trois Têtes*. Ce pic est hérissé de blocs énormes de basalte qui en rendent le sommet d'un accès très-difficile; mais ces difficultés, les fatigues indispensables de ce voyage, & le froid que l'on ressent sur ces hauteurs, même dans la saison la plus chaude de l'année, sont bientôt oubliés. Le spectacle magnifique qui se présente, vous dédommage pleinement de vos peines. On assure que de la cîme du Montpila on peut découvrir dix-sept provinces. A l'est, la vue n'est bornée que par les *Alpes* & les montagnes de la Suisse; au sud par celles du Vivarais; à l'ouest on découvre les *monts du Cantal*, situés dans la haute Auvergne, ainsi que les *Monts d'or* & le *Puy de Dome*, situés dans la basse partie de cette province.

D'après l'étendue de ce cadre, qui renferme des grandes villes, des rivières considérables, on peut juger de la variété des tableaux, de l'immensité des lointains, & du ravissement qui saisit l'ame de l'observateur à la vue de cette vaste & brillante scène. L'air pur qu'on y respire produit un changement subit ; il semble qu'on soit rajeuni ; on se trouve plus léger, plus sain & même plus heureux. « Sur les hautes montagnes, dit J. J. Rousseau, où l'air est pur & subtil, on se sent plus de facilité dans la respiration, plus de légereté dans le corps, & plus de sérénité dans l'esprit ; les plaisirs y sont moins ardens, les passions plus modérées. Les méditations y prennent je ne sais quel caractère grand, sublime, proportionné aux objets qui nous frappent, je ne sais quelle volupté tranquille qui n'a rien d'acre & de sensuel. Il semble qu'en s'élevant au dessus du séjour des hommes, on y laisse tous les sentimens bas & terrestres, & qu'à mesure qu'on approche des régions ethérées, l'ame contracte quelque chose de leur inaltérable pureté.... Je doute qu'aucune agitation violente, aucune maladie de vapeurs pût tenir contre un pareil séjour prolongé, & je suis surpris que des bains de l'air salutaire & bienfaisant des montagnes, ne soient pas un des plus grands remèdes de la Médecine & de la morale ».

Ces montagnes offrent à la Minéralogie quelques objets intéressans. Les nombreuses masses de basalte qui en hérissent la plupart, sont des preuves certaines de l'existence d'un ancien & énorme volcan qui a couvert tous les environs de ses déjections, & dont le temps a détruit, ainsi que dans les plus hautes montagnes de France, les signes les plus caractéristiques ; mais ceux qui restent encore ne doivent point aujourd'hui être équivoques; ce qui est digne d'être remarqué, & ce qui ajoute une nouvelle preuve à notre assertion, c'est que ces amas de roches basaltiques qu'on trouve si fréquemment sur ces montagnes, sont nommés dans le pays *Chiras*. C'est ainsi, ou à peu près, que les coulées de lave & de semblables amas de basalte sont nommés en Auvergne & en Dauphiné (1).

On trouve dans ces montagnes un creux d'une forme alongée & très-vaste. Ce creux très-profond est rempli d'eau; les habitans en rapportent beaucoup de sable; ils disent qu'un Berger s'y laissa tomber un jour avec ses moutons, & que quelques jours après il fut retrouvé dans le Rhône; ils pretendent que lorsqu'on jette des pierres dans ce creux, il s'élève aussi-tôt dans les airs un orage affreux. C'est un phénomène que le peuple attribue à différens gouffres qui sont en France (2).

Ce creux n'est autre chose que la source de la rivière de *Gier*, qui immédiatement après se perd sous terre, & reparoît bientôt, pour aller se précipiter entre deux montagnes où, se brisant de chûte en chûte sur les nombreux rochers, elle forme une magnifique cascade appelée *le saut de Gier*. On pêche dans cette rivière des truites saumonées.

---

(1) En Dauphiné & en Auvergne les coulées de lave sont nommées *Cheyre* ou *Cheyra*; ce mot est Celtique.

(2) Voyez ce que j'ai rapporté du *Lac de Tabe*, dans le Comté de Foix, tom. II de cet ouvrage, page 366, & du lac de Pavin en Auvergne, tom. V, pag. 306.

On a beaucoup parlé de l'étymologie du nom de *Montpila*. Suivant un conte populaire, *Ponce Pilate*, après avoir condamné Jésus-Christ à la croix, fut exilé sur cette montagne ; de désespoir il se jeta dans le creux dont nous venons de parler, & laissa son nom à ce lieu, comme un monument de son séjour. De graves Historiens, tels que *de Rubis*, *la Mure* & autres, ont rapporté cette étymologie comme une vérité incontestable (1). Il est plus vraisemblable de croire que ce nom vient de *Mons-Pileatus, montagne coiffée*: en effet la cîme de cette montagne est souvent couverte de nuages ; on dit familièrement dans le pays, *le Montpila a pris son chapeau*, & ce chapeau de nuages est le présage assuré de la pluie ou d'un prochain orage.

On recueille sur ces hauteurs plusieurs simples très-rares. Les montagnes qui dépendent du Montpila, sont presque toutes couvertes de vastes forêts de sapins, où habitent des sangliers, des cerfs & des chevreuils.

On fait sur ces montagnes d'excellens fromages de chèvres, appelés, dans le pays, *Bessatin*, du nom du village de *Bessard*, qui est à l'occident, & où ils se fabriquent.

BOURG-ARGENTAL est une petite ville

---

(1) On seroit pareillement fondé à soutenir que *Ponce Pilate* s'est retiré en Suisse, dans le canton de Lucerne, où se trouve une montagne appelé *Pilate*.

située au pied de la chaîne de montagnes du Montpila, près des frontières du Vivarais, sur la petite rivière de Tournon, à trois lieues de Saint-Etienne, & à douze lieues de Lyon.

Cette ville, qui a beaucoup souffert pendant les guerres de la religion, est aujourd'hui fort commerçante; on y compte quatorze foires par année, & on y fabrique beaucoup de dentelles.

BEAUJOLOIS.

VILLEFRANCHE.

VILLE capitale du Beaujolois, chef-lieu du district de son nom, située sur la petite rivière de Morgon, & sur la grande route de Paris à Lyon; à quatre-vingt-quinze lieues de Paris, à six de Lyon, à cinq lieues de Beaujeu, à sept lieues de Mâcon, & à une demi-lieue de la rive gauche de la Saône.

Humbert III, fils d'*Humbert II*; Sire de Beaujeu, fonda, vers la fin du douzième siècle, Villefranche. Les guerres qu'il soutint contre le Seigneur de Bresse, le déterminèrent sans doute à bâtir une petite ville qui pû servir en quelque sorte de rempart contre ses ennemis. Dans cet endroit étoit déjà un château nommé *la Minorette*, qui fut, dans la suite, donné aux Cordeliers de cette ville. Le fondateur y attira des habitans, en accordant des privilèges & des franchises à ceux qui voudroient s'y établir, & de là ce lieu reçut le nom de *Villefranche*.

Ce fut lui, ou quelques-uns de ses successeurs, qui fonda dans cette ville l'église de Notre-Dame. Guichard IV, son fils, y fonda un couvent de Cordeliers, qui est le plus ancien des couvens de cet ordre en France,

Edouard II, Sire de Béaujeu, fils d'Edouard I, & petit-fils de Guichard VI surnommé *le Grand*, confirma, vers la fin du quatorzième siècle, les privilèges de cette ville. Les Ducs de Bourbon qui succédèrent quelque temps après à la Maison de Beaujeu, y firent encore quelques établissemens; elle fut enfin érigée en capitale, & dans le siècle dernier, on y établit une Académie des Sciences & des Beaux-Arts.

DESCRIPTION. Cette petite capitale, qui contient à peine deux mille cinq cents habitans, est bâtie dans une plaine au bas des montagnes du Beaujolois, & dans un des meilleurs cantons de cette province; elle est encore entourée de fossés & de murailles qui tombent en ruine. La petite rivière de Morgon la traverse de l'ouest à l'est, & va se jeter dans la Saone, à une demi-lieue de la ville.

Villefranche se prolonge du sud au nord, & est traversée dans cette direction par une très-belle rue qui fait partie de la grande route.

Au de là de la ville, du côté de Lyon, est, à droite de la route, une jolie promenade plantée de quatre rangs d'arbres.

L'Eglise collégiale, appelée *Notre-Dame des Marais*, doit son origine à une petite chapelle qui portoit ce nom, & qui fut fondée à l'occasion d'un événement miraculeux que l'on raconte de cette manière.

Des Bergers faisant paître leurs troupeaux en cet endroit, s'apperçurent que leurs bœufs restoient agenouillés; ils s'approchèrent & découvrirent, devant ces animaux prosternés, une image de la Vierge; cette image fut retirée de ce lieu, & portée dans l'église de la Madeleine ; mais elle ne resta point dans cette église ; le lendemain matin on fut bien étonné de trouver cette figure à l'endroit même où les Bergers l'avoient découverte, & on lui éleva en ce lieu une chapelle (1).

Cette chapelle, dans la suite, devint l'église paroissiale, & en 1691 fut érigée en chapitre, qui est composé de trois dignités, le Doyen, le Chantre, & le Sacristain-Curé, & de onze Chanoines. En 1688, on y a réuni l'abbaye de *Joug-Dieu*, située dans les environs de Villefranche, & dont nous parlerons à la suite de cet article.

La construction de cette église est belle, on remarque sur-tout sa voûte, dont les clefs de chaque voussure sont ornées de sculptures d'un travail précieux. Le portail fut construit, en 1499, aux frais de *Pierre II*, de Bourbon, Sire de Beaujeu, qui donna pour cette construction la somme de douze cents livres. Ce portail est remarquable par la délicatesse & le fini des sculptures ; on y voit des feuillages ou rinceaux exécutés avec beaucoup de goût ; il fut endommagé, en 1562, lorsque les Protestans prirent cette ville, & restauré dans les années 1654 & 1655.

Le clocher présentoit une flèche octogone très-élevée, & dont le Père *Fodéré* fait la plus

---

(1) Dans la plupart des villes de France où l'on révère des images miraculeuses de la Vierge, on rapporte le même miracle qui attribue à ces statues une préférence obtenue pour un lieu plutôt que pour un autre ; nous en avons déjà rapporté plusieurs exemples.

magnifique description; il avoit été fait en 1518, mais le feu le détruisit en 1566; la charpente fut toute brûlée, & les cloches furent fondues.

Les habitans accusèrent un maître ouvrier de Roanne, qui avoit recouvert ce clocher, d'être l'auteur de cet incendie; cet ouvrier étoit Protestant, & sur de simples présomptions, il fut, au mois d'octobre suivant, condamné & brûlé vif.

Le couvent des Cordeliers est le premier de leur ordre qui ait été établi dans le royaume. *Guichard IV*, fils d'*Humbert III*, qui avoit fondé Villefranche, fut député, par le Roi Philippe Auguste, au Pape Innocent III & à l'Empereur de Constantinople; il revint chargé de riches présens, & accompagné de trois Moines Franciscains, qu'en passant par Assise il avoit demandés & obtenus du séraphique *François* lui-même. Il les établit d'abord, en 1210, à *Pouilly-le-Château*, près de Villefranche. Ces Religieux y restèrent six ans; ils n'étoient pas heureux dans cette retraite, le Concierge du château de Pouilly, se plaisoit à les inquiéter. Lorsqu'ils rentroient un peu tard, ils trouvoient la porte fermée, & ils étoient obligés souvent de coucher dehors: d'ailleurs les environs étant peuplés d'habitans pauvres, leurs quêtes ne leur paroissoient pas suffisantes: gênés dans leur liberté & dans leur subsistance, ils sollicitèrent l'avantage de rester à Villefranche. *Guichard IV* leur accorda son château de *la Minorette*, qui étoit dans cette ville, & ils s'y établirent en 1216. Ces faits sont constatés

par

par cette inscription placée sur les murs du cloître :

Guichard III (1) *de Beaujeu, revenant Ambassadeur de Constantinople, amena trois compagnons de Saint-François d'Assise, fonda leur couvent de Pouilly-le-Chastel, l'an 1210, où ils demeurèrent six ans; de là furent amenés & fondés en ce lieu par le même Guichard, l'an 1216.*

Ces Moines, plus tranquilles & plus heureux dans ce nouvel asile, joüirent d'une brillante prospérité. Bientôt les établissemens de leur ordre se multiplièrent en France; les diverses écoles furent troublées par des disputes jusqu'alors inconnues, par des subtilités nouvelles. Les chaires & les carrefours des villes du royaume retentirent de leurs déclamations contre la débauche, contre le luxe des Prêtres, des Prélats, des filles publiques, & contre les exactions du gouvernement & les crimes des Seigneurs & des courtisans. Du nombre des Cordeliers de ce couvent, qui se distinguèrent par leurs sermons caustiques & véhémens, étoit *Frère Jean de Rochetaillée*, qui déclama tant contre les vices des Cardinaux & des Prélats de son siècle, qu'il devint la victime de son propre zèle. *Frère Antoine Fradin* ne fut pas plus heureux; il vint à Paris déclamer contre les Seigneurs de la cour de Louis XI; & le Roi, en 1478, la

---

(1) Il faut lire *Guichard IV*.

Partie VI.

bannit du royaume, comme nous le dirons ci-après.

Cette sévérité de principe ne fut pas toujours la règle de la conduite de ces Cordeliers: la vision qui eut lieu dans cette maison, dont le Père *Fodéré*, dans sa Narration historique des couvens de l'ordre de Saint-François, assure l'authenticité d'après le témoignage d'un Moine de ce couvent, & que lui-même regardoit comme très-véritable, ainsi que le rapporte *Pierre Louvet* dans son Histoire de Villefranche, qui la lui a souvent entendu raconter de vive voix; cette vision, dis-je, prouve que les Moines s'étoient fortement relâchés de leur règle, qu'ils s'en étoient beaucoup écartés par leur conduite, & que quelques-uns d'entre eux, pour les y ramener, imaginèrent, par une fraude pieuse, l'événement merveilleux dont voici le récit.

Le Père Secrétain s'étant levé la nuit pour aller sonner les matines, en allant chercher du feu à la cuisine, entendit dans le réfectoire une voix qui lisoit, comme on fait pendant les repas. La curiosité le fit approcher; il vit un grand nombre de Religieux assis à table: à peine fut-il entré, que celui qui occupoit la place du Gardien, commanda au Lecteur de chanter ces paroles à haute voix: *Propria voluntas, rerum proprietas, secularium familiaritas & nimia mulierum consortia nos duxerunt ad Tartara.* C'est-à-dire, « Notre entêtement à faire notre
» propre volonté, notre avidité à posséder des
» richesses, nos liaisons familières avec les sé-
» culiers, & notre trop grande fréquentation

» avec les femmes, nous ont conduits au *Tar-*
» *tare* (1) ou dans les enfers ». A ces mots, l'assemblée des spectres monacaux disparut, & le Secrétain effrayé tomba sur la place à demi-mort, & y resta jusqu'à ce qu'on vint le chercher; il raconta sa vision, & les suites de la frayeur qu'elle lui avoit causée le rendirent très-malade.

Sur la principale porte du couvent on lit ces quatre vers qui paroissent être du commencement du siècle dernier :

> Sache, ô passant, qui que tu sois,
> Qu'en ce lieu saint & salutaire,
> Tu vois le premier monastère
> Qu'on fit en France à Saint-François.

Le tombeau qu'on voit dans la muraille du chœur, près du grand autel du côté de l'évangile, est celui d'Eléonore de Savoie, femme de Louis de Forez, Sire de Beaujeu, morte en 1496; quatre de ses enfans y furent aussi enterrés.

La chapelle qui est hors le chœur, près du maître-autel, dédiée à Notre-Dame, a été construite par les Seigneurs de Beaujeu, de la Maison de Bourbon-Montpensier.

Dans le cloître, on voit quelques tombeaux de Moines & de Princes de la Maison de Beaujeu.

---

(1) Le Père *Colonia* auroit volontiers cru à cette vision; mais le mot *Tartare*, qui ne lui sembloit pas le mot propre, l'en faisoit douter.

En 1561, la rivière de Morgon ayant emporté un grand corps de logis de ce couvent, il fut entièrement restauré, en 1604, par les aumônes des habitans de Villefranche.

Cette ville contient plusieurs autres communautés religieuses. Les *Capucins* furent fondés en 1615; leur couvent, bien construit, est situé hors la ville. Les *Ursulines* furent fondées en 1621.

Les Religieuses *de la Visitation* ont été fondées en 1632; leur église, bâtie avec un goût recherché, est la plus belle de la ville. *Dominique Borbonio*, célèbre Peintre Italien, a peint l'intérieur à fresque. Ces peintures, qui conservent encore leur fraîcheur, représentent la vie de la Vierge, & de l'architecture en perspective qui fait illusion.

Le tableau du maître-autel, dont le sujet est la Visitation, est d'un bon Maître.

Louis XIV, passant à Villefranche en 1659, voulut voir cette église, & les habitans assurent qu'il la trouva fort belle.

On trouve aussi des Pénitens *blancs* & *noirs*; les premiers furent fondés, en 1621, sous le titre du Saint-Sacrement, & les seconds, en 1623, sous le titre du crucifix.

Le Collège de Villefranche, où l'on enseigne toutes les classes jusqu'en Philosophie, a été la source où quelques hommes célèbres ont puisé leurs connoissances. Vers la fin du seizième siècle, *Pierre Godefroy*, savant Professeur, venu de Troye en Champagne, faisoit fleurir les Sciences dans ce collège. *Papire Masson*, dont nous avons parlé page 122 à l'article *Saint-Germain-Laval*, fut son élève pendant ses premières études.

L'Hôpital général, bâti en 1644, a reçu successivement des augmentations & des embellissemens considérables; l'administration intérieure est confiée à des Dames Religieuses de l'ordre de Sainte-Marthe.

La Milice bourgeoise a été établie pour la première fois dans cette ville, en 1714, par M. *d'Halincourt*, Gouverneur de la province.

Les Chevaliers de l'arc & de l'arquebuse, institués à Villefranche depuis plus de trois siècles, ont été autorisés par plusieurs lettres patentes de nos Rois, confirmées par celles du mois de janvier 1730.

L'Académie royale des Sciences & des Beaux-Arts est une des plus anciennes du royaume; elle fut érigée, en 1696, sous la protection de M. le Duc d'Orléans. Le nombre des Académiciens est fixé à vingt. Ses séances publiques se tiennent chaque année, le jour de Saint-Louis, dans la grande salle de l'hôtel-de-ville; elle a pour devise une rose de diamans, avec ces mots: *Mutuo claressimus igne.*

HOMMES *célèbres.* « Cette petite capitale, dit le Père Colonia, auroit assez bien mérité de la République des lettres, quand elle n'auroit produit que le Père *Fradin*, de l'ordre de Saint-François, & le célèbre Astrologue *Jean-Baptiste Morin*, Professeur royal des Mathématiques, si connu par ses divers ouvrages & par ses contestations avec M. Gassendi, mais sur-tout par son grand ouvrage de l'Astrologie judiciaire françoise, que la Reine de Pologne,

Louife-Marie de Gonzague, fit imprimer à fes frais, en 1661, après la mort de l'Auteur ».

Le Père *Fradin* vint à Paris en 1478, y prêcha hautement contre les vices; il attaqua fur-tout les filles publiques & les courtifans. Ces derniers ne fe convertirent point, & firent chaffer du royaume le courageux Prédicateur. Voici ce qu'en raconte Jean de Troye, dans fa Chronique fcandaleufe: « En ladite année (1478) vint à Paris un Cordelier, natif de Villefranche en Beaujolois, pour y prêcher, & illec blafmer les vices dont les créatures étoient entachées; & par fes paroles y eut plufieurs femmes qui s'eftoient données aux plaifances des hommes & autres péchez, qui de ce retrayrent, & aucunes d'icelles fe mirent en religion, en délaiffant leurs plaifances & voluptez, où paravant fi étoient démenées, & fi blafma tous les eftats, & fi prefcha de la juftice, du gouvernement du Roy, des Princes & Seigneurs de ce royaume, & que le Roi étoit mal fervi, & qu'il avoit autour de lui des ferviteurs qui lui eftoient traiftres, & que, s'il ne les mettoit dehors, qu'ils le détruiroient, & le royaume auffi ».

» Defquelles chofes en vinrent nouvelles au Roy, par quoy ordonna qu'on lui défendît le prefcher; & pour cefte caufe vint à Paris Maiftre *Olivier le Dain*, Barbier du Roi, pour lui faire deffendre le prefcher, qui lui fut interdit; ce qui fut à la grande déplaifance de plufieurs hommes & femmes, qui fort s'eftoient rendus enclins à le fuivre ».

Le même Ecrivain ajoute, que le peuple de Paris, craignant qu'on ne portât atteinte à la vie du Frère *Fradin*, s'assembla au couvent des Cordeliers, pour le garder jour & nuit. Les femmes étoient armées de cendres, de pierres, de couteaux & de bâtons ferrés, pour défendre le zélé Prédicateur. Comme ces assemblées occasionnoient du trouble, & auroient pu produire une révolte, le mardi, 26 mai 1478, on fit crier à son de trompe que chacun eût à se retirer chez soi, & qu'il n'y eût plus d'assemblée dans l'église des Cordeliers. Le premier juin suivant, le Frère *Fradin* fut, par arrêt du Parlement, banni pour toujours du royaume. Il partit le lendemain, & le peuple de Paris fut très-sensible à cette perte. « Y avoit, dit *Jean de Troye*, grand quantité de populaires crians & soupirans moult fort son département, & en estoient tous fort mal contens, & du courroux qu'ils en avoient, disoient de merveilleuses choses, & y en eut plusieurs, tant hommes que femmes, qui le suivoient hors de la ville de Paris, jusques bien loin, & puis après s'en retournèrent (1) ».

_____

(1) Frère *Fradin* n'étoit pas le seul Cordelier de son siècle qui se montra, avec éclat, le censeur des vices; on sait qu'un autre Cordelier, nommé *Jean Tisserand*, convertit à Paris, dans un seul sermon, deux cents filles publiques, qui prirent aussi-tôt le voile. Un autre Cordelier, nommé Frère *Richard*, passa à Paris; ses sermons, qu'il faisoit sur un échafaud dans le charnier des Innocens, duroient ordinairement depuis cinq heures du matin jusqu'à dix & onze heures; il avoit toujours cinq ou six mille Auditeurs. Ceux qui tenoient des jeux publics, touchés par l'éloquence du Cordelier, brûloient, dans les rues, leurs tables, leurs car-

Jean-Baptiste Morin dut aux prestiges de son imagination & à la sottise des grands de son siècle, plus de célébrité que Frère *Fradin* n'en avoit obtenu par sa courageuse & barbare éloquence. Il naquit à Villefranche en 1583, & après avoir fait de bonnes études & voyagé en Hongrie, il s'adonna tout entier à l'étude de l'*Astrologie judiciaire*. Ses travaux, dans cette Science absurde, lui valurent l'estime & la faveur de plusieurs *illustres* de son temps. Le Cardinal de *Richelieu* le consulta comme un oracle ; & le Cardinal *Mazarin* fut si content de ses horoscopes, qu'il lui fit une pension de deux mille livres, après lui avoir accordé la chaire de Mathématiques au collège Royal *Chavigni*, Secrétaire d'Etat, ne faisoit rien sans auparavant consulter *Morin*. Cet Astrologue fit plusieurs prédictions, dont quelques-unes furent à peu près accomplies ; mais il en fit un plus grand nombre dans lesquelles le ha-

---

tes, leurs billards, &c. ; les femmes condamnèrent aussi au feu tous les objets de leur luxe. Elles faisoient brûler, dit l'Auteur du *Journal de Paris*, sous les règnes de Charles VI & de Charles VII, *tous les atours de leurs têtes, comme bourreaux, truffeaux, pieces de cuir ou de baleine qu'elles mettoient en leur chaperon.... Les Demoiselles laissèrent leurs cornes & leur queux, & grand foison de leur pompe.* Le 28 avril 1429, Frère *Richard* prêcha pour la dernière fois à Paris. Ce même Auteur dit que *les gens grands & petits pleuroient piteusement, comme s'ils veissent porter en terre leurs meilleurs amis.* Avec une bonne poitrine & les mots de *Diables*, d'*enfer* & d'*éternité*, on faisoit alors facilement des conversions.

fard le fervit moins heureufement, & qui prouvèrent également la vanité du Prophète & celle de la fcience (1). La faveur dont a joui *Morin* fera pour fon fiècle & pour les hommes connus qui ont cru à fes rêveries, une tache ineffaçable; c'étoit le *Cagliostro* du dix-feptième fiècle (2).

ÉVÉNEMENS remarquables. Edouard II, fucceffeur d'Edouard I, Sire de Beaujeu, après plufieurs démêlés qu'il eut avec les habitans de Villefranche, aux droits defquels il vouloit attenter, fe vit obligé de confirmer les franchifes & priviléges dont ils jouiffoient depuis la fondation de cette ville; en conféquence, le 22 décembre 1373, les officiers d'Édouard & les principaux Bourgeois s'affemblèrent dans une auberge, à l'enfeigne du Mouton: *In domo albergiæ, ad fignum Mutonis*, & travaillèrent

───────────────

(1) Il prédit la mort de *Guftave Aldophe*, & ne fe trompa, dit-on, que de peu de jours; il pronoftiqua, à dix heures près, le moment de celle du Cardinal de Richelieu. On raconte qu'ayant vu *Saint-Mars*, il dit en l'envifageant: *Cet homme-là aura la tête tranchée*; mais il fit dans la fuite de fi grandes bévues, que fes prophéties ne firent plus fortune.

(2) MM. *Duval d'Epreſménil*, le Cardinal *de Rohan*, & quelques courtifans auffi foibles de raifon que de corps, ont pu fe laiffer féduire par les fourberies du charlatan *Caglioftro*; mais il faut rendre juftice à notre fiècle, *Caglioftro* n'en impofoit qu'au petit nombre, & aux têtes les moins faines de fon temps, au lieu que *Morin* fut honoré comme Aftrologue, &, comme tel, obtint une chaire au collège royal, une penfion, & fut fur le point d'obtenir la charge d'*Aftrologue du Roi*.

ensemble à la rédaction d'un nouveau code des anciens droits des citoyens de Villefranche, dont le titre porte : *Libertas & franchesia Villæfranchæ hæc est talis.* Nous allons en rapporter quelques articles qui caractérisent nos anciennes mœurs.

Le premier article interdit au Seigneur de Beaujeu le droit « de mettre les habitans à contribution par aucune espèce de levée, d'exercer contre eux aucune *exaction* ou autres vexations, de quelque nature qu'elle soit, & de leur ravir ou *extorquer*, par violence ou autrement, ce qu'ils possèdent, soit dans la ville, soit au dehors ».

Il falloit que les habitans eussent une étrange idée de la probité de leur Seigneur ; on ne se serviroit pas d'autres expressions si l'on traitoit avec un brigand.

« Un Bourgeois ne pouvoit pas saisir pour dette le cheval que montoit un Gentilhomme ».

» La liberté étoit promise à tous les criminels poursuivis qui se retireroient à Villefranche, & y resteroient un an & un jour ».

C'étoit peupler la ville de fripons.

» Si un homme qui sert la débauche publique, ou une femme vouée à ce vil emploi, si un garçon prostitué ou une fille prostituée viennent à dire des injures à un Bourgeois de Villefranche, ou à un de ses amis, il peut les frapper par un soufflet, par un coup de poing, ou par un coup de pied, sans encourir l'amende (1) ».

---

(1) Cet article ne donne pas une bonne idée des

« Les adultères étoient condamnés à faire une course dans la ville tout nus, ou à s'en racheter à la discrétion du Seigneur (1) ».

« Aucun débiteur ne peut être arrêté pendant les foires & marchés de Villefranche ».

Ce privilége a été confirmé par lettres patentes d'Henri IV, du 23 février 1602.

« Les Juifs ni les usuriers Italiens ne doivent point demeurer à Villefranche, & les joueurs de Cornemuse ne doivent point y jouer, à moins que le Seigneur & les Bourgeois n'y consentent ».

Un autre article bien singulier est celui qui permet à chaque habitant de battre sa femme

mœurs de nos aïeux; il est singulier que dans une si petite ville, & qui alors devoit être très peu peuplée, il soit question de prostitués, & sur-tout de prostitués des deux sexes.

(1) Ce supplice étoit le plus généralement adopté contre les adultères; dans toutes les communes de France, on faisoit courir les deux coupables tout nus en les fustigeant. *Saint-Louis*, en fondant la ville d'*Aiguemortes*, adoucit un peu cette peine en faveur des nouveaux habitans. (Voyez tom. II, pag. 169.) Dans d'autres coutumes, la femme coupable marchoit la première toute nue, & tiroit l'homme avec une corde qui étoit attachée à ses parties honteuses; c'est ainsi que cela se pratiquoit à *Clermont-Souverain*, en Agénois; suivant les anciennes coutumes de cette petite ville, la femme qui marchoit devant, crioit, en tirant cruellement l'homme avec la corde, *celui qui fera ainsi, sera ainsi puni*. Suivant les mêmes coutumes, celui qui forçoit une femme étoit puni plus sévèrement; le coupable étoit condamné à une amputation qui lui enlevoit pour jamais la faculté de commettre un semblable attentat.

tant qu'il voudra, & qui lui assure l'impunité des ses mauvais traitemens, pourvu que la mort ne s'en suive point.

« Si un Bourgeois frappe sa femme, ou qu'il la batte, le Seigneur ne doit point en écouter la plainte, ni pour cela demander ou percevoir une amende, à moins que la femme ne meure des coups qu'elle aura reçus (1) ».

Le même Edouard II, qui confirma les fran-

---

(1) Voilà le texte : *Si Burgensis uxorem suam percusserit seu verberaverit, Dominus non debet indè recipere clamorem, nec emendam petere, nec levare, nisi illa ex hâc verberaturâ moriatur.* Chez les peuples barbares les foibles sont toujours les plus opprimés. Les femmes, chez les Sauvages, sont méprisées & chargées de tout le fardeau des soins du ménage, tandis que l'homme reste dans l'oisiveté. La chevalerie ne fut inventée en Europe que pour détruire cet abus de la force. La religion se joignit à elle, & fit servir la galanterie à tempérer un peu le caractère de nos féroces guerriers ; aussi ce fut une opinion généralement reçue dans notre chevalerie, que *servir les Dames* étoit une œuvre méritoire qui menoit l'ame des Chevaliers en paradis. Les enfans n'étoient pas mieux traités que les femmes ; les Nobles occupoient les jeunes Gentilshommes aux états les plus vils. Ils étoient *valets*, *palefreniers*, & servoient à table. Le fameux *Bayard*, suivant ce qu'on lit dans ses Mémoires, servoit son oncle à table comme un laquais. Quant aux femmes, plusieurs coutumes de villes autorisent les hommes à les battre. A *Mitry en France*, près de Paris, tout homme qui trouvoit une femme la nuit seule dans les rues ou dans les chemins, pouvoit impunément la battre jusqu'à la mort. Ailleurs le Seigneur percevoit un droit sur les femmes qui osoient battre leur mari. (Voyez pag. 13 de ce volume.)

chifes de cette ville, ne différoit guère par ses mœurs de la plupart des autres Seigneurs de son temps; il étoit ambitieux, de mauvaise foi, violent, querelleur, & n'avoit d'autre règle que ses passions. Après une longue guerre contre le *Comte Verd*, il consentit à la terminer par un traité de l'an 1377, qui lui étoit fort avantageux. Le *Comte Verd* lui céda l'hommage de *Lent*, de *Thoisey*, de *Beun* & de *Coligni*, & les fiefs des villes & châteaux de *Chalamont*, de *Montmerle*, de *Villeneuve* & de *Beauregard en Dombes*. Edouard, au mépris de ce traité, refusa dans la suite de rendre foi & hommage au Comte de Savoie. Ce refus lui attira une rude guerre en Dombes, & ce fut l'héritier présomptif de Savoie, *Amédée le Rouge*, qui la fit pour son père. Il conquit *Beauregard*, assiégea *Thoisey* avant qu'Edouard fût en état de se défendre. Edouard obtint d'Amédée une trève d'un an, à la sollicitation des Ducs de Bourbon & de Bourgogne. La trève expirée, Amédée reprit le cours de ses conquêtes, & Edouard alloit être la victime de sa mauvaise foi, lorsqu'un traité de paix, fait le 25 juin 1383, mit fin aux hostilités.

Edouard étoit en procès avec *Béatrix de Châlons*, veuve d'Antoine de Beaujeu, au sujet de son douaire dont il s'étoit emparé ; après une longue procédure, *Béatrix* obtint un arrêt de provision, & l'envoya signifier à Edouard. Celui-ci se jeta sur les Huissiers, les força de se retirer, & en tua quelques-uns. Le Sire de Beaujeu s'attendoit à être attaqué de nouveau par les suppôts de la justice ; il rassembla une foule de brigands, de gens poursuivis de justice, leur donna retraite chez lui, & s'étant fortifié, se prépara à la défense. Il fut décrété de prise de corps. Les Commissaires, Archers & Sergens du châtelet vinrent pour se saisir de sa personne; le Sire se défendit long-temps, & enfin il fut pris & conduit aux prisons du châtelet de Paris. Le Comte de Savoie sollicita sa grace, & le Roi Charles VI la lui accorda, par lettres de rémission de juillet 1388, portant pour conditions *qu'il souffrira lever* dans sa seigneurie de Beaujeu les aides que ce Roi y avoit imposées, & les arrérages qui étoient échus, faute de quoi ladite grace *sera nulle* ; & le peuple du Beaujolois, quoiqu'innocent, porta seul la peine du péché, & paya chèrement la grace de son Seigneur. Le Roi sembloit dire au Sire de Beaujeu, *laissez-moi fouler vos vassaux, & je vous pardonne vos crimes.*

Au commencement de l'année 1394, Edouard ayant fait plusieurs entreprises sur le Comté de Bourgogne, & usé de violence contre les Officiers du Duc & contre ses sujets, se vit sur le point d'être accablé par une armée considérable qui s'apprêtoit contre lui; il eut recours à la clémence du Duc, & se soumit à toutes les réparations qu'il exigea.

En 1398, un attentat bien différent eut des suites bien plus funestes. Edouard enleva à Villefranche la fille d'un bourgeois. Les parens portèrent leur plainte au Parlement; il fut ajourné à comparoître à cette cour. Edouard, qui étoit alors en son château de *Perreux*, toujours disposé à suivre la première impulsion de ses passions, sans en prévoir les conséquences (1), reçut l'Huissier qui lui signifioit l'ajournement, & le fit jeter par une fenêtre de son château.

Le Roi envoya des troupes qui assiégèrent le Sire de Beaujeu, le prirent & le conduisirent en prison à Paris. Il implora la protection de Louis, Duc de Bourbon. Ce Duc, qui avoit beaucoup d'autorité, lui promit de lui faire avoir sa grace, s'il lui cédoit ses terres du Beaujolois & de Dombes. Edouard y consentit, en cas qu'il n'eût point d'enfant légitime. Ainsi ce Duc de Bourbon se servit de son autorité pour protéger le crime, pour insulter à la justice, pour vendre bassement son inique protection, & pour s'enrichir aux dépens du criminel. L'acte de cession fut passé le 23 juin 1400; Edouard fut élargi, mais il ne jouit pas long-temps de son impunité. Le 11 août suivant, six semaines seulement après la passation de cette coupable cession, il mourut, & laissa au Duc de Bourbon sa précieuse succession. Ainsi deux crimes firent passer la seigneurie du Beaujolois dans la Maison de Bourbon, qui la possede encore.

En 1562, & au mois de juillet, Villefranche fut prise par un parti de Protestans, commandé par le Capitaine *Saint-Auban*, qui passoit par-là pour aller joindre le Prince de Condé. Quelque temps après, *Gaspard de Tavanes* s'empara de la ville pour le parti Catholique,

---

(1) *Perreux* est une petite ville située à trois quart de lieue de Roanne.

y mit une forte garnison, & y laissa un Gouverneur qui, pour faire de cette ville une place forte & l'entourer de murailles, fit raser tous les faubourgs, & fit abattre un ancien hôpital, desservi par des Moines de Roncevaux.

COMMERCE. Le commerce est assez florissant dans cette petite capitale. Les lundis de chaque semaine il se tient des marchés qui sont réputés foires, qui jouissent de plusieurs privilèges, & attirent beaucoup de Marchands ; c'est là que les habitans des montagnes du Beaujolois viennent acheter leur blé, ainsi que plusieurs autres denrées & fournitures ; on y trafique en gros & en détail, notamment sur les bestiaux & les toiles de toutes espèces.

ENVIRONS. Les environs de Villefranche sont fort agréables ; le bassin de la Saône offre de brillans points de vue ; les côteaux voisins sont couverts de vignobles, dont le vin est très-estimé ; on y voit plusieurs maisons de campagne : le château de *Belleroche*, appartenant à M. de *Vaurenard*, est une des plus remarquables.

JOUG-DIEU, situé à une demi-lieue environ & au nord-ouest de Villefranche, est une ancienne abbaye d'hommes de l'ordre de Saint-Benoît, dont l'église est sous l'invocation de la Vierge. Voici l'histoire de la fondation de cet ancien monastère.

Dans ce lieu, qui portoit le nom de *Thamais*, étoit un château où séjournoit fréquemment *Guichard III*, Sire de Beaujeu. Une nuit, en rêvant, il eut une vision qu'il raconte ainsi

ainsi lui-même dans la charte de fondation. « Une nuit, dit-il, étant seul dans mon appartement de *Thamais*, j'eus la vision suivante: Six hommes vénérables, tous brillans de lumière, se présentèrent à ma vue, portant des jougs à leur cou, & tirant ensemble une charrue sur laquelle étoit appuyée le saint homme *Bernard*, Abbé de Tyron, un aiguillon à la main avec lequel il les piquoit pour leur faire tracer le sillon droit. A mesure qu'ils avançoient, je voyois sortir de terre des fruits en abondance. Après avoir long-temps réfléchi sur cette vision, j'allai trouver ledit Abbé *Bernard*, à qui j'offris ce même lieu de Thamais avec ses dépendances, pour y mettre des hommes qui, sous le joug du Seigneur, prieroient continuellement pour moi & les miens; ce qu'il m'accorda volontiers : & pour conserver la mémoire de la vision, je veux que ce monastère s'appelle *le Joug-Dieu*.

Le monastère fut en effet fondé en 1115, & la charte de fondation expédiée en 1118. Ce n'étoit d'abord qu'un prieuré qui, en 1137, fut érigé en abbaye, & qui, en 1688, fut uni à la collégiale de Villefranche.

BEAUJEU,

Petite ville, autrefois capitale du Beaujolois, située dans les montagnes, sur la rivière de l'Ardières, à trois lieues de Belleville, à sept lieues de Mâcon, à cinq de Villefranche, & à onze de Lyon.

Partie VI. M

ORIGINE. Cette ville, très-ancienne, est nommée en latin *Bellusjocus*, *Bellojocus*, *Bellijocum*, quelquefois *Bellijovium*, & en vieux langage *Bejoua*. L'étymologie de ce nom a embarrassé les personnes savantes qui en ont parlé. On seroit tenté de croire que ce lieu a été la capitale des peuples appelés, dans la Notice des provinces de la Gaule, *Bajocasses*, capitale que M. d'Anville, sans aucun fondement solide, présume être *Bayeux*. Je ne saurois moi-même appuyer ma conjecture que sur l'embarras où sont les savans Géographes, de connoître positivement le pays peuplé par les anciens *Bajocasses*, *Vadiocasses* ou *Bodiocasses*, & sur la ressemblance de ces noms avec celui de *Beaujolois*; & enfin sur le défaut de connoissance où l'on a été jusqu'à présent, du nom que les Romains donnoient à cette petite province. D'ailleurs on ne peut pas douter que Beaujeu n'existât du temps des Romains; quelques monumens antiques qu'on y a découverts, & qu'on y voit encore, en sont une preuve.

Cette ville étoit une des trois plus anciennes *baronnies* ou *siries* de France, *Couci* & *Bourbon-l'Archambaud* étoient les deux autres (1). Le château de Beaujeu, & sans doute

---

(1) *Nota*, dit le grand Coutumier de France, « qu'au royaume de France ne souloit avoir que trois Baronnies, c'est à savoir *Bourbon*, *Coucy* & *Beaujeu*. Lorsque Bourbon fut érigé en duché, on y ajouta Craon & Sully. Dans l'Histoire de la Maison de Guigues, on lit : « Item vrai qu'en ce royaume, ainsi qu'on dit communément, a quatre Baronnies notables & principales, lesquelles sont *Coucy*, *Craon*, *Sully* & *Beaujeu*.

la ville, existoient vers l'an 890, lorsque Guillaume II, Comte du Lyonnois, donna à son second fils, *Berard* ou *Beraud*, le Beaujolois en partage. Ce Prince eut le titre de *Sire de Beaujeu*, & fut le plus ancien Seigneur de Beaujolois que l'on connoisse ; on ignore l'époque de sa mort, & s'il eut de la postérité ; on sait que *Berard II*, qui fut peut-être son fils, lui succéda. Berard II mourut l'an 967, & laissa un fils nommé *Guichard*, qui fut Sire de Beaujeu.

Humbert Ier, fils aîné de Guichard II, cinquième Sire de Beaujeu, de concert avec *Vandelmonde* son épouse, fonda, en 1079, une collégiale à Beaujeu. Vers l'an 1130, *Guichard III* fonda l'église paroissiale de *Saint-Nicolas*. Ces fondations annoncent pour ces temps-là une ville assez considérable, & que le séjour des Sires devoit rendre en quelque sorte florissante ; mais elle perdit insensiblement de sa consistance par les établissemens que Humbert II, fils de Guichard III, fit à *Belleville sur Saône;* par la fondation que fit Humbert III de la ville de Villefranche. Ces deux villes s'élevèrent & s'accrurent, en quelque sorte, aux dépens de Beaujeu.

Cette seigneurie resta dans la même Maison jusqu'à la mort de *Guichard VI*, Sire de Beaujeu, arrivée en 1265. Ce Seigneur mourut sans postérité, & sa sœur *Isabelle*, qui avoit épousé *Renaud*, Comte de Forez, hérita du Beaujolois. Renaud réunit en conséquence le Forez & le Beaujolois, & en jouit pendant dix ans. Etant mort en 1275, son fils aîné eut le Forez en partage, & le cadet, nommé *Louis*, eut le Beaujolois; ce *Louis* fut la souche de la seconde branche des Sires de Beaujeu, & *Edouard II* fut le dernier de cette Maison à laquelle succéda, au commencement du quinzième, celle de Bourbon. Nous avons parlé à l'article de *Villefranche*, du moyen unique qu'employa le Duc de Bourbon pour avoir le Beaujolois. (Voyez ci-dessus, pag. 175.)

DESCRIPTION. Cette ville est bâtie sur la rivière d'Ardière, & au bas d'une montagne sur la cîme de laquelle on voit encore les ruines de l'ancien & fameux château des Sires de Beaujeu.

L'église collégiale fut fondée, en 1079, par *Humbert I*^{er}, de concert avec Vandelmonde sa femme. Elle fut sacrée par *Gebuin*, Archevêque de Lyon, accompagné de *Landri*, Evêque de Mâcon, & d'*Hugues*, Légat du Saint Siège; environ trente ans après elle fut érigée en collégiale, sous l'épiscopat de *Drogon*, Evêque de Mâcon, par *Hugues Guichard* & *Etienne* de Beaujeu, petits-fils d'Humbert & de Vandelmonde.

Sur la porte de cette ville, on voit un bas-relief antique en marbre blanc; c'est un monument très-précieux des fêtes du Paganisme, qui, comme le dit le Père *Colonia*, *feroit honneur à la capitale du monde* : il offre un ancien sacrifice, appelé par les Latins, *Suove-Taurilia* (1). Le Prêtre, revêtu des habits pontifi-

―――――――――――――――
(1) Ce mot est composé du nom des animaux qui étoient immolés dans ces sacrifices; *Sus, Ovis, Taurus*; un porc, une brebis & un taureau.

caux, est représenté assis, & tenant sur l'autel une coupe où sont les entrailles des victimes. On y voit des animaux destinés à ces sacrifices, comme des taureaux, des pourceaux & des brebis, dont quelques-uns sont déjà immolés.

Tous les cinq ans, dans le champ de Mars, après que les censeurs avoient fait le dénombrement du peuple, les Romains offroient aux Dieux de pareils sacrifices; c'étoit ce qu'on appeloit *Lustrum condere*, fermer le lustre, ou terminer la révolution de cinq ans.

Cette église est encore curieuse par l'ancienneté de sa construction, & par les sculptures gothiques, & les peintures qui sont dans l'intérieur.

Les Chanoines de cette collégiale étoient autrefois presque tous nobles, & la plupart avoient le titre de Comte de Lyon. Plusieurs Princes de la Maison de Beaujeu ont été Chanoines de cette église. Ils ne conservent de ces fastueuses prérogatives que le souvenir & le droit d'officier avec une mître sur la tête au lieu d'un bonnet, ce qui, sans doute, fait beaucoup d'honneur au chapitre. Aujourd'hui il est composé d'un Doyen, d'un Chantre, d'un Sacristain & de neuf Chanoines, dont l'un est Théologal, sans compter plusieurs ecclésiastiques subalternes.

L'église paroissiale de *Saint-Nicolas* fut fondée par Guichard III, Sire de Beaujeu, & consacrée par le Pape Innocent II le 11 février 1129. Une vieille inscription, conservée dans les archives de cette église, contient à ce sujet les détails suivans : « La dédicace de

» l'église de Saint-Nicolas de Beaujeu, est cé-
» lébrée chaque année le 11 février, & fut con-
» sacrée par le Pape Innocent II, l'an de grace
» 1129. Étant chassé de son siège par Anaclet II,
» anti-Pape, en s'en retournant à Rome, après
» avoir fait quelque séjour dans l'abbaye de
» Cluny, passant par ce bourg de Beaujeu, le
» Sire & Baron dudit Beaujeu le reçut honora-
» blement, & pria Sa Sainteté de vouloir bé-
» nir ladite église ou chapelle de Saint-Nico-
» las, par lui construite & édifiée à neuf. Au-
» paravant l'église paroissiale étoit Saint-Mar-
» tin des Etoux, qui fut lors réduite dépen-
» dante de celle-ci... &c. ».

Le couvent de *Picpus* a été fondé par les habitans en 1611.

L'hôpital fut aussi fondé par les habitans vers la fin du dernier siècle; il est administré dans l'intérieur par des Sœurs de Saint-Joseph.

Le blason de la ville est le même que celui des Seigneurs; le voici désigné dans ces quatre vers :

> Un Lion nai en champ dora,
> Les ongles royes & la queux reverpa,
> Un Lambey roge sur la joua,
> Y sont les armes de Bejoua.

Il se tient dans cette ville un marché considérable tous les mercredis, & cinq foires par
an. La rivière d'Ardière, qui traverse la ville,
met en activité plusieurs tanneries, papeteries,
& même une blanchisserie de toiles.

Cette ville contient tout au plus trois mille
habitans.

BELLEVILLE.

Petite ville située sur la rivière de l'Ardière, à un quart de lieue de la rive gauche de la Saône, à une demi-lieue & à l'est de la grande route de Paris à Lyon, à trois lieues de Beaujeu, à la même distance de Villefranche, & à neuf lieues de Lyon.

Plusieurs Ecrivains croient que ce lieu est l'ancienne *Lunna*, que l'Itinéraire d'Antonin place entre Anse & Mâcon, & que la table Théodosienne appelle *Ludna* ; M. d'Anville a même été de cette opinion ; mais dans sa *Notice de la Gaule*, il revient sur son sentiment, & pense que Belleville est trop près d'Anse, & trop loin de Mâcon pour répondre à l'égalité de distance que marque, entre ces deux positions, l'Itinéraire d'Antonin ; il croit que cette égalité se trouveroit mieux vers les limites communes du Mâconnois & du Beaujolois : cependant il avoue que, suivant la table Théodosienne, *Belleville* convient mieux que tou autre lieu à *Lunna*. La seconde opinion de ce savant Géographe ne me semble pas assez bien fondée à cet égard pour que je l'adopte, & plusieurs raisons, qu'il seroit trop long de détailler ici, me portent à croire que l'ancienne ville de *Lunna* étoit bâtie à l'endroit, ou dans le voisinage, de Belleville.

Le premier monument historique, depuis la monarchie, qui fasse mention de cette ville, est l'acte de la fondation de l'église de Notre-Dame en 1159.

Humbert II, fils & succeſſeur du dévot *Guichard III*, ſuivant les nobles uſages des illuſtres Seigneurs & Chevaliers de ſon temps, s'emparoit du bien des Moines, pilloit les égliſes, & voloit les marchands & les Pélerins ſur les chemins. *Pierre le Vénérable*, Abbé de Cluni, qui avoit ſouffert des brigandages du haut Baron, le ſermonna, le convertit, & lui inſpira un repentir ſi vif, qu'il abjura ſes déſordres paſſés, ſe croiſa, partit pour la Terre-Sainte; & quoiqu'il fût marié à une femme encore jeune, il réſolut de l'oublier pour jamais, en s'engageant dans des vœux monaſtiques, & en entrant dans l'ordre des Templiers. Sa femme, ſans l'aveu de laquelle il avoit fait cette pieuſe extravagance, le réclama vivement, & obtint la caſſation de ſes vœux; mais on lui impoſa, pour expier le coupable excès de ſon zèle, la condition qu'il feroit quelques fondations eccléſiaſtiques. En conſéquence, le 17 octobre 1159, il fonda l'égliſe de Belleville, qu'il fit quelque temps après ériger en abbaye.

Pierre le Vénérable, qui rapporte ces faits, dit que la réputation de piété du Sire de Beaujeu, étoit ſi bien établie en France, que la nouvelle de ſon retour ranima l'eſpoir des opprimés, & fut un ſujet de triomphe pour le Clergé, pour les Moines & pour les habitans des campagnes, qui s'attendoient à trouver en lui un zélé défenſeur contre les attentats des autres Seigneurs. «Au contraire, ajoute-t-il, les pillards des biens des égliſes, des veuves & du peuple ſans défenſe, tremblèrent en le voyant reparoître. Il ne trompa l'attente ni des uns ni des autres;

il atterra tellement le Vicomte de Mâcon (1), ce loup qui, le matin, le soir & la nuit ravageoit nos terres, qu'il pouvoit dire avec Job: *Je brisois les mâchoires du méchant, & j'arrachois la proie de ses dents*; c'est ce qu'il fit en deça & au delà de la Loire ».

Mais le Sire de Beaujeu ne soutint point par la suite la bonne opinion qu'en avoit Pierre le Vénérable.

L'indépendance des Seigneurs, la certitude presque assurée de l'impunité de leurs excès, donnoient beaucoup d'énergie à leurs passions; ils n'avoient rien à ménager du côté de l'opinion publique, qui étoit nulle alors; rien à redouter du côté des lois, qui étoient sans pouvoir; ils ne craignoient que l'enfer & le Diable, & quand les passions étoient chez eux plus fortes que cette crainte, ils devenoient eux-mêmes des *diables*. La conduite d'Humbert II en fut la preuve; successivement brigand & dévot, sa conversion ne fut point persévérante; son avidité lui fit entreprendre des guerres injustes, & commettre de grandes déprédations, même sur les biens du Clergé; il s'arma, concurremment avec *Drogon*, Archevêque de Lyon, & *Gerard*, Comte de *Mâcon*, le même que peu d'années avant, il avoit châtié de ses bri-

___

(1) Ce Vicomte de Mâcon étoit *Gérard*. Un Généalogiste l'appelleroit *illustre*; mais un Historien doit dire que c'étoit un des plus grands *scélérats* des Seigneurs de son temps. Louis le Jeune fut obligé de venir deux fois, & Philippe Auguste une troisième fois, pour réprimer ses brigandages.

gandages, & se joignit à eux pour commettre les mêmes excès, & pour désoler les terres de *Renaud III*, Seigneur de Beaugé & de Bresse. La mort vint l'enlever au milieu de ses nobles entreprises; il mourut en 1174. Son fils *Humbert III* continua cette guerre avec le même acharnement, jusqu'à ce que Philippe Auguste, Roi de France, vint, à la tête d'une armée, réprimer ces désordres. Il est à présumer qu'*Humbert II*, & son fils *Humbert III*, furent enterrés dans l'église de Belleville, dont le premier étoit fondateur; on ne peut l'assurer, mais il est certain que leurs postérités eurent en ce lieu leur sépulture. *Guichard IV*, petit fils du fondateur, celui qui établit les Cordeliers à Villefranche, mort au siège de Douvres en 1215, eut une partie de ses ossemens enterrés à Cluni, l'autre partie dans l'église de Belleville.

Belleville n'étoit encore qu'un village avec un monastère à la mort de *Guichard IV*. Son successeur, *Humbert IV*, Connétable de France, & le premier Gouverneur du Languedoc pour le Roi, y attira un grand nombre d'habitans, en accordant à ce lieu des privilèges & des franchises. Son fils & son successeur *Guichard V*, aussi Connétable de France, confirma, en 1253, ces privilèges par une charte qu'il fit souscrire par vingt Chevaliers.

Belleville, peuplée & augmentée par la protection de ces différens Seigneurs, qui commençoient alors à sentir qu'il importoit à leur propre intérêt que leurs sujets ne fussent point esclaves, acquit bientôt une consistance que son heureuse situation auroit pu rendre plus considérable, si le voisinage de Lyon, ville qui attire, pour ainsi dire, à elle toute la substance des villes environnantes, ne s'y fût constamment opposé.

DESCRIPTION. Cette petite ville, située dans le canton le plus agréable & le plus fertile du Beaujolois, est arrosée au nord par les eaux de l'Ardière, & traversée par une branche de cette rivière, dans une direction de l'ouest à l'est. Elle est divisée en quatre quartiers, qui sont, celui de l'*Eglise*, de *Pierre-Prost*, de *Potissières* & du *Moulin*; chacun desquels forme une compagnie de milice bourgeoise, dont les drapeaux verts, semés de fleurs-de-lis d'or, ont au milieu une Salamandre dans le feu, avec cette devise : *Durabo*.

L'*Eglise de Notre-Dame*, collégiale & paroissiale, étoit celle d'une abbaye fondée, le 17 octobre 1159, par Humbert II, qui y plaça des Chanoines réguliers de l'ordre de Saint-Augustin, & qui, en 1164, se transporta à Lyon pour demander à l'Archevêque la permission d'ériger ce couvent en abbaye; il l'obtint, & *Etienne* en fut le premier Abbé. Vingt ans après la fondation, en 1179, l'église, dont la construction ne fut sans doute achevée qu'à cette époque, fut consacrée par *Guichard*, Archevêque de Lyon, assisté d'*Etienne*, Evêque de Mâcon. En 1769, elle a été unie, avec tous ses droits, à la congrégation des Chanoines Réguliers de France; elle a le titre d'*abbaye royale*, & l'Abbé est commendataire.

Cette église est d'une belle construction

gothique ; on voit dans l'intérieur les tombeaux de plusieurs Sires de Beaujeu.

Le tombeau de *Guichard V*, qui est aussi celui de plusieurs de ses aïeux, est le plus ancien. Ce Seigneur, qui confirma les priviléges de cette ville, fut le dernier Sire de Beaujeu de sa Maison, remplacée par celle de Forez ; il mourut Connétable de France, le 9 mai 1265. *Guichard V, suivant une chronique du pays, fut fort plaint & regretté de toutes manières de gens ; car ce fut en son temps ung sage Prince, & de bonne conduite, parquoy ce fut une moult grand perte, tant pour le royaume que pour son pays & ses parens.*

Louis de Forez, premier Sire de Beaujeu de la seconde race, a aussi son tombeau dans cette église ; il mourut le 23 août 1290.

Guillaume VI, surnommé *le Grand*, fils & successeur de *Louis*, fit, pendant sa jeunesse, ériger son tombeau dans cette église ; après s'être distingué dans plusieurs batailles, il mourut, à Paris, le 18 septembre 1331 ; son corps fut transporté à Belleville, & inhumé dans son tombeau, portant cette épitaphe en vers léonins, où on lui fait des complimens dignes de son siècle :

Ter & milleno primo ter quoque deno,
Princeps Guichardus, leo corde, gigas, leopardus,
Audax bellator, & nobilitatis amator,
Nunquam devictus bello ; pro militia ictus,
Vincitur à morte ; cœli pateant sibi portæ.

C'est-à-dire, « l'an 1331, le Prince *Guichard*, qui eut le cœur d'un lion, d'un géant, d'un léopard ; guerrier audacieux & noble, qui, toujours vainqueur au milieu des combats, fut vaincu par la mort. Que les portes du ciel lui soient ouvertes » !

Edouard Ier, fils de *Guichard le Grand*, Sire de Beaujeu, fut aussi enterré dans cette église ; il étoit fort dévot à la Vierge Marie, dit une vieille chronique ; « il mena quantité de Gentilshommes au voyage d'Outremer, à ses propres coûts & dépens, & batailla long-temps contre ceux qui tenoient la loi de Mahomet ». Il devint Maréchal de France, & fut tué à *Ardes*, en une bataille contre les Anglois, le 3 mai 1351.

L'Hôpital de cette ville est dirigé dans l'intérieur par des Religieuses Hospitalieres de Sainte-Marthe.

Il y a aussi dans cette ville des Pénitens du Saint-Sacrement.

ÉVÉNEMENS *remarquables*. Gérard de Beauvoir, qui administroit l'église de Lyon pendant la vacance du saint Siege archiépiscopal, assembla à Belleville un Concile, en 1269, où il excommunia les citoyens de Lyon, & jeta un interdit sur cette ville. Ce coup de rigueur de la part de ce Lieutenant du siege, est d'autant plus condamnable, que ce Prêtre venoit de passer un compromis avec les habitans de Lyon, qui garantissoit la paix entre eux & les Chanoines ; c'étoit à la fois une lâcheté & une violation du traité.

D'Entragues, Lieutenant de *Poncenac*, du parti Protestant, étoit, en 1562, Gouverneur de Mâcon; ayant fait mettre en prison deux Capitaines de cette ville, soupçonnés de trahison, les soldats de ces deux Capitaines se mutinèrent contre le Gouverneur, qui, pour arrêter de bonne heure la source d'une révolte fort dangereuse, prit l'occasion d'une revue générale de ses troupes hors de la ville de Mâcon, pour en chasser ces compagnies mécontentes, qu'il fit sortir les premieres, & auxquelles il ferma ensuite les portes. Ces deux compagnies chassées résolurent de se retirer à *Belleville*, dont les habitans & la garnison étoient du parti Protestant. Elles y arrivèrent sur le soir du 28 juillet 1562, & fort à propos pour cette ville, qui le lendemain, à la pointe du jour, fut investie par une armée Catholique, commandée par le Capitaine *Saint-Point*, & composée de six ou sept cents soldats, de deux cents hommes de cavalerie, & d'un grand nombre de paysans. Saint-Point croyoit n'éprouver aucune résistance, & se rendre maître de la ville à la première attaque; mais une sentinelle, du haut des murailles apperçut son arrivée, & répandit l'alarme. Les deux compagnies Mâconnoises, pour témoigner aux habitans leur reconnoissance de l'accueil qu'ils en avoient reçu la veille, se montrèrent avec beaucoup de courage, & parvinrent à mettre en déroute S.-Point & son armée, qui prit honteusement la fuite avec une perte considérable. Les Catholiques, en fuyant, se vengèrent, par le pillage & le meurtre qu'ils exercèrent dans les campagnes voisines; ils emmenèrent le bétail de plusieurs métairies; ils pillèrent sur-tout la maison d'un riche paysan, le massacrèrent lui-même, & jetèrent son corps dans la Saône, d'où il fut repêché & enterré à Belleville.

Quelque temps après, *Tavanes* & son collègue *Saint-Point* prirent, par ruse, la ville de Mâcon; ce dernier en fut Gouverneur, & s'y rendit célèbre par des cruautés atroces. *Poncenac* & *d'Entragues*, qui étoient dans ce pays à la tête du parti Protestant, entreprirent, avec une assez forte armée, de reprendre Mâcon par escalade; ils en seroient venus à bout si les Suisses qui étoient dans leur armée, n'eussent abandonné le siége & l'artillerie qu'on leur avoit confiée, & si une forte pluie qui survint, n'eût rebuté le reste de l'armée qui se débanda bientôt, & prit la fuite vers Belleville.

Tavanes sortit de Mâcon, s'empara de l'artillerie que les Suisses avoient abandonnée, & poursuivit les fuyards.

Les soldats Protestans, accablés par la pluie, fatigués par une marche longue & forcée, alloient sans ordre se réfugier dans Belleville pour y chercher des rafraîchissemens & du repos; à peine une partie étoit entrée dans cette ville, qu'une troupe de cavalerie ennemie, commandée par Laurent de *Maugiron*, s'avança pour surprendre la place & harceler les fuyards. Le carnage eut été affreux, si quelques sentinelles qui virent arriver la cavalerie Catholique, n'eussent promptement averti *Poncenac*, qui étoit dans Belleville. Il accourut aussi-tôt à la porte, fit sortir environ vingt cavaliers qui lui restoient, sous la conduite du brave Capitaine *Pluviaut*, qui, au premier choc, tua le Lieutenant de Maugiron, conducteur de la troupe, & mit tout le reste en fuite.

Les Suisses, qui avoient si lâchement abandonné l'artillerie des Protestans, craignant une nouvelle attaque de la part des Catholiques, se retirèrent la nuit suivante à Villefranche.

COMMERCE. Il y a dans cette ville plusieurs manufactures de mousselines & de toiles de différentes qualités. Il s'y tient deux foires par an; sa population ne s'élève pas au dessus de deux mille ames.

ENVIRONS. Les environs de Belleville sont fort agréables; les bords de l'Ardière & ceux de la Saône offrent aux habitans de charmantes promenades.

Les autres lieux un peu remarquables du Beaujolois sont :

THIZY, petite ville située dans les montagnes du Beaujolois, à six lieues de Beaujeu, & à quatre de Roanne. Cette ville est divisée en deux parties, l'une est appelée *le Bourg*, & l'autre *la Ville*. On voit dans la ville des halles magnifiques, où tous les mercredis se tient un marché très-fréquenté, & où se débitent des toiles & du coton.

Il s'y fabrique, ainsi qu'aux environs, beaucoup de toiles en fil, en fil & coton, & en coton seul, appelées *Garats*; il y a aussi des filatures très-considérables de coton en laine.

A *la Forest*, château de la paroisse du bourg de Thizy, on a ouvert une carrière de marbre noir ou bleu très-foncé, veiné de blanc, qui est à fleur de terre par tables & non par blocs.

Aux Environs de Regny, & sur la droite du chemin, venant de Thizy dans les montagnes, on voit une très-belle carrière de quartz, d'où l'on tire des lits de moulin; ce quartz est fort dur & chargé de fluor cristalin.

Chamelet, petite ville située sur l'Azergues dans un vallon fort agréable, est encore célèbre par ses blanchisseries; on y apprête les toiles qui viennent des marchés de *Thizy* & de *Chaufailles*.

LYONNOIS.

ANSE.

PETITE ville située sur la rive gauche de la Brevenne, à un demi-quart de lieue de la Saône, sur la grande route de Paris à Lyon, à une lieue de Villefranche, à une lieue & demie de Trévoux, & à quatre de Lyon.

Cette ville étoit l'ancienne *Assa* ou *Asa Paulini*, dont parlent plusieurs Géographes, & notamment l'Itinéraire d'Antonin. L'Empereur Auguste y établit quatre cohortes; il lui donna, à ce qu'on prétend, le nom d'*Antium*, d'où on a fait *Ansa*, Anse. C'est ce qu'on lit dans le Dictionnaire de l'Abbé d'Expilly; mais cette autorité n'est pas assez déterminante pour s'y soumettre; il est constant qu'aucun monument géographique ne fait mention de cet *Antium*, & que la position d'*Ansa* est incontestablement indiquée dans l'endroit où existe aujourd'hui Anse; d'ailleurs, si Auguste y eût fait bâtir un palais, comme on le prétend, le nom de cet Empereur, que tant de villes des Gaules se sont glorifiées de porter, auroit été joint à celui de cette ville, comme c'étoit l'usage alors; mais au lieu du nom d'Auguste, on lit, dans les monumens les plus authentiques, celui de *Paulinus*, qui sans doute fut le fondateur ou le restaurateur de ce lieu. Il est très-vraisemblable qu'*Anse* ne doit son nom qu'à la sinuosité très-marquée en forme d'anse, que fait en cet endroit le cours de la Saône.

Ce lieu, connu du temps des Romains, a été encore célèbre dans des temps de barbarie, par les nombreux Conciles qui y ont été tenus. On en compte six dans l'espace d'un siècle & demi, qui ne sont guère relatifs qu'aux diverses prétentions de quelques Prélats ou Abbés qui se querelloient, s'anathématisoient pour leur autorité ou leurs droits réciproques. Dans le troisième de ces Conciles, qui eut lieu en 1100, *Hugues*, Archevêque de Lyon, demanda aux Prélats la permission de lever un subside qui seroit destiné aux frais d'un voyage qu'il alloit faire à Jérusalem ; ensuite on y excommunia tous ceux qui, étant engagés pour le voyage de la Terre Sainte, n'étoient point partis.

Un autre de ces Conciles, tenu en 1299, est entièrement relatif aux droits de l'Archevêque & du Clergé. On y voit l'abus scandaleux de l'excommunication, moyen aussi puissant alors qu'il est aujourd'hui justement décrié, & que les Prélats employoient contre tous ceux qui s'opposoient à leur usurpation, contre tous ceux qui refusoient de servir leurs intérêts ou leur vengeance. On y voit de quelle manière étoient contraints les excommuniés qui tardoient ou refusoient de venir se faire absoudre, c'est-à-dire, de payer directement aux Prélats le droit d'absolution ; enfin il suffit de rapporter les articles suivans, pour voir la puissance excessive que le Clergé s'étoit attribuée.

« Ceux qui auront vécu sous le lien de l'excommunication, sans se faire absoudre, & qui se moquent des foudres de l'église en disant, *qu'ils boivent & mangent tout aussi bien que s'ils n'étoient pas excommuniés, & que leurs champs prospèrent également*, seront admonestés par l'Official de se faire absoudre dans dix jours, sinon ils seront appréhendés au corps & leurs biens saisis, & le Seigneur qui refusera de prêter la main audit Official, sera excommunié.

» Les Moines & autres Réguliers qui, dans leurs prétentions sur quelques bénéfices, auront occupé avec violence & à main armée le bénéfice en litige, seront excommuniés.

» Les Juges qui feront arrêter un Ecclésiastique coupable d'un délit public, seront excommuniés.

» Il est défendu aux Seigneurs ou à leurs officiers, d'imposer à la taille les *Ecclésiastiques mariés avec une seule femme vierge*, de les maltraiter, de saisir leurs biens, ou de leur faire aucune violence à ce sujet, sous peine d'excommunication».

Les séances de ces Conciles ont été tenues dans l'église de *Saint-Romain d'Anse*, qui, en 1752, a été entièrement détruite.

Cette ville, située dans un lieu très-passager, a, pendant les guerres de la religion, beaucoup souffert des ravages de l'un & de l'autre parti. L'aspect en est très-pittoresque; on y trouve de beaux bâtimens; mais ce qu'on aime de mieux à voir sont les paysages charmans que présentent ses environs.

L'église paroissiale de *Saint-Pierre* étoit autrefois desservie par des Bénédictins; elle l'est aujourd'hui par un Curé, un Vicaire, & par quelques Sociétaires. En 1752, on y a réuni le service de l'ancienne église de Saint-Romain.

La chapelle de *Saint-Cyprien* est bâtie dans l'enceinte d'un ancien édifice qu'on croit être un monument des Romains, & qu'on appelle *palais d'Auguste*. On y voit encore quelques restes de cette antique construction.

Le Collége a été fondé, en 1728, par M. François *de Saron*, Comte de Lyon, & Seigneur mansionnaire de la ville d'Anse; on y tient des pensionnaires.

Le château, qui est fort ancien, a été considérablement réparé depuis une vingtaine d'années.

On a construit sur l'Azergues un beau pont sous lequel cette rivière passe toute entière; autrefois il n'en couloit en cet endroit qu'une petite partie; l'autre, qu'on a réunie lorsqu'on a pratiqué la nouvelle route, s'en féloignoit, & se jetoit dans la Saône près du village d'Amblerieux.

Cette rivière est fort sujette aux débordemens, & lorsqu'ils arrivent, ses eaux s'étendent dans la plaine, & couvrent plus d'une lieue carrée de terrain.

Le long de la rive septentrionale de l'Azergues, est une belle & longue avenue de peupliers qui se prolonge jusqu'au confluent de cette rivière dans la Saône, & forme une promenade fort agréable.

Les environs de cette belle ville sont, comme nous l'avons annoncé, charmans par la richesse & la variété des points de vue. Les côteaux qui s'élèvent à l'ouest, présentent des vignobles & plusieurs villages & châteaux : au milieu de la plaine la Saône serpente, par une vaste courbure, double les beautés du paysage, & semble ne s'approcher de la ville d'Anse que pour en enrichir la vue, & recevoir les eaux de l'Azergues. Plusieurs villages & maisons de campagne, bâtis au delà de la Saône, & sur-tout la ville de *Trévoux*, qui paroît en amphithéâtre, contribuent à embellir ce magnifique tableau. C'est de la beauté du pays, qui se trouve le long de la route de *Villefranche à Anse*, qu'est provenu ce proverbe : *De Villefranche à Anse, la plus belle lieue de France.*

Événement remarquable. Ce fut à Anse que *Tavanes*, dans la résolution d'assiéger Lyon, campa, en 1562, avec son armée, composée de cinq mille hommes, & augmentée de trois mille Italiens soudoyés par le Pape, qui étoient venus de Bourgogne, sous la conduite du Comte d'*Anguisciola*, un des quatre assassins de Pierre-Louis de Farnèse. Ce Comte, sous prétexte qu'on payoit mal ses troupes, décampa, & il ne resta dans le camp que sept enseignes d'Italiens, sous les ordres de *Brancacio*. Tous les Historiens du temps parlent avec horreur de la conduite perverse de ces troupes du Pape qui venoient en France pour défendre la religion. « On ne sait, dit de Thou, ce qui fut plus horrible & plus funeste de la part de ces Italiens, ou leur fureur pour le pillage, ou leur étrange impudicité. Aucun jeune garçon n'étoit en sûreté ; ils forçoient tous ceux qu'ils rencontroient, & n'épargnoient pas même les chèvres ; c'est ce qui fit que les paysans des environs les tuèrent toutes, après le départ de ces impudiques : & plût à Dieu qu'en les exterminant, ils eussent aboli jusqu'à la mémoire d'un crime si abominable ».

Le commandement de l'armée fut alors ôté à *Tavanes*, & donné au Duc de *Nemours* ; celui-ci abandonna pour un temps le siège de Lyon, décampa d'Anse, & marcha avec la troupe, le 15 septembre, pour assiéger Vienne.

ENVIRONS. Parmi les nombreuses fontaines qui sourdent dans le territoire d'Anse, on distingue celle de *Brinieux* ; elle tarit, dit-on, dans les années pluvieuses, & coule lors des sécheresses. Quand on y trouve de l'eau dans les temps pluvieux, « cela, dit M. *Alléon Dulac*, répand l'épouvante & la consternation dans tous le pays, parce que les gens de la campagne prétendent que la récolte sera infailliblement mauvaise ». C'est un de ces préjugés absurdes qui nous prouvent combien le peuple a besoin d'être instruit.

ALIX est situé à une lieue & demie & à l'ouest d'*Anse*, sur les bords de la forêt d'Alix, & sur le petit ruisseau de la Nirie ; c'est une maison de Chanoinesses Régulières de l'ordre de Saint-Benoît, qui dépendoit de l'abbaye de Savigny, qui en est éloignée de trois lieues. Aujourd'hui l'abbaye de Savigny est supprimée depuis 1780, & les biens sont en partie réunis à la Maison d'*Alix*.

Pour être admises dans cette maison, les Dames prétendantes doivent absolument faire preuve, non de discrétion, d'humilité ni de ferveur, mais de huit degrés de noblesse du côté paternel, en y comprenant la présentée, & trois degrés de noblesse maternelle, la présentée faisant la quatrième. On exige que les Demoiselles aient de leur famille une pension viagère de douze cents livres; les frais de réception se montent à peu près à mille écus; il faut quelquefois se bâtir une maison, la meubler, ce qui revient au moins à quinze mille francs. Ces frais ne sont pas absolument perdus pour les familles, les Chanoinesses pouvant adopter leurs nièces, qui héritent de la maison & du mobilier de leur tante.

Ces Dames ont le titre de *Comtesses*, sont vêtues de noir, & en vertu de lettres patentes du mois de novembre 1755, elles sont décorées d'une croix émaillée à huit pointes, surmontée d'une couronne comtale; au milieu est un médaillon qui, d'un côté, représente la Vierge, avec la légende: *Nobilis insignia voti*, & au revers l'image de Saint-Denis, avec ces mots: *Auspice Galliarum Patrono*. Cette croix est attachée à un ruban ponceau que les Chanoinesses portent en écharpe.

Ce chapitre a été fondé, au douzième siècle; par une charte de l'an 1319, *Guichard*, Sire de Beaujeu, le prit sous sa protection, & promit de le défendre des atteintes de l'Archevêque & des Chanoines de Lyon. François II le prit aussi sous sa sauve-garde. Pendant les guerres de la religion, ce chapitre eut beaucoup à souffrir, ses biens furent en proie aux plus adroits ou plus puissans usurpateurs de ce temps-là. Le fameux Baron *des Adrets*, en 1562, détruisit presque entièrement cette maison ; les titres furent brûlés, il n'en resta que quelques-uns du treizième siècle, dans lesquels on ne trouve aucuns renseignemens sur son origine ; les biens furent dispersés. En 1598, Henri IV adressa des lettres au Sénéchal de Lyon, pour qu'il travaillât au recouvrement des biens envahis. Ces Dames ont trouvé des protecteurs dans la plupart de nos Rois ; mais le Monarque le plus complaisant pour elles, ainsi que pour tous les chapitres nobles de France, est sans contredit Louis XV, qui a permis à presque toutes les maisons chapitrales de France de porter des décorations & des titres pompeux : il ne falloit que savoir solliciter ; & des Religieuses étoient métamorphosées en Comtesses décorées, en Chanoinesses élégantes, & des Chanoines en Prélats. Les croix & les rubans ne coutoient rien à donner.

TARARE.

Petite ville située sur la grande route de Lyon à Roanne, à six lieues de Roanne, & à sept de Lyon.

Cette petite ville est célèbre par ses manufactures & par la route qu'on a pratiquée sur la montagne de ce nom. Il y a un ancien prieuré dépendant de l'abbaye de Savigny.

Il s'y fabrique des toiles en chanvre & en coton de différentes qualités, & même des mousselines ; il y a de plus des tanneries & chamoiseries, deux blanchisseries considérables,

& une manufacture d'indienne bien montée; les eaux vives & pures de la petite rivière de Turdine vivifient ces différens établissemens.

La situation enfoncée de cette ville au bas de la chaîne de montagnes qui sépare le bassin de la Loire de celui de la Saône, n'est pas fort avantageuse à la vue, & a été quelquefois funeste aux habitans. En 1765, la nuit du 20 au 21 juin, les grandes eaux descendues des montagnes voisines renversèrent ou endommagèrent une centaine de maisons; le terrein fut entraîné; il y eut beaucoup de bestiaux, & même une quinzaine de personnes de noyées.

A une demi-lieue & à l'ouest de la ville, & au bas de la montagne de Tarare, est une maison isolée sur la grande route, c'est là qu'est la poste de Tarare. Au delà de cette maison, est la fameuse montagne sur laquelle on a pratiqué, avec tant de peine, la grande route, ouvrage digne des Romains, & qui a fait beaucoup d'honneur à M. *André-Nicolas Deville*. Cet Ingénieur, qui a lutté avec un succès étonnant contre plusieurs obstacles qui depuis long-temps paroissoient insurmontables, s'est contenté d'attester la confection de ce grand ouvrage, terminé au commencement de ce siècle, par cette simple inscription, gravée sur le piédestal d'une croix :

« Deville a rendu cette montagne praticable ».

L'ARBRÊLE ou LA BRÊLE.

Petite ville située sur la grande route de Roanne à Lyon, à trois lieues de Tarare, & à quatre de Lyon.

Cette petite ville, arrosée par les rivières de Brevenne & de Turdine, qui ont leur confluent en cet endroit, tire son nom de la multitude d'arbres qui en ombragent le territoire, & de l'*Arbrêle* on a fait, par corruption, *la Brêle*.

En 1715, cette ville fut submergée, & en partie détruite dans la nuit du 14 au 15 septembre, par le débordement des rivières de Turdine & de Brevenne. Les arbres déracinés & les poutres des maisons renversées de Saint-Bel, arrêtées par les piles du pont de pierre de l'Arbrêle, suspendirent le cours des eaux, & les forcèrent de s'élever à la hauteur du premier étage des maisons du faubourg. Les habitans qui, la plupart, étoient dans leur lit, ne s'aperçurent du danger que vers l'heure du minuit; la plupart échapperent à la mort en montant sur les toits de leurs maisons. On compta vingt-deux personnes de noyées, neuf maisons & deux moulins emportés; le pont de pierre fut entraîné de manière qu'il ne resta aucune trace de ses fondemens.

Ce lieu, vivifié par la grande route, est assez pittoresque, quoique situé peu avantageusement. Le bruit des eaux dont il est environné, les ponts bâtis sur les deux rivières, les restes d'un vieux château, & la multitude d'arbres qui ombragent la route & les côteaux voifins, donnent de la variété & du mouvement à ce paysage.

On trouve dans cette petite ville une eglise paroissiale, une communauté de pénitens du Saint-Sacrement, & un hôpital. L'Abbé de Savigny en est Seigneur, & le vieux château dont nous avons parlé sert de prison.

Savigny est situé à trois quarts de lieue & au sud-ouest de l'Arbréle. C'est un bourg avec une des plus anciennes abbayes de France. On ne connoît point l'époque de sa fondation, on croit qu'elle existoit au sixième siècle, & qu'elle fut rétablie par Charlemagne ; on dit que les solitaires qui l'habitoient, reçurent la règle de Saint-Benoît des mains de *Saint Maur*, pendant le voyage qu'il fit en France. On ajoute même, à cette occasion, qu'une ancienne figure de Moine qu'on trouve sur le chemin de *l'Arbréle à Bully*, est celle de Saint-Maur, & qu'elle y fut placée en mémoire de son séjour dans ce pays.

Il est certain que ce monastère étoit érigé en abbaye du temps de Charlemagne, & qu'*Adalbert* en fut le premier Abbé. Dans un ancien titre de 1007, conservé dans les archives de cette abbaye, on lui donne le nom d'*archimonastère*, ce qui prouve qu'il étoit dèslors chef d'ordre particulier, dans l'ordre général de Saint-Benoît; vingt-quatre prieurés & trois monastères de filles en dépendoient. Le Cardinal, *Bernard Aigler*, fit ses études dans cette abbaye ; il fut un des habiles hommes du treizième siècle ; il composa plusieurs ouvrages, dont le plus remarquable est le *Speculum Monachorum*, le miroir des Moines.

On croit que le corps de *Saint-Baldomer*, aujourd'hui *Saint-Galmier*, est conservé dans l'église de cette abbaye. La légende de l'ancien bréviaire de Lyon dit que l'église de Saint-Just donna le corps de ce saint à l'abbaye de Savigny ; on croit en conséquence qu'il est enterré sous l'autel de Saint-Nicolas de cette église. Ce Saint quitta la profession de Serrurier, pour embrasser la vie ecclésiastique ; il fit des miracles très-surprenans, & le peuple, qui en conserve la mémoire, a beaucoup de dévotion à ses reliques.

Dans la même chapelle de Saint-Nicolas, est un tombeau élevé sur un pilier ; c'est celui de *Saint-Gammard*, Abbé de Savigny.

Autrefois les Abbés, & même les Moines de Savigny, étoient saints ; depuis qu'ils sont devenus riches, ils ont tous été nobles. Un arrêt du conseil, de 1753, autorisoit la scandaleuse prétention de ces Moines à la noblesse, & ordonnoit que tout prétendant devoit prouver que ses trisaïeul, bisaïeul & grand-père des côtés paternel & maternel, étoient nobles ; c'étoit bien le cas de dire :

Dans la crasse du froc loge la vanité.

Par une bulle de 1780, cette abbaye a été supprimée, & les biens qui en dépendoient ont été réunis aux chapitres de Chanoinesses de *Leigneux*, d'*Alix* & de l'*Argentières*.

On trouve dans les environs de Savigny

plusieurs mines de cuivre qui sont en exploitation.

SAINT-BEL, bourg avec un château fort, situé sur la rive gauche de la Brevenne, à une petite lieue de Savigny, est célèbre dans le Lyonnois par ses mines & fonderies. En 1748, une compagnie y fit construire une fonderie pour y traiter le minérai de cuivre, tiré principalement de la montagne de *Pilon* & des mines de *Chevinay*. Par les essais qui en furent faits alors, ce cuivre fut reconnu être d'une qualité égale à celle du cuivre rosette de Suède. Par arrêt du conseil, du 4 juillet 1754, ce métal fut affranchi des droits de Douane à Lyon, & des droits d'entrée dans les pays des cinq grosses fermes; on y a établi trois fourneaux.

« *Le Pilon*, dit M. *Alléon Dulac*, est une montagne à un quart de lieue de la paroisse de Saint-Bel, & dépendante de *Saint-Pierre la Pallu*, où l'on exploite un filon de cuivre de plusieurs pieds de largeur; les ouvrages s'étendent journellement en longueur & profondeur, en suivant la direction & la pente du filon. Cette mine contient un peu de fer, quelquefois de l'argent, du kis, & beaucoup de pyrites.

« La mine de *Chevinay* est située à un grand quart de lieue de *Saint-Bel* & du *Pilon*; elle dépend de la paroisse de *Chevinay*, village dans l'ancienne baronnie de *Savigny*, annexe de *Saint-Pierre la Pallu*. Dans la montagne appelée *les vieilles mines*, la compagnie établie à *Saint-Bel* a rouvert les travaux qu'on soupçonnoit avoir été faits par les Romains; plus de cent ouvriers y sont employés à tirer, choisir & faire rôtir le minéral qu'on transporte ensuite dans la fonderie de *Saint-Bel*. Le filon est à peu près parallèle à celui du *Pilon*; sa longueur est quelquefois de plusieurs toises... Il y a un puits principal de quarante toises de profondeur perpendiculaire, sur lequel il y a une machine pareille à celle de Bicêtre, à l'aide de laquelle & par le moyen des chevaux, on tire les matières & l'eau de la mine : on assure que cette mine a été exploitée autrefois par le célèbre *Jacques Cœur* (1) ».

CHESSY, bourg à trois lieues de Lyon, & à une lieue & demie de *Saint-Bel*, est encore célèbre par ses mines, qui sont éloignées du

---

(1) *Jacques Cœur*, si célèbre par son grand commerce, par ses richesses, qui causèrent ses disgraces, & par les importans services qu'il rendit à la France, possédoit de grands biens dans le Forez & dans le Lyonnois; il fit le premier exploiter les mines dont nous venons de parler, & celles de *Chessi*. Charles VII eut l'ingratitude d'oublier les grands services que cet homme lui avoit rendus en diverses occasions; il l'abandonna lâchement à la fureur des Nobles qui étoient depuis longtemps jaloux de la richesse, du crédit & des talens de cet illustre roturier. Ils profitèrent de son absence pour le dénoncer comme un empoisonneur & un concussionnaire, & la canaille des vils courtisans, après l'avoir fait gémir dans les prisons, & l'avoir forcé de s'expatrier, se partagea sa dépouille. La Maison de *Gouffier* eut en partage plusieurs terres de *Jacques Cœur*, desquelles étoient la ville de Roanne & la terre de Boisfy.

bourg d'un quart de lieue, & près du château de *Baronnat*. On croit que ces mines ont été exploitées par les Romains ; elles furent aussi exploitées par *Jacques Cœur*. Ses Commis, après la disgrace de ce Ministre, en continuètent l'exploitation, qui fut abandonnée sous le ministère du Cardinal de Richelieu. La compagnie qui entreprit l'ouverture des mines de Saint-Bel, fit en même temps l'entreprise de celles de Chessy. « Le filon qu'on y exploite, dit M. *Alléon Dulac*, varie beaucoup en épaisseur & en qualité ; il a, dans des endroits, plusieurs toises de largeur, mais mêlé de beaucoup de blendes & de pyrites, pauvres en cuivre. Le minéral pour la fonte, que l'on en sépare, est aussi une pyrite cuivreuse à qui l'on fait subir les mêmes opérations qu'à *Saint-Bel*, pour en obtenir le cuivre noir.

» La fonderie de Chessy renferme trois fourneaux à manche, pareils à ceux de Saint-Bel, & un grand fourneau de raffinage à réverbère, auquel on a mis deux gros soufflets de bois doubles, ou à deux ames.

» On raffine, dans ce fourneau, tous les cuivres de Saint-Bel & de Chessy ; on y en met cinquante quintaux à la fois, pour les réduire en rosette.

» Proche de la fonderie, on a construit, en 1761, un martinet composé d'un fourneau de fonte, de deux foyers pour chauffer le cuivre à mesure qu'on le bat ; de deux autres, mus chacun par une roue de dix-huit pieds de diamètre ; chaque arbre fait agir deux marteaux. On fait, dans ce martinet, toutes sortes d'ouvrages d'ouvrages en cuivre, tels qu'on les commande, comme chaudrons, marmites, planches, &c.; mais sur-tout des plaques, dans la forme & l'épaisseur que l'on demande à Montpellier, où elles sont réduites en verd-de-gris (1).

Dans les trois mines dont on vient de parler, il y a de petites sources d'eau vitriolique cuivreuse, nommée *Eau cémentatoire*; on la fait passer sur du fer, à l'aide duquel elles précipitent leur cuivre.

On trouve encore des mines de cuivre à *Sourcieux*, village situé au bas de la chaîne du *Mont-dor*, à une lieue & au midi de l'*Artrêle*.

Le Mont-dor fait partie d'une chaîne considérable de montagnes qui s'étend depuis les environs du bourg de *Riverie* jusqu'au bord de la Saône, près de *Gouzon*. Dans cette chaîne on distingue des montagnes qui portent des noms particuliers : les montagnes de *Riverie*, ainsi nommées à cause du bourg de ce nom, situé dans le voisinage; celles d'*Izeron*, qui forment des appendices latérales de la chaîne principale; celles de *Saint-Bonnet le froid*, sur la cîme desquelles est bâti un village de ce nom; enfin le *Mont-dor*, qui s'élève à deux lieues de Lyon, & qui est composé lui-même de plusieurs monts adjacens qui ont leurs noms

---

(1) Voyez tome II de cet Ouvrage, pages 187 & 188, la Note où l'on parle de la manière dont se fait le verd-de-gris.

Partie VI. O

particuliers. Toute cette chaîne de montagnes offre un sol très-bien cultivé, & couvert en grande partie de vignobles, dont les vins sont abondans, mais peu estimés. Il faut en excepter la partie des montagnes de *Saint-Bonnet le froid*, dont le nom indique précisément une température peu propre à la maturité du raisin ; elles sont en effet couvertes, à leur cîme, d'une forêt qui a près de deux lieues de longueur. Cette chaîne offre encore dans son intérieur une infinité de carrières & de mines précieuses, dont la plupart sont exploitées.

Le Mont-dor, qui forme le dernier point de cette chaîne, présente un groupe d'aspérités, du centre desquelles partent, comme autant de rayons, plusieurs ruisseaux au nombre de douze ou quinze, qui, en divergeant, ont assez profondément sillonné cette montagne.

L'origine que *Dion-Cassius* donne au nom de cette montagne, si elle n'est pas la véritable, offre au moins un trait historique bien digne d'être rapporté.

Auguste avoit chargé de l'intendance & de la recette générale des trois provinces des Gaules, un nommé *Licinius*, né, dit-on, au pied de la montagne de Tarare, qui fut esclave & affranchi de *Jules-Cesar*. Cet homme, dont Dion fait un affreux portrait, & que Sénèque, dans la Satire qu'il composa contre Claude, nomme par dérision *Encelade*, étoit un vrai géant en finance ; les *Mazarin*, les *Louvois*, les *Terray*, les *Calonne*, & tous les plus effrontés déprédateurs du peuple françois ne sont que des Pygmées auprès de lui. Les Gaulois étoient assujettis à une certaine imposition qui se percevoit chaque mois. Cette imposition étoit considérable ; *Licinius* ne pouvoit pas l'accroître ouvertement de sa propre autorité : pour conserver en même temps quelques apparences de justice, & satisfaire à son avidité, voici le moyen qu'il employa. Il aimoit beaucoup l'argent, il savoit que le peuple aimoit l'Empereur, & que l'Empereur n'étoit pas insensible à la flatterie. Pour faire quadrer ces trois dispositions, au lieu d'augmenter l'impôt de chaque mois, il augmenta le nombre des mois dans l'année, qu'il porta à quatorze ; & pour rendre cette nouvelle division de l'année agréable au peuple & à l'Empereur, il donna aux mois de nouvelle création, le nom imposant d'*Auguste*. Ainsi il s'appropria tout à coup le sixième de toutes les impositions des Gaules ; il flatta la vanité d'Auguste, & sembla seconder le respect que ce peuple portoit pour cet Empereur.

Ses richesses furent bientôt excessives ; il les employa à l'acquisition de terrains immenses. Tout ce beau & fertile pays, qui s'étend depuis la Saône jusqu'à la montagne de Tarare, devint sa propriété. Il fit bâtir de superbes palais dans ce canton, & donna au Mont-dor son propre nom, & le fit appeler *la montagne de Licinius*. Des anciens Cartulaires, & entre autres celui d'Ainai, lui ont conservé la dénomination de *mons Licinii* (1).

---

(1) Il paroît même que ce nom se retrouve dans celui de *Montluzin*, beau château situé au bas du Mont-

Auguste, arrivé dans les Gaules, pour les protéger contre les incursions des Sicambres, séjourna trois ans à Lyon. Les plaintes des Lyonnois contre les concussions de *Licinius*, avoient déjà frappé ses oreilles ; il en parut touché. Mais ce financier artificieux, voyant l'orage qui le menaçoit, imagina un nouveau genre de stratagême pour se dérober au châtiment qu'il méritoit. Il invita l'Empereur à voir sa magnifique maison bâtie sur le Mont-dor, & lui étala les richesses qu'il y avoit entassées, en lui disant : *Tout cet or est à vous, Seigneur, c'est pour vous seul que je l'ai amassé ; & si j'en ai dépouillé les Gaulois, c'est pour les mettre hors d'état de vous nuire, & de se révolter contre vous.*

On ne dit pas si *Licinius* fut puni ; mais il est certain qu'Auguste, pendant le séjour qu'il fit à Lyon, diminua considérablement les impôts que Jules César y avoit établis.

S'il en faut croire quelques anciens Ecrivains, c'est à la quantité d'or que *Licinius* montra alors à Auguste, que cette montagne doit le nom de *Mont-dor*. Cette étymologie n'est pas soutenable. On a dit aussi que l'Empereur *Probus*, qui permit le premier aux Gaulois de cultiver la vigne, en fit planter sur cette montagne du Lyonnois, à laquelle il donna le nom de *Mont-dor*, en mémoire d'une montagne

---

dor, à l'extrémité de la plaine d'*Anse*, & près du bourg de *Chasselay*, auquel il communique par une belle avenue bordée de tilleuls.

située dans la Paonnie, lieu de sa naissance, appelée *Mont-dor*, & sur laquelle il venoit aussi de faire planter de la vigne; mais cette étymologie n'est qu'une conjecture de *Paradin*. *Dor* ou *Dur* sont des noms celtiques que portent plusieurs villes, rivières & montagnes de France. En Auvergne s'élève un groupe considérable de montagnes, appelé *Mont-dor*; en Champagne il existe aussi un lieu nommé *Mont-dor*.

Cette montagne a donné son nom à une ancienne Maison qui y possédoit de grandes terres, & qu'elle donna dévotement à l'église métropolitaine de Lyon & au monastère de l'Ile-Barbe.

Le *Mont-dor* produit abondamment du vin qui n'est pas le meilleur de la province; le sol y est très-soigneusement cultivé. « L'on remarque, dit M. *Alléon Dulac*, que les hommes y sont communément d'une taille & d'une tournure plus avantageuses qu'ailleurs. L'on observe pareillement que les femmes y ont plus d'éclat & de fraîcheur que dans le reste de la province; ce qu'on doit attribuer à l'air pur qu'on respire dans ces montagnes ».

Cette montagne, & les nombreux appendices qui l'environnent, ont bien de quoi exercer la curiosité des Naturalistes, par la variété des productions minéralogiques qui s'y rencontrent; elle n'est pas moins intéressante par les différentes carrières qu'on y exploite, dont les principales sont celles de *Couzon* & de *Saint-Romain*.

Couzon est un village situé au bas du Mont-dor, près des bords de la Saône. Les carrières de pierre calcaire qui y abondent, produisent un moellon qui se lie parfaitement avec le mortier. La proximité de la Saône en facilite le transport dans les lieux voisins, & sur-tout à Lyon, où il s'en fait un emploi considérable. On tire encore de ces carrières des pierres de taille, dont on fait ordinairement des chambranles de cheminées & de portes.

Dans ces carrières, on trouve fréquemment des stalactites, & dans le rocher une grande quantité de nœuds que les ouvriers nomment *pierres à feu*; la plupart de ces espèces de silex sont solides, tandis que d'autres sont concaves, & présentent ce qu'on appelle des *géodes*, dont l'intérieur est tapissé de cristaux de quartz & de spath calcaire.

Saint-Romain, village situé à une demi-lieue de Couzon, offre aussi quelques carrières dans lesquelles on trouve des fossiles de plusieurs espèces, comme des bélemnites, des cornes d'ammon, & du spath en abondance.

SAINT-CHAUMOND ou S.-CHAMOND.

Ville autrefois capitale de la principauté de Jarrest, depuis chef-lieu d'un marquisat de son nom, située sur la petite rivière de Gier, à trois lieues de Saint-Étienne en Forez, à cinq lieues & demie de Givors, & à huit lieues de Lyon.

Ce lieu, appelé en latin *Sancti Anemundi Castrum*, doit son nom & son origine à une ancienne église dédiée à *Ennemond* ou *Annemond*, quarante-unième Archevêque de Lyon, & d'une famille illustre de cette ville. De *Saint-Annemond* on a fait, par corruption, *Saint-Chamond*, & enfin *Saint-Chaumond*. Cette ville devint le chef-lieu du pays appelé *Jarrest*, & échut en apanage à un cadet de la Maison de Forez, dont la postérité la posséda long-temps.

Cette ville, au seizième siècle, étoit à peine connue; le Seigneur de Saint-Chamond, ainsi que son frère *Saint-Romain*, du temps des guerres de la religion, étoient continuellement occupés à désoler les campagnes, à prendre les villes, à massacrer les habitans, à s'enrichir du butin des foibles. Le nom de *Saint-Chamond* fut sans doute illustré par les nobles occupations de ses Seigneurs; mais le lieu, qui portoit aussi ce nom, resta pauvre & ignoré, quoiqu'il eût le titre de *Marquisat*. Enfin l'industrie & le commerce y réparèrent les maux que la noblesse de ses Seigneurs y avoit maintenus. Les citoyens, plus libres, & livrés à leurs propres moyens, profitèrent des avantages que la nature du pays leur présentoit, & un bourg, seulement connu par son château & ses Seigneurs, devint, après Lyon, la ville la plus considérable de la province.

DESCRIPTION. Cette ville, située au confluent des rivières de *Gier* & de *Janon*, & sur la grande route de Lyon à Saint-Etienne & au Puy, est assez bien bâtie; cette grande route & la rivière de Gier ont contribué beaucoup à son accroissement, & ont favorisé l'industrie de ses habitans.

Sur la colline qui domine la ville, s'élève le château, en forme de citadelle, dont les fortifications subsistent encore dans leur entier. Vers la fin du seizième siècle, *Melchior Mitte*, Seigneur de Saint-Chaumond, obtint du Roi la permission de faire fortifier le château de cette ville, & il y fit construire cinq bastions qui, avec les courtines & les fossés, sont revêtus de pierres de taille. Ce château, qui fait le principal ornement de cette ville, est très-intéressant par sa galerie, & par les peintures qui la décorent. Il y a un Gouverneur pour le Roi.

Saint-Jean-Baptiste est une église collégiale, fondée, en 1634, par *Melchior Mitte de Chevrieres*, Seigneur de la ville; il est composé de douze Chanoines.

Saint-Ennemond est la première paroisse, & la plus ancienne église de cette ville; elle est desservie par un Curé.

Saint-Pierre & Sainte-Barbe, seconde paroisse, est une annexe de Saint-Julien en Jarrest; elle est desservie par un Curé, deux Vicaires, & huit Secrétaires.

Notre-Dame est la troisième paroisse, annexe d'Yzieux, desservie par un Curé, deux Vicaires, & sept Sociétaires. Le Curé fonda, en 1758, un établissement pour le soulagement des pauvres & pour l'éducation des orphelins, qui fut confirmé par arrêt du parlement du 4 mars 1764.

Cette ville est en outre munie de plusieurs communautés religieuses des deux sexes; de *Capucins*, de *Minimes*, d'*Ursulines*, de *Pénitens du Confalon*, & de *Pénitens du Saint-Sacrement*, &c.

L'Hôpital est administré par un bureau de douze personnes.

Depuis long-temps il y a une milice bourgeoise qui est divisée en deux quartiers.

Le commerce & les fabriques de Saint-Chaumond offrent les objets les plus intéressans qu'elle contienne. Le moulinage des soies, la fabrique des rubans, les manufactures d'étoffes de coton de teinture d'Andrinople, les fabriques d'acier, de cloux, les fenderies, sont les principales branches du commerce de cette ville, dont la population se monte à environ neuf mille ames.

Les carrières de charbon & celles de pierre sont encore des sources d'activité & de richesses pour les habitans. Elles sont situées dans la même montagne sur laquelle le château est bâti. Toute la partie supérieure de cette montagne présente une roche calcaire, qui offre des pierres excellentes pour la construction; cette roche peut avoir en profondeur quatre-vingts à cent pieds; elle repose sur une masse de charbon minéral d'environ quinze à vingt pieds d'épaisseur.

Les bancs des carrières de pierre sont inclinés du nord au midi, & ont différentes hauteurs, depuis un jusqu'à quatre & cinq pieds. « Ces bancs, dit M. *Alléon Dulac*, portant jusqu'à vingt & vingt-cinq pieds de largeur, on en peut tirer des blocs considérables ; mais pour l'ordinaire on les refend par des tranchées ou des coins d'acier, suivant l'usage auquel on les destine.

» En général cette pierre est très-bonne pour toutes sortes de constructions; cependant l'on remarque des différences dans ses bancs, relativement à la couleur & aux propriétés. Il y en a de gris de perle, de jaunâtre, & d'un bleu clair. Cette dernière espèce est la moins abondante, mais elle est la plus douce ; le grain en est plus fin, & elle résiste au feu ; aussi en fait-on des potagers, des cheminées, & plusieurs autres ouvrages qui démandent de la délicatesse, & qui sont susceptibles de quelque décoration, se taillant avec assez de propreté. Celle qui a la couleur d'un gris de perle, & la jaunâtre, ont un grain très-gros ; elles se taillent difficilement, & l'on ne peut les employer qu'à des ouvrages grossiers ».

Toutes ces pierres, quand elles ont été exposées à l'air, s'écaillent au bout d'un certain temps ; mais beaucoup moins que celles de la carrière de Saint-Etienne, dont nous avons parlé.

Lorsqu'en 1754 on bâtit, pour la nouvelle route qu'on venoit d'ouvrir de Lyon à Saint-Etienne, plusieurs ponts, & sur-tout celui *de la Madelaine* (1), on employa des pierres de taille de la carrière de Saint-Chaumond.

---

(1) Ce pont, bâti tout en pierres de taille, sur la rivière de Bosançon, est d'une seule arche, & a cinquante pieds de hauteur.

Les carrières de charbon sont, comme nous venons de le dire, au dessous des carrières de pierres ; on y arrive par un chemin facile. « On a ménagé, dit M. *Alléon Dulac*, à côté de l'entrée de la mine, ainsi qu'il est d'usage, un puits qui a à peu près cent pieds de profondeur, & qui va jusqu'à l'escalier. Ce puits a son écoulement par un canal qui traverse la montagne jusques dans un vallon qui lui est inférieur. Le surplus des eaux provenant des parties plus profondes de la carrière, est amené par des pompes obliques qui jettent l'eau, de réservoir en réservoir, jusqu'au fond du puits, qui est le grand réservoir du canal ».

On pénètre dans cette mine très-facilement & sans dangers; on n'y descend point par le moyen des échelles ou des sceaux, comme dans la plupart des mines ; mais par un escalier, taillé dans le charbon même, qui conduit jusqu'au premier étage. « C'est là, dit l'Auteur déjà cité, qu'on peut voir, à la sombre lueur des lampes qui éclairent ces lieux, les ressources immenses que la nature nous a préparées, & des richesses cent fois plus estimables que toutes celles qu'on nous apporte des climats les plus éloignés. Les endroits d'où l'on a déjà tiré le charbon, forment comme autant de vastes salles, séparées les unes des autres par des piliers qui ne sont que d'énormes masses de charbon qu'on laisse de distance en distance pour soutenir le terrain ».

On descend de ce premier étage au second, qui est à une très-grande profondeur ; mais le chemin qui y mène est moins sûr, & beaucoup plus difficile; ce second étage présente les mêmes objets que le premier.

On trouve dans ces carrières, à une certaine profondeur, des pierres chargées d'empreintes de plantes. Ces pierres, bien différentes des dendrites, présentent des feuilles placées, souvent en divers sens, sur leur superficie; elles se divisent naturellement par feuillets.

Le célèbre *Bernard de Jussieu*, qui le premier a fait connoître l'existence de ces pierres feuilletées, dans un mémoire lu à l'Académie des Sciences en 1718, regardoit chacune de ces pierres, dont les feuillets portoient des empreintes si variées, comme autant de volumes de botanique, qui dans une même carrière composent, pour ainsi dire, la plus ancienne bibliothèque du monde. Cette espèce de collection est d'autant plus curieuse, que toutes les plantes dont les figures y sont conservées, n'existent que dans des pays très-éloignés, ou n'existent plus.

RIVE-DE-GIER.

Petite ville située sur la rivière de Gier, & sur la grande route de Lyon à Saint-Etienne, à deux lieues de Saint-Chaumond, à six lieues de Lyon, & à trois lieues de Givors.

Cette ville doit son nom à sa situation sur les bords du Gier; les avantages que lui procurent la grande route & le commerce des matières extraites de ses carrières, ont, depuis une trentaine d'années, beaucoup accru sa richesse & sa population.

On y trouve une église paroissiale, quelques maisons religieuses, & une compagnie de *Pénitens du Confalon*; genre d'associations que l'on rencontre dans le Lyonnois plus fréquemment que des sociétés qui auroient pour base la raison & l'utilité (1).

Il existe près de cette ville des carrières de pierre & de charbon en exploitation; ces dernières y sont en grand nombre, & paroissent inépuisables. Dans la paroisse de *Saint-Genis-de Terre-Noire*, à un demi-quart de lieue de Rive-de-Gier, est une mine qui a brûlé pendant long-temps; elle est placée dans une montagne appelée, à cause de ce phénomène, *Montagne de feu*. On prétend que le feu y a été mis par malice ou par la négligence des ouvriers, tandis que quelques Naturalistes croient que la nature est le seul auteur de cet incendie (2). Le terrain de cette montagne est brûlé, inculte, & ne produit pas même de l'herbe. On n'a jamais vu sortir de cet endroit ni flammes ni étincelles; mais seulement, après des pluies & dans des temps humides, il s'en est élevé une fumée assez épaisse.

La rivière de Gier devoit, par un canal, être réunie à celle de Furand, pour former en cet endroit la communication de la Loire & du Rhône. Cette entreprise, fort utile au

---

(1) Les villes du Lyonnois, celles du Limosin & Avignon, sont les premières villes de France pour les compagnies de Pénitens de toutes couleurs.

(2) Voyez ci-dessus *Ricamari* & *Montbrunant*, page 147.

commerce, n'a point eu, comme nous l'avons dit ailleurs, son entière exécution.

Cette rivière roule, avec son sable, des paillettes d'or. Le Rhône a le même avantage; mais cette matière précieuse n'y est pas abondante ; l'or que les plus assidus orpailleurs peuvent en tirer, ne vaut pas le temps qu'ils y emploient. Autrefois ce métal étant moins commun, ceux qui s'occupoient à l'extraire des rivières aurifères, en retiroient un profit qui compensoit leur peine ; aussi les anciens Ecrivains qui traitent de ces rivières, nous témoignent que le nombre des orpailleurs étoit bien plus considérable qu'aujourd'hui, & que leurs travaux n'étoient pas infructueux. *Duchoul*, dans la description du mont Pila, qu'il publia en 1555, parle d'une opinion établie de son temps, & de laquelle il ne semble pas douter ; c'est que les rivières qui sont du genre masculin, ont le privilège de rouler de l'or, tandis que celles qui sont du genre féminin, sont privées de cet avantage.

CONDRIEU.

Petite ville située sur la rive droite du Rhône, à trois lieues de Rive-de-Gier, à trois lieues de Vienne, à quatre lieues de Givors, & à sept lieues & au dessous de Lyon.

Le nom de *Condrieu*, tout comme ceux de *Condom, Condat, Coude, Condé, Candé,* &c., indique la situation d'u nangle de terre formé par une rivière, à l'endroit où elle se jette dans un autre, ce qu'on appelle plus vulgairement

Coin. Cette ville, nommée autrefois *Coindrieux*, & dans les titres du quatorzième siècle, *Coyndriacum*, est en effet bâtie près du confluent, & dans l'angle qui forme une petite rivière qui descend des côteaux voisins, & se jette dans le Rhône.

Condrieu, autrefois célèbre par son titre de *baronnie*, l'est bien davantage aujourd'hui par ses excellens vins. Au treizième siècle, il y existoit dans une forteresse que *Renaud II* de Forez, Archevêque de Lyon, fit réparer. On y trouve une église paroissiale, un couvent de *Récollets*, des Religieuses de la *Visitation*, une confrérie de *Pénitens* du Confalon, une maison des Sœurs du Saint-Sacrement, & un hôpital.

Il y a cinq foires dans l'année ; une grande partie des habitans s'occupent à la construction des bateaux, & à la navigation sur le Rhône.

En 1314, *Pierre de Savoie*, Archevêque de Lyon, excita les habitans de Condrieu à faire le dégât sur les terres de l'église de Vienne, & leur envoya du secours pour favoriser leur incusion ; ce qui occasionna une guerre sérieuse entre les deux églises, qui enfin, fatiguées de deux ans d'hostilités, & se trouvant soutenues par des forces égales, firent la paix en 1316 ; & les deux Prélats, ne pouvant plus se nuire, vécurent en bonne intelligence.

Les vins sont la principale richesse des environs ; ceux de Condrieu & de *Saint-Michel*, connus sous la dénomination générale de vins de Condrieu, sont au rang des meilleures vins du Lyonnois, & des bons vins de liqueur que la France produit ; les vins blancs font sur-tout les plus eſtimés. On prétend que cette côte fut une des premières des Gaules où l'Empereur *Probus* fit planter de la vigne ; cette ancienne & noble origine, quand elle feroit bien établie, n'ajouteroit rien à la valeur du vin.

La côte qui eſt en face de la ville de Vienne, à deux lieues au deſſus de Condrieu, connue ſous le nom de *Côte-rôtie*, eſt encore plus renommée par la bonté de ſes vins ; on en tranſporte beaucoup chez l'Etranger. Le vignoble de ce canton, dont le vin eſt d'une qualité ſupérieure, eſt celui de *Sainte-Foy*, dans le territoire de *Mont-Rays*. En général, tous les vins de la côte du Rhône ſont fort eſtimés.

GIVORS eſt un bourg ſitué ſur la rive droite du Rhône, à quatre lieues & au deſſous de Lyon, à trois & au deſſus de Condrieu, & au confluent de la rivière de Gier dans le Rhône.

Ce bourg étant l'entrepôt des fers qui vont à Saint-Etienne, des charbons de terre & des bois de ſapins qui ſont tranſportés à Lyon, devient de plus en plus confidérable. Les habitans ſont preſque tous voituriers par eau & par terre. La manufacture royale de verrerie, qui a commencé à être en activité en 1750, eſt une nouvelle reſſource pour le commerce de ce pays; on y fabrique des bouteilles & des verres plats.

Les environs de Givors ſont auſſi agréables que fertiles ; on recueille beaucoup de vin ſur les côteaux voiſins ; mais ils n'ont pas le même degré de bonté que ceux de Côte-rôtie & de Condrieu.

BRIGNAIS

BRIGNAIS.

Bourg situé sur la route de Saint-Etienne à Lyon, à deux lieues & demie de cette dernière ville.

Ce lieu est célèbre dans l'Histoire, par une bataille considérable donnée dans les environs. Les troupes nombreuses de brigands, connues sous les différens noms de *grandes compagnies*, de *routiers*, de *tard-venus*, presque toutes composées de Nobles, & conduites par des hommes qui appartenoient à des Maisons que les Généalogistes appellent *illustres*; ces brigands, dis-je, qui désolèrent la France sous le règne de Charles V, après avoir ravagé la Bourgogne, se jetèrent dans le Lyonnois, où ils se livrèrent à leurs atrocités ordinaires. Le Roi y envoya une armée de dix mille hommes, commandée par *Jacques de Bourbon*, qui, le vendredi après Pâques, 2 avril 1361, les atteignit près de Brignais dans un canton appelé *les Seignes*. Le combat fut vif, & l'armée royale mise en déroute; plusieurs Seigneurs restèrent sur la place. Le Général *Jacques de Bourbon* & son fils furent blessés mortellement. Leurs corps furent portés à Lyon, & enterrés à l'entrée du chœur des Jacobins.

Les brigands, fiers de leur victoire, se croyoient déjà maîtres du royaume. Un de leurs chefs, nommé *Jean Gouge*, natif de Sens, eut l'audace de se faire proclamer *Roi de France*. Le Pape, qui trembloit pour Avignon où il restoit alors, leur donna bien vîte l'abſolution, & les laiſſa paſſer en Italie.

Dans le bourg de Brignais, il ſe fait, le mercredi de chaque ſemaine, & pendant trois foires qui y ſont établies dans l'année, un commerce conſidérable de beſtiaux.

Antiquités. A une petite lieue au deſſus de *Brignais*, dans le territoire de *Champonoſt le vieux*, on voit les reſtes de pluſieurs arcades qui faiſoient partie de l'aquéduc de Lyon, bâti, à ce qu'on croit, par *Marc-Antoine*; il avoit ſept lieues de longueur; il commençoit près de la ville de Saint-Étienne en Forez, & conduiſoit à Lyon une partie des eaux de la rivière de Furand. Cet aquéduc ſe continuoit à *Francheville*, où l'on voit encore pluſieurs rangées d'arcades, & venoit aboutir à Lyon, à la porte de Saint-Irenée, où il en exiſte de grands fragmens aſſez bien conſervés, & dont nous parlerons.

OULLINS.

Village, avec une maiſon de campagne de l'Archevêque de Lyon, ſituée ſur la grande route de Lyon à Saint-Étienne, à une lieue de Lyon.

Ce lieu intéreſſe par la magnificence archiépiſcopale de ſon château, par la beauté de la vue dont on y jouit, par une manufacture de verrerie établie dans le voiſinage, & par le tombeau d'un homme célèbre

Nous ne parlerons point du château ni de ſes jardins, dont la vue magnifique, qui s'étend sur les bords du Rhône, est, pour l'amateur de la nature, un des plus beaux ornemens.

M. *Thomas*, de l'Académie françoise, le sublime Auteur de l'éloge de *Descartes* & de *Marc-Aurele*, mourut, en 1785, au château d'Oullins. M. *de Montazet*, Archevêque de Lyon, son confrère & son ami, voulut lui élever un monument digne de ses talens. M. *de Laurencin* fut chargé du soin de cette direction. Ne trouvant pas dans Lyon un bloc de marbre assez grand ni assez beau, il en fit venir un qui convenoit parfaitement au dessin qu'avoit adopté M. l'Archevêque. Le 24 juillet 1786, ce monument fut achevé & mis en place dans l'église paroissiale d'Oullins : on le voit en face de la chaire. Il présente une belle table de marbre blanc, d'environ sept pieds & demi de hauteur sur deux & demi de largeur, incrustée dans le mur, & accompagnée d'ornemens en métal. On y lit cette épitaphe :

Au Dieu créateur
et rédempteur.

Ci-gît LÉONARD-ANTOINE THOMAS, *l'un des Quarante de l'Académie françoise, associé de celle de Lyon ; né à Clermont en Auvergne le premier octobre 1732, mort au château d'Oullins le 17 septembre 1785.*

Il eut des mœurs exemplaires,
Un génie élevé,
Tous les genres d'esprit.

Grand orateur, grand Poëte,
Bon, modeste, simple & doux,
Sévère à lui seul ;
Il ne connut de passions,
Que celles du bien, de l'étude
Et de l'amitié.
Homme rare par ses talens,
Excellent par ses vertus,
Il couronna sa vie laborieuse & pure,
Par une mort édifiante & chrétienne.

Ses écrits & les larmes de tous ceux qui l'ont connu, honorent assez sa mémoire ; mais M. l'Archevêque de Lyon, son ami & son confrère à l'Académie françoise, après lui avoir procuré, pendant sa maladie, tous les secours de l'amitié & de la religion, a voulu lui ériger ce foible monument de son estime & de ses regrets.

On a construit dans la paroisse d'Oullins, au port de *Pierre-Bénite*, une *verrerie* considérable, remarquable par la régularité & l'étendue des bâtimens ; elle occupe continuellement deux cents ouvriers.

On trouve dans les saussaies d'Oullins, entre *la Mulatierre* & *Pierre-Bénite*, dit M. *Alléon Dulac*, un puits naturel ; le fond en est sablonneux, & l'eau toujours claire. Les sources qui en sortent, & qu'on aperçoit facilement, sont nombreuses, & donnent une assez grande quantité d'eau. Ce puits a plus de 15 pieds de profondeur, & forme un baſſin de plus de vingt pieds de largeur. L'on voit dans le fond, ſur les côtés, & tout autour de ce baſſin, des fougères, des capilaires, & autres plantes que la fraîcheur du lieu entretient. Ce puits n'a jamais tari, même dans les plus grandes ſéchereſſes. L'on y a vu des tanches; elles y ont ſans doute été apportées par le Rhône dans quelque inondation, ou peut-être y ont-elles été miſes à deſſein. Les eaux de ce puits, qui s'échappent, forment deux petits ruiſſeaux, dont l'un coule au ſeptentrion, l'autre au midi, & vont bientôt ſe perdre dans le Rhône.

» On trouve dans la même paroiſſe, ajoute le même Ecrivain, près du château de *Péron*, qui appartient à l'Hôpital général de la charité de Lyon, la rivière d'*Yvours*, appelée communément *la Mouche*; ſon origine eſt exactement ſemblable à celle des ſauſſaies d'Oullins; mais les ſources en ſont beaucoup plus abondantes «.

Les eaux de ce puits font mouvoir pluſieurs moulins; elles ſont conſtamment limpides, chaudes en hiver & froides en été. Le peuple des campagnes croit que lorſque cette rivière groſſit conſidérablement, c'eſt un pronoſtic aſſuré d'une mauvaiſe récolte; ce n'eſt pas la ſeule rivière à qui l'ignorance du peuple attribue des qualités prophétiques ſur l'abondance ou la diſette de la récolte. Nous avons parlé d'une ſemblable fontaine, ſituée près de Villefranche, & de la fontaine de *Boulaigue*, ſituée près d'Aubenas en Vivarais, qui annonce, par la

P iij

différence de ses écoulemens, la paix ou la guerre (1). Il seroit bien utile qu'une administration enfin plus populaire s'attachât à éclairer les habitans des campagnes, & à détruire une infinité de préjugés honteux, qui rétrécissent leur intelligence, & sont souvent nuisibles à leur santé, ainsi qu'à l'avantage & aux progrès de l'agriculture. Il faudroit à chaque pays un cathéchisme rural, où les principes de salubrité & d'agriculture relatifs au sol fussent clairement démontrés, & tous les préjugés locaux vivement combattus.

LA BÉNISSON-DIEU.

C'est un ancien monastère enclavé dans le Forez & sur ses frontières, mais qui dépend du Lyonnois; il est situé à une petite lieue de la rive gauche de la Loire, sur la petite rivière de Tessonne, à trois lieues & à l'ouest de Roanne.

Ce monastère fut fondé par *Guigues II*, Comte de Forez, & par *Matilde* sa femme. Saint-Bernard & son disciple *Alberic* veillèrent à la formation de cet établissement. Des vers barbares, qu'on lit sur la porte de cette abbaye, attestent l'époque de cette fondation :

*Hic scribitur numerata
Procul dubio vera data,
Benedictionis dei fondatio
Quæ fecit kalendis tertio,
Mille centum currentibus
Triginta octo sequentibus.*

---
(1) Voyez tome II de cet ouvrage, pag. 66.

Guigues III, Comte de Forez, se retira, vers la fin de ses jours, dans ce monastère, & y mourut dans un âge très-avancé, le 24 janvier 1226. Cette abbaye fut occupée par des hommes jusqu'en 1612, époque où *Claude de Nereſtang*, qui en étoit le premier Abbé commendataires muni du consentement du Pape, du Roi & du chapitre général de Citeaux, permuta avec *Françoiſe de Nereſtang* sa sœur, Abbesse de *Megemont* en Auvergne. Depuis, ce monastère est devenu une abbaye royale de filles, dépendante de Clairvaux.

L'ILE-BARBE.

C'est une île formée par la Saône, à une demi-lieue au dessus de Lyon.

Cette île est célèbre par un des plus anciens monastères des Gaules. Quelques personnes échappées au massacre général qui fut fait lors de la seconde persécution des chrétiens de Lyon, à l'occasion des fêtes décennales de l'Empereur *Sévere*, se réfugièrent dans cette île de la Saône, appelée *Inſula barbara*, île barbare, & depuis *Barbe*, par corruption, parce qu'elle étoit inculte & déserte. Ils y vécurent secrètement tant que dura la persécution, puis ils s'y consacrèrent à la solitude. Quelques zélateurs de la contemplation se joignirent à eux; enfin un riche Seigneur Gaulois, nommé *Longin*, leur fit, vers l'an 240, bâtir un monastère qui fut dédié à *Saint-André* (1). *Dorothée*

---

(1) Les faits les plus simples étoient, dans les temps de

en fut le premier Abbé. Ces cénobites n'avoient encore adopté aucune règle certaine, & ce ne fut qu'au commencement du cinquième siècle qu'ils reçurent celle de Saint-Martin, la plus ancienne de l'occident, & qui se répandit bientôt dans les Gaules. Ce monastère fut entièrement dévasté par les Sarrazins; quelques temps après ce désastre, *Charlemagne* chargea *Leydrade*, son Bibliothécaire, qui fut le quarante-sixième Evêque de Lyon, de rétablir ce monastère. Il fit reconstruire les bâtimens, rassembla un grand nombre de Religieux qu'il fit venir du mont Cassin & des plus célèbres monastères du royaume, & y établit la règle de Saint-Benoît. Voici ce qu'en dit *Leydrade* lui-même dans sa lettre adressée à Charlemagne, que l'on croit de l'an 807. « *J'ai*, dit-il, *réparé le monastère de l'Isle-Barbe, où l'on*

barbarie, altérés par des fables. Pour rendre plus respectable le fondateur de ce couvent, on avança qu'il descendoit d'une Maison très-ancienne, qu'il étoit Romain; on fut jusqu'à dire qu'il étoit ce même *Longin* qui perça de sa lance le côté de Jésus crucifié. De graves Historiens ont soutenu cette opinion appuyée sur quelques actes apocryphes, & notamment sur l'épitaphe gravée sur le tombeau de ce fondateur, où l'on lit:

Qui salvatoris latus in cruce cuspide fixit, Longinus hic jacet.

Lorsque les Moines d'un couvent ne savoient rien sur la vie d'un Saint qui les intéressoit, ils fabriquoient eux-mêmes une vie qui étoit plus ou moins ridiculement merveilleuse, suivant le talent du Romancier.

compte à présent quatre-vingt-dix Moines qui y vivent régulièrement. J'ai donné, ou plutôt continué à leur Abbé le pouvoir de lier & de délier; c'est-à-dire, d'excommunier & d'absoudre; pouvoir dont les Abbés ont plus d'une fois abusé. *Ces mêmes Abbés*, continue-t-il, *ont eu jusqu'à présent le soin de gouverner le diocèse durant la vacance du siège, & je leur ai conservé ce pouvoir.*

Cette abbaye fut comblée de richesses par différens Seigneurs Lyonnois. Parmi ses plus grands bienfaiteurs, on distingue ceux de la Maison du *Mont-dor*, qui méritèrent une distinction particulière de la part des Moines qu'ils avoient enrichis. Tous les ans, le jour de l'Ascension, celui qui étoit le chef de cette maison avoit le droit de venir à l'abbaye de l'Ile-Barbe, où on exposoit, parmi plusieurs reliques, *un cor d'ivoire* qui avoit, dit-on, été donné par un fameux Paladin de cette même maison du Mont-dor; il avoit aussi le droit de prendre deux poignées de l'argent offert en l'honneur des reliques, & de le distribuer lui-même aux pauvres.

Le Laboureur, dans son ouvrage intitulé *les Mazures de l'Isle-Barbe*, dit « que cette cérémonie a duré jusqu'en 1562, que l'abbaye ayant été pillée par les hérétiques, ce cor, dépouillé de ses ornemens, est demeuré *sans honneur* dans un coin de nos archives, & y demeurera long-temps, comme je le crois, si quelqu'un de cette famille ne s'efforce de relever cette ancienne & louable coutume ».

En 1529, le peuple de Lyon s'étant soulevé

à l'occasion d'une taxe imposée pour la construction des murailles de la ville, dévastèrent les maisons des officiers municipaux & de plusieurs riches habitans, & se portèrent à l'abbaye de l'Ile-Barbe, dans l'espoir d'y trouver de grands amas de blés; ils la pillèrent. *Jean Dupeyrat*, Lieutenant Général de la sénéchaussée, parvint seul à calmer la sédition, & il n'employa d'autres armes que son éloquence.

Cette abbaye, où le relâchement s'étoit introduit, fut sécularisée en 1551. *Antoine d'Albon*, parent du fameux Maréchal *de Saint-André*, fut l'auteur de cette sécularisation. Il étoit Abbé de l'Ile-Barbe depuis 1525; son caractère ambitieux & soldatesque, la faveur dont jouissoit à la cour son parent le Maréchal, lui firent désirer de quitter l'habit monacal; il obtint facilement cette faveur, & bientôt le Moine défroqué fut revêtu de plusieurs emplois civils & militaires, & se montra dans des combats & à la tête des affaires; il fut nommé Lieutenant de Roi des trois provinces. Dans une conspiraton que les Protestans formèrent à Lyon, il se mit à la tête d'une troupe de Catholiques, combattit les conjurés, & les dissipa. Pour le récompenser de ce coup de main, la cour ne lui donna point un commandement dans l'armée, mais l'archevêché d'Arles, qu'il permuta dans la suite pour celui de Lyon.

Pendant le voyage que fit Charles IX, en 1563 & 1564, dans différentes provinces de France, ce Roi, en allant à Lyon, passa à l'*Ile-Barbe*, où *Antoine d'Albon* le reçut magnifiquement. Le vendredi 9 juin, venant de

Mâcon par la Saône, ce jeune Prince débarqua dans cette île. Le samedi 10, il alla coucher à Lyon chez le Maréchal de *Vieilleville*, & retourna coucher au monastère de l'Ile-Barbe, où le lendemain il dîna & soupa, puis il alla coucher à Lyon.

Cette abbaye, si célèbre dans les commencemens du Christianisme, si féconde en Saints dans des temps où les Moines étoient pauvres & fervens, & toute peuplée de Moines *nobles* & arrogans dans des temps que les monastères étoient riches & les peuples ignorans (1), a été enfin réunie au chapitre noble de l'église de Lyon, sous l'archiépiscopat du Cardinal de *Tencin*. Ce Prélat alors transféra de Lyon dans

---

(1) Le Laboureur a publié un recueil de titres de cette abbaye, qu'il intitule *les Mazures de l'Isle Barbe*, dans lequel il s'efforce de prouver, non l'utilité ni la dévotion des Moines de ce monastère, mais leur *noblesse*. L'Abbé d'*Expilly*, trompé par le titre de ce recueil qu'il n'a point vu, a cru qu'il contenoit la description de plusieurs monumens précieux. « On y voit encore, dit-il, plusieurs monumens précieux, dont le Laboureur a fait la description dans un ouvrage intitulé ; *les Mazures de l'Isle Barbe* ». Prendre du parchemin pour du marbre ou des pierres, c'est une des plus minces bévues du volumineux Dictionnaire de la France, qu'a publié cet Abbé. Je ne cherche point à relever les nombreuses inexactitudes de ce livre, je me bornerai à dire ici que plusieurs Historiens de province, qui l'ont consulté, y ont trouvé de grandes erreurs ; cependant un de nos modernes Aristarques, M. *Sabathier de Castres*, qui est presque aussi savant que M^e. *Clément*, a dit, dans les *trois siècles littéraires*, que le Dictionnaire de l'Abbé d'Expilly étoit sur-tout fort exact.

ce monastère, le séminaire de *Saint-Pothin*, qui y est encore, & qui sert de retraite aux Curés infirmes du diocèse.

Le château est devenu un lieu d'instruction pour la jeunesse ; on y a établi une pension très-nombreuse & bien dirigée.

L'Ile-Barbe a quelque chose de plus intéressant que son ancienneté & que la noblesse de son monastère ; c'est son heureuse situation au milieu de la Saône ; c'est la magnificence des points de vue qu'elle présente de toutes parts : ce n'est plus cette île inculte & déserte qui, dans des temps de ténèbres, a mérité le nom d'*Ile-Barbare*, c'est bien plutôt une terre de promission, une véritable île enchantée.

LYON.

Une des plus anciennes, des plus riches & des plus commerçantes villes du royaume ; capitale du Lyonnois ; le siège d'un archevêché, d'une Académie des Sciences, Belles-Lettres & Arts, chef-lieu de département ; située au confluent de la Saône & du Rhône ; à sept lieues de Vienne, à dix-huit lieues du Pont de Beauvoisin, qui est placé sur les frontières de la France & de la Savoie ; à trente lieues de Grenoble, à quarante-quatre lieues de Moulins, à trente-six lieues d'Avignon, à treize lieues de Saint-Etienne en Forez, à douze lieues de Roanne, à vingt-huit lieues de Clermont, & à cent quatorze lieues de Paris.

ORIGINE. Lyon, nommé en latin *Lugdunum*, porte un nom celtique commun à quelques autres villes de la Gaule (1). Le Père *Meneſtrier* donne, pour fondateurs de cette ville, deux Princes Grecs, *Momorus* & *Atepomarus*, qui vivoient environ quatre cents ans avant notre ère vulgaire : cette opinion a été puiſſamment réfutée. Deux Princes Grecs n'auroient ſans doute pas donné un nom celtique & barbare, comme *Lugdunum*, à une ville qu'ils auroient fondée. D'ailleurs Jules Céſar, qui parle de *Feurs*, de *Vienne* & de *Mâcon*, villes du voiſinage, qui a paſſé près de l'endroit où Lyon eſt aujourd'hui bâti, & qui a fait camper ſes troupes dans les environs, n'en dit pas un ſeul mot. Si Lyon eût alors été auſſi riche & auſſi conſidérable que le dit le Père Meneſtrier, Céſar, ſi exact à décrire les moindres places, auroit-il négligé d'en parler ? *Polybe* & *Tite-Live*, qui ont décrit la marche d'*Annibal* dans les Gaules, & ſon paſſage au confluent du Rhône & de la Saône, auroient-ils oublié de parler d'une ville conſidérable, s'il y en eût exiſté en cet endroit ?

Il eſt évident, d'après les Hiſtoriens les plus reſpectables, que cette ville n'exiſtoit pas du temps de *Céſar*, & que le nom celtique *Lugdunum* appartenoit à la montagne aujourd'hui

---

(1) *Jean Lemaire*, Poëte françois, dans ſon ouvrage intitulé, *Illuſtration des Gaules*, croit que ce nom dérive d'un certain *Lugdus*, quinzième Roi des Celtes, qui fut le fondateur de cette ville. C'eſt ainſi que pluſieurs Ecrivains du quinzième ſiècle & du ſeizième ont donné des fondateurs chimériques à la plupart des villes de France.

nommée *de Fourvière*, ou à une bourgade qui y étoit bâtie ; on sait que le mot *dunum* exprime une montagne (1). Après la mort de César, les habitans de Vienne furent chassés de leur ville par les Allobroges, & *Munatius Plancus*, qui commandoit plusieurs légions dans les Gaules, reçut ordre du Sénat de les rassembler, & d'établir à *Lugdunum* ces habitans fugitifs. Cette colonie, dans peu de temps, devint très-puissante. Son heureuse situation, les secours du gouvernement, & le besoin où étoient les nombreux habitans de Vienne de s'y construire des habitations, produisirent, dans moins de cinquante ans, une ville qui, par sa population, le disputa bientôt à celle de Narbonne ; une ville où l'on fabriquoit des monnoies d'or & d'argent, & où les Gouverneurs de la Gaule firent leur résidence.

L'époque de cette fondation, suivant le système chronologique le plus généralement adopté, doit être fixée à l'an 718 de Rome, & trente-six ans avant la naissance de *Jésus-Christ* (2).

La situation avantageuse de cette nouvelle

---

(1) Suivant *Dion-Cassius*, ce lieu étoit nommé *Lugudunum* ; il fut ensuite adouci, & on écrivit *Lugdunum*.

(2) Nous différons, à cet égard, de l'opinion adoptée par le Père *Colonia*, dans son *Histoire littéraire de la ville de Lyon*, qui, d'après un système chronologique, aujourd'hui universellement rejeté, place la fondation de Lyon l'an 711 de Rome, & quarante-deux ans avant *Jésus-Christ*.

ville, au confluent de deux grandes rivières, fixèrent particulièrement l'attention des Romains ; ils s'empressèrent de l'embellir de plusieurs édifices superbes. Le Triumvir *Marc-Antoine* y fit construire un magnifique aqueduc. Auguste, dans la division qu'il fit des Gaules, établit Lyon la métropole de toute la Gaule celtique, qu'il avoit subdivisée en quatre parties, appelées première, seconde, troisième & quatrième *Lyonnoise*, ou simplement nommée *Gaule Lyonnoise*. Son gendre *Agrippa* plaça à Lyon le centre des quatre grands chemins qui partageoient les Gaules. Auguste pour être plus à portée de tenir en respect les nations barbares, vint lui-même avec toute sa cour, résider à Lyon ; il y séjourna trois ans, & ce séjour contribua beaucoup à l'embellissement & à la richesse de cette ville.

L'Empereur Claude, natif de Lyon, fit accorder à cette ville le droit de colonie romaine.

Quatre ans après le départ d'*Auguste*, l'an de Rome 742, & dix ans avant l'ère chrétienne, soixante cités, que le commerce, déjà considérable de cette ville, y attiroit, résolurent d'y ériger, à frais communs, un temple consacré à cet Empereur (1). Il avoit établi la paix par

---

(1) Les quatorzes nations qui composoient la province Narbonnoise ou Romaine, furent les seules qui ne contribuèrent pas à la construction de ce temple ; elles se contentèrent d'en élever un à Narbonne, également consacré à *Auguste*; mais ce fut dix-huit ans après l'érection du Temple de Lyon : ainsi, les Lyonnois ont les premiers donné l'exemple de ce culte révoltant qu'on peut appeler *Antropolatrie*.

tout le monde ; ce bienfait parut émané du ciel, & celui qui le procuroit fut regardé comme une divinité. Enfin on fit un dieu d'Auguste pacifique ; il eut même, de son vivant, un culte particulier & des Prêtres qui sacrifioient à son honneur. Le culte étoit sacrilège, l'adulation excessive ; mais on est plus excusable d'élever un temple à un souverain pacificateur, que des statues à un conquérant.

Ce temple fut élevé vers l'endroit même où le Rhône & la Saône unissent leurs eaux ; au milieu étoit un grand autel, dont plusieurs médailles nous ont conservé la forme ; sa face principale offroit un vaste bas-relief, représentant deux Génies, à côté de chacun, un olivier, & au milieu une grande couronne. Au dessus de l'autel étoient placées soixante statues, divinités des soixante nations des Gaules qui avoient contribué à l'érection du temple, & qui y avoient établi chacune un Prêtre. La statue d'*Auguste* & celle de *Rome* étoient sur le même autel, mais au milieu, & beaucoup élevées au dessus des autres, sur des espèces de trépieds.

Aux deux côtés de ce vaste autel étoient deux colonnes de granit, dont on conserve encore des tronçons. Sur chacune de ces colonnes, un peu plus élevées que l'autel, étoit placée une statue représentant un Génie ou une victoire. Ces deux statues avoient la même attitude, tenoient chacune une palme sur l'épaule droite, & de la main gauche une couronne qu'elles avançoient au dessus de l'autel.

Ce temple étant achevé, *Drusus*, en sa qualité d'Augure & de César, en fit la dédicace ;

on a remarqué que le même jour fut celui de la naissance de l'Empereur *Claude*, fils de *Drusus*.

Dix ans après l'érection de ce temple, l'insensé & féroce *Caligula* y établit une espèce d'Académie ou *Lycée* d'éloquence, & fonda un prix destiné au meilleur des ouvrages qui y seroient présentés; mais il imposa aux concurrens des conditions dont la bizarrerie & la dureté sentent un peu le caractère du fondateur.

Dans ces espèces de combats littéraires, les vaincus étoient contraint de fournir eux-mêmes un prix au vainqueur, & de prononcer son éloge.

Celui des concurrens qui avoit produit le plus mauvais ouvrage, étoit traité avec plus de rigueur encore; il étoit condamné à effacer publiquement son écrit avec une éponge, & même quelquefois avec sa langue, ou bien à être battu à coups de férule, ou à être plongé dans le Rhône.

Cent ans après la fondation de Lyon, l'an 64 de notre ère, lorsque cette ville, embellie d'une infinité de monumens Romains, le disputoit aux plus florissantes capitales des Gaules, un affreux incendie la réduisit en cendres.

Sénèque parle avec détail, & sur-tout avec énergie, de cet embrasement; il déplore la perte d'une ville aussi riche, qui renfermoit des monumens si précieux, « dont chacun d'eux auroit pu illustrer les villes qui les auroient possédés. Entre une ville considérable, dit-il, & une ville anéantie, il n'y eut que l'espace d'une nuit. On cherche en vain Lyon dans les Gaules,

Partie VI. Q

on ne l'y trouve plus ; & le désastre d'une aussi grande cité n'a pas duré plus de temps qu'il en faut pour le raconter ».

Tacite fait mention de cet événement ; & rapporte que *Néron* donna quatre mille sesterces pour rebâtir Lyon ; on croit que ce fut à la sollicitation de Sénèque que cet Empereur fut déterminé à ce bienfait, d'ailleurs peu suffisant pour rendre à cette ville détruite toute sa splendeur.

Il paroît que le temple d'Auguste, situé hors la ville & au confluent de la Saône & du Rhône, ne souffrit point de cette destruction générale. Dion Cassius dit que de son temps, deux siècles après *Auguste*, l'autel & les honneurs rendus à cet Empereur subsistoient encore.

Bientôt on voit Lyon renaître de ses cendres, & à peine est-il rétabli, que les habitans, entraînés par l'animosité qu'ils nourrissoient depuis long-temps contre ceux de *Vienne*, leurs voisins, engagèrent *Valens*, à conduire ses troupes dans cette ville rivale, pour la détruire. Le Capitaine Romain, plus jaloux de s'enrichir que de servir la querelle d'autrui, reçut l'argent que les Lyonnois lui donnèrent pour marcher contre *Vienne*, & il y marcha avec ses troupes. Les habitans de cette dernière ville lui donnèrent à leur tour une somme considérable pour se retirer, & il se retira.

La littérature commença à refleurir dans Lyon ; & Domitien, frère de *Titus*, s'y retira sous prétexte de cultiver les Lettres.

L'Empereur Trajan y fit construire un édifice magnifique, destiné aux marchés, aux foires, & aux tribunaux de justice; il étoit nommé *Forum Trajani*. Ce monument public, bâti à l'instar du *Forum Trajani* de Rome, subsista jusqu'au règne de Charles le Chauve. Plusieurs chroniques du neuvième siècle ont rapporté sa chûte, comme un événement digne d'être conservé. La chronique de Saint-Bénigne de Dijon & celle de Flavigny s'accordent à dire que cet édifice s'écroula l'an 840, & il y est qualifié *d'ouvrage merveilleux* & *d'ouvrage vénérable*. Il étoit alors nommé *Forum vetus*, dont on a fait *For-viel*, d'où est venu *Fourvière*, nom que porte encore le quartier où il existoit.

Au commencement du troisième siècle, sous l'Empereur *Sévère*, les habitans de Lyon éprouvèrent la plus horrible persécution. Les chrétiens de cette ville refusèrent de prendre part aux fêtes payennes, appelées les *Décenales*, & ce refus porta les habitans qui n'avoient point embrassé la religion chrétienne, à tous les excès du fanatisme. On fait monter le nombre des martyrs massacrés en cette occasion à dix-neuf mille, sans compter les femmes & les enfans; c'est ce qu'atteste une inscription en mosaïque, conservée dans l'église de Saint-Irénée, & c'est ce qui a fait dire à M. *Racine* fils, dans son *Poëme de la Religion* :

Tes illustres martyrs sont tes premiers trésors,
Opulente Cité, la gloire de ces bords
Où la Saône enchantée à pas lents se promène,
N'arrivant qu'à regret au Rhône qui l'entraîne.

En 470, Lyon fut cédée aux Bourguignons par l'Empereur *Anthême*, & devint la capitale de l'ancien *royaume de Bourgogne*, puis du *Duché de Lyon*; enfin il paſſa ſous la domination des Rois de la ſeconde race. *Charles le Chauve* y établit un Gouverneur nommé *Guillaume*, qui rendit ſon gouvernement héréditaire dans ſa famille, & mourut en 850. (Voyez *Tableau général du Lyonnois*, pag. 88, 89, &c.)

Lyon paſſa enſuite ſous la domination des Empereurs d'Allemagne, qui, trop éloignés, laiſſèrent inſenſiblement uſurper leur autorité par les Archevêques de cette ville. Ces Prélats devinrent des tyrans. Les citoyens Lyonnois qui avoient conſervé une partie de leur liberté ſous la domination laïque, furent ſur le point de devenir eſclaves ſous la férule eccléſiaſtique. Il y eut dans la ville de vives émotions à cet égard. Les habitans ſe mirent ſous la protection du Roi de France. En 1271, Philippe le Hardi les prit ſous ſa ſauve-garde; en 1310, Philippe le Bel les délivra de la tyrannie de leurs Prélats, & malgré les atteintes que Louis XIV a voulu porter aux droits des Lyonnois, ils ont conſtamment conſervé, depuis leur origine, le droit de ſe garder eux-mêmes, d'avoir une milice bourgeoiſe, de ſe commander mutuellement, & de prendre les armes lorſqu'ils le jugent néceſſaire.

ANTIQUITÉS. Il exiſte à Lyon une infinité de monumens antiques, qui concourent à atteſter l'état de cette ville du temps des Romains. Les *piliers du chœur d'Ainai*, qui appartenoient à l'ancien temple d'Auguſte; un reſte d'*aquéduc* & de plusieurs constructions qui en dépendoient, & qui existent sur la montagne de *Fourvière*; une infinité d'inscriptions antiques, conservées dans plusieurs églises; les deux *tables de bronze* qui contiennent une grande partie du discours de l'Empereur Claude, & qu'on voit à l'hôtel-de-ville; un *autel* antique, destiné aux sacrifices du *taurobole*; un reste d'*amphithéâtre*, situé sur la montagne de Saint-Sébastien, près de l'Oratoire; un reste de *théâtre* sur celle de Fourvière, & plusieurs autres antiquités, comme bas-reliefs, tombeaux, &c., qu'il seroit trop long d'indiquer : nous nous contenterons de décrire les plus intéressantes, en parlant des lieux où elles se voient.

DESCRIPTION. Deux rivières considérables traversent ou bordent Lyon dans toute sa longueur. *La Saône*, dont le cours est très-lent, baigne le pied de la montagne de Fourvière, au bas de laquelle est un quartier considérable de la ville, & forme, depuis le faubourg *de Vaize* jusqu'à celui de *Saint-Irénée*, une courbure très-marquée.

Le Rhône, dont le cours est très-rapide, & presque en ligne droite, sépare la ville de la promenade *des Breteaux*, & du faubourg de *la Guillotière*, & va se réunir à la Saône, à l'extrémité méridionale de Lyon, & au dessous des *travaux de Perrache*. La partie la plus étendue & la plus peuplée de la ville se trouve placée entre ces deux rivières.

La ville est dominée par deux montagnes; celle de *Fourvière*, qui est à la rive droite de la Saône, & sur laquelle Lyon, dans son origine, étoit bâti, & la montagne de *Saint-Sébastien*, qui s'élève au nord de la ville entre le Rhône & la Saône.

Cette ville est entourée de quatre grands fauxbourgs; celui de *Vaize*, sur la route de Paris; celui de la *Croix rousse*, sur la rive droite du Rhône, & au bas de la montagne de Saint-Sébastien; le fauxbourg de *Saint-Just* ou de *Saint-Irénée*, sur le chemin de Montbrison; & celui de la *Guillotière*, qui est au delà du Rhône du côté du Dauphiné.

Cette ville est divisée en vingt-huit *pennonages* ou quartiers, dont les habitans forment autant de compagnies destinées à la garde & à la sûreté de la ville.

La plupart des rues de cette ville sont étroites & bordées de trottoirs, dont la largeur est insuffisante pour deux hommes de front. On y voit de beaux quais; celui du Rhône est un des plus magnifiques qu'il y ait au monde. On trouve au coin de plusieurs rues, des statues sculptées par des Artistes estimés; nous citerons seulement celle qui est à l'angle des rues *Sirenne* & *Bat-d'argent*; elle est du célèbre *Antoine Coizevox*, natif de Lyon, & de ce quartier.

Les places, routes & promenades publiques annoncent, par leur magnificence, la richesse des habitans. Le carrefour des deux routes de Paris, le nouveau *quai du Rhône*, la place des *Terreaux*, celle de *Belcourt*, la promenade des *Breteaux*, sont les plus considérables.

Huit grandes routes principales, ainsi que deux grandes rivières, viennent aboutir à Lyon,

& facilitent de toutes parts les communications. A l'endroit où les deux grandes routes de Paris, par le Bourbonnois & par la Bourgogne, viennent se réunir, on a pratiqué, en 1783, une place circulaire, au milieu de laquelle s'élève une *pyramide de la paix*. C'est un obélisque d'environ cinquante pieds de hauteur, terminé par un globe semé de fleurs de lis, en métal doré, sur lequel repose une colombe portant au bec un rameau d'olivier. Sur la table du piédestal, du côté de la ville, est gravée cette inscription :

LUDOVICO XVI, UTRIUSQUE ORBIS PACIFICATORI.

Le millésime est sur la table opposée, & les deux autres tables portent l'indication de chaque route.

Cet obélisque est entouré de bornes unies entre elles par de fortes chaînes en fer. La place a quatre cent soixante-dix pieds de circonférence ; elle est plantée de tilleuls, avec des bancs en pierre dans les intervalles.

Ce monument a été élevé à l'occasion de la paix de 1783, sur les dessins de M. *Lallier*, Ingénieur en chef de la province, & sous l'Intendance de M. *de Flesselles* (1).

––––––––––––––

(1) C'est le même *de Flesselles*, dernier Prévôt des Marchands de Paris, qui, dans la journée, à jamais mémorable, du 14 juillet 1789, reçut la peine de ses forfaits, & fut massacré par le peuple qu'il avoit indignement trompé.

La place du Confort, ou des *Jacobins*, est remarquable par un obélisque qui s'élève au milieu; il fut érigé en mémoire du mariage d'Henri IV, qui avoit été célébré à Lyon. Cet obélisque fut réparé & placé sur un nouveau piédestal en 1740.

La fontaine de cette place a été construite en 1760, & décorée par *Perrache fils*.

La place des Cordeliers est décorée d'une colonne avec un méridien, surmontée d'une statue d'Esculape.

La Place du change, située au bout du Pont de pierre, est petite; c'est le rendez-vous journalier des Négocians de cette ville.

La Loge du change, qui est sur cette place, a été commencée dans le siècle dernier par des Négocians Italiens, sur les dessins de *Fahy*; cet édifice a été augmenté d'une arche, & fini sur les dessins de M. *Soufflot*. Sur la principale porte sont les statues symboliques des quatre parties du monde; l'Europe & l'Asie ont été sculptées par *Perrache fils*. Les deux autres statues sont, l'une de *Chabry le fils*; l'autre de M. *Zanelli*.

La place de *Belcourt*, ou de *Louis le Grand* (1), la plus considérable des places de Lyon, est située presque au centre de cette ville, entre le Rhône & la Saône; elle forme un parallélograme très-alongé, dont les extrémités sont, dans toute leur largeur, décorées

---

(1) Par *Louis le Grand* on entend Louis XIV, cette explication commence à devenir nécessaire.

de deux bâtimens parallèles & symétriques, élevés sur les desseins de *Cotte*; mais on prétend que les desseins de cet habile Architecte n'ont pas été suivis, & que les défauts que l'on reproche justement à ces deux façades ne doivent point lui être imputés.

Au milieu de la place est la statue équestre de Louis XIV, élevée sur un piédestal de marbre, enrichi d'ornemens en bronze ; sur chacune de ses deux grandes faces, est une figure de même métal, couchée, & représentant, d'un côté, le Rhône, & de l'autre la Saône ; ce monument est entouré d'une grille de fer.

Cette statue a été jetée en fonte, en 1674, par les *Kellers*, sur le modèle de *François Desjardins*. Les mêmes Artistes ont exécuté plusieurs ouvrages à Versailles, & notamment le monument de la place des Victoires à Paris. Elle fut transportée à Lyon en 1701, & mise en place en 1715. Les figures du Rhône & de la Saône, ainsi que les trophées qui accompagnent le piédestal, sont des Frères *Coustou*.

Aux deux côtés de ce monument sont deux pièces de gazon fort étendues. Au centre de chacune est une fontaine qui offre un bassin soutenu par un groupe de Génies. Ces deux fontaines, placées symétriquement, & exécutées dans la même forme, ont été, quant aux ornemens, exécutées par *Chabry* le fils, d'après les desseins de *Cotte*.

Du côté du midi de cette place, & dans toute sa longueur, sont plusieurs rangs d'arbres plantés en quinconce.

L'Hôtel-Dieu est à l'extrémité orientale de cette place ; sur le quai du Rhône, on voit la magnifique & longue façade de cet édifice bâti, depuis une vingtaine d'années, sur les desseins de M. *Soufflot*. Le portail est orné de colonnes, de statues, & au-dessus est un dôme fort élevé. Son extérieur est d'une magnificence qui, sans doute, n'est pas le caractère convenable à un hôpital, l'asile de la pauvreté & des misères humaines.

L'Eglise est belle & bien décorée ; au dessus de la porte on voit un groupe sculpté par *George Lorrain*.

Le maître-autel est richement orné ; on y voit des statues sculptées par *Mimerel*. Le tableau présente la Purification de la sainte Vierge, par *le Brun* ; il a été gravé par *Audran*.

L'intérieur est vaste, bien distribué ; les salles sont propres & assez bien aérées.

Cet établissement charitable est fort ancien. Il est administré par quatorze citoyens, qualifiés de *Recteurs*. On y reçoit les malades des deux sexes, de tous les pays, de tous les âges, & chaque genre de maladie est traité dans des appartemens séparés.

C'est un asile pour les orphelins sans ressources, pour les enfans légitimes ou bâtards, abandonnés ou exposés dans la ville. Les campagnes, à vingt lieues à la ronde, recèlent de ces enfans, pour être nourris & entretenus aux frais de l'hôpital.

Les secours que procure cet hôpital ne se bornent pas à son enceinte ; trois fois la semaine les pauvres malades qui ne veulent ou qui ne peuvent pas y entrer, sont visités par les Médecins & Chirurgiens de la maison, dans des salles destinées à cet objet, où l'on distribue *gratis* les remèdes prescrits.

De l'Hôtel-Dieu dépend un petit hôpital situé dans le faubourg de *la Guillotière*, destiné aux pauvres passans; on leur donne à coucher & à souper.

Il y a plusieurs autres établissemens de cette nature à Lyon; tels sont, l'*Hôpital général de la Charité*, qui a servi de modele aux autres hôpitaux du royaume, même à l'hôpital général de Paris; il fut fondé en 1531; il est administré par dix-huit *Recteurs*. On voit dans l'église plusieurs tableaux de *le Blanc*. Dans la chapelle des vieux & des vieilles, qui est dans l'intérieur de la maison, on voit sur l'autel deux tableaux de *Jacques Stella*, dont le plus petit est dans l'attique.

L'Hôpital de la Providence, fondé, en 1716, pour les jeunes filles dont l'innocence est exposée, &c.

L'Hôtel-de-ville est un des plus beaux édifices en ce genre qui soit en Europe; la principale façade se présente devant la place *des Terreaux*.

Le bâtiment est isolé, & forme un parallélograme dont les deux grandes faces latérales ont soixante-dix toises de longueur. Il a été construit, en 1647, sur les dessins de *Simon de Maupin*, Voyer de la ville. En 1674, un incendie en détruisit une partie.

La façade, qui est devant la place des Terreaux, fut élevée, après l'incendie, sur les desseins du célèbre *Jules-Hardoin Mansard*; elle présente au milieu un corps carré, terminé en coupole, & aux extrémités, deux pavillons formant avant-corps. On y voit quatre médaillons, d'Henri IV, de Louis XIII, d'Anne d'Autriche & de Louis XIV encore enfant, sculptés par *Warin*. Dans l'attique est un bas-relief qui représente Louis XIV à cheval, fait, ainsi que les deux thermes qui sont aux deux côtés, par *Chabry* père. Les deux renommées placées au dessus du cintre, & les deux statues colossales qu'on voit au dessus de la balustrade, sont du même Artiste.

La porte est décorée de deux colonnes de marbre d'ordre ionique.

Le vestibule est vaste, & décoré des bustes des Rois Philippe le Bel, Charles VIII, & Henri IV. Le premier de ces Rois établit une maison commune à Lyon; le second accorda la noblesse aux Consuls, & le troisième a été le bienfaiteur du consulat de Lyon.

On voit dans ce vestibule deux tables de bronze réunies, sur lesquelles sont gravés deux fragmens considérables de la harangue que l'Empereur Claude, pendant qu'il n'étoit encore que censeur, prononça au Sénat de Rome, pour le déterminer à accorder à la ville de Lyon, sa patrie, le titre de *Colonie romaine* à laquelle il donna son nom; titre honorable en apparence, mais entièrement illusoire, puisqu'il convertit en vaine gloriole le droit précieux, dont jouissoit la ville de Lyon, de se gouverner par ses propres lois.

Les Lyonnois, flattés du titre honorable qu'on leur accordoit, glorieux, comme le furent longtemps les peuples barbares, d'être ainsi favorisés par les Romains, s'empressèrent de faire graver, sur des tables de bronze, le discours que Claude prononça en cette occasion. Ces tables durent être gravées vers l'an 50 de notre ère, environ quinze ans avant l'incendie total de la ville. Il manque quelques lignes au commencement de chacune; on présume que ces tables étoient au nombre de trois. Quoi qu'il en soit, celles-ci sont, en ce genre, un des plus précieux monumens que l'on connoisse (1). Elles furent déterrées, en 1528, sous le règne de François Ier, en creusant dans la colline de Saint-Sébastien. On les déposa d'abord à l'ancien hôtel-de-ville, qui étoit derrière l'église de *Saint-Nizier*, &, en 1657, on les plaça dans ce vestibule, avec une inscription moderne qui constate l'époque de cette translation.

Les amateurs de l'antiquité doivent voir dans l'hôtel-de-ville un monument aussi curieux que singulier; c'est un autel antique consacré au sacrifice du taurobole, dont nous ferons mention ci-après, en parlant des antiquités de la montagne de Fourvière.

---

(1) Ces inscriptions sont trop longues pour que nous les rapportions ici. On les trouve dans presque toutes les Histoires de Lyon, figurées comme elles le sont sur le bronze, avec la traduction en françois.

Le grand escalier est généralement admiré par sa disposition, & par les peintures de *Thomas Blanchet*, qui a représenté, en quatre tableaux, l'incendie de la ville de Lyon; cette peinture est d'un grand effet.

Les peintures des plafonds de la seconde & troisième salle sont du même Artiste. Ce dernier plafond, qui n'a point souffert de l'incendie de 1674, est regardé comme le plus intéressant de l'hôtel-de-ville. Le plafond de la grande salle ne put être conservé; on en voit l'esquisse en petit dans la chambre du Consulat. Dans la seconde salle on voit le portrait d'Henri IV, par *Blanchet*.

Dans la chapelle, on voit sur l'autel un tableau représentant une Descente de Croix, peinte par *le Vieux-Palme*.

Sur une des faces intérieures de l'hôtel-de-ville, on lit une inscription en vers latins, qui contient un éloge de la ville, où l'hyperbole n'est pas ménagée; on y dit très-fastueusement que Lyon renferme dans ses murs antiques *un nouvel univers, qu'on y trouve tout ce qui peut flatter les désirs, & qu'on chercheroit en vain sur la terre ce qu'on ne peut pas trouver dans cette ville.*

La conservation des priviléges royaux des foires de Lyon est une juridiction dépendante de l'hôtel-de-ville, établie pour le fait du commerce, pour décider les contestations des Marchands, & pour la conservation des priviléges des foires de Lyon. C'étoit autrefois une juridiction particulière. En 1655, elle fut réunie au corps consulaire, pour être exercée par le

Prévôt des Marchands & les quatre Echevins, avec six autres juges bourgeois ou marchands.

Le Parquet de la Conservation est une juridiction inférieure qui juge en dernier ressort jusqu'à la concurrence de cent livres.

Il y a dans cet hôtel-de-ville plusieurs autres juridictions ou bureaux ; tels sont la *chambre du commerce*, le *bureau des Négocians & Marchands*, le *bureau des Epiciers*, le *bureau des Marchands & Maîtres fabricans*, celui des *Marchands Orfèvres-Joailliers*, &c.

C'est encore ce même édifice qui contient le *collège de Médecine*, établi au mois de juin 1577. Le mardi de chaque semaine, depuis dix heures du matin jusqu'à midi, trois Docteurs agrégés y donnent des consultations gratuites à tous les pauvres qui se présentent, dans une salle de l'hôtel-de-ville destinée pour cet objet. Nous en parlerons ci-après.

C'est aussi dans une des salles principales de l'hôtel-de-ville que l'Académie des *Sciences, Belles-Lettres & Arts*, tient ses séances.

A côté de l'hôtel-de-ville, & devant la place des Terreaux est l'abbaye royale de *Saint-Pierre*, dont la façade est, après celle de l'hôtel-de-ville, la plus belle décoration de la place des Terreaux ; nous parlerons en son lieu de cette abbaye.

L'Arsenal, situé sur le bord de la Saône, est très-commode pour les embarquemens ; on trouve ses magasins trop petits & trop exposés aux accidens qui peuvent provenir des maisons voisines. On y a établi une raffinerie de salpêtre.

Le Grenier d'abondance, construit sur le

bord de la Saône, au bout du quai d'Halincourt, est destiné à emmagasiner les grains. On y voit au premier étage une salle d'armes bien garnie.

La salle de Spectacle est un bâtiment isolé, situé directement derrière l'hôtel-de-ville ; elle fut élevée, en 1756, sur les desseins de M. *Soufflot*. Le rez de chaussée est entouré de portiques & de galeries couvertes. La façade est décorée de sculptures avec tous les attributs de l'art dramatique ; on y lit cette inscription : *Théâtre*. Au milieu, au dessus de cette façade, est un Apollon, accompagné de chaque côté de trois groupes de Génies. Les trois qu'on voit à droite de l'Apollon, représentent la Musique instrumentale, la Danse, & la Tragédie ; ceux qui sont à sa gauche, offrent l'Opéra comique, la Musique vocale, & la Comédie. Ces ouvrages sont de M. *Perrache fils*.

La salle de concert est un bâtiment isolé comme celui de la salle de Spectacle ; l'intérieur en est bien décoré, & contient une belle bibliothèque de Musique.

Les ponts du Rhône. Si de la salle de spectacle on s'avance du côté du Rhône, on trouve le pont Morand.

Le *pont Morand*, ou *pont Saint-Clair*, doit ce premier nom, qui est le plus en usage, à son Architecte, M. *Morand*, qui a, dans cet ouvrage, laissé un monument bien extraordinaire de son génie. Ce pont est en bois, & chaque pile est formée d'une seule travée de poteaux espacés les uns des autres ; de sorte que chaque pile n'oppose au cours rapide du Rhône que l'épaisseur d'un poteau ; les avant-becs

becs sont garnis de barres de fer triangulaires (1). Quatre pavillons symétriques, en forme de socle & en maçonnerie, décorent les deux extrémités de ce pont. Les voitures n'y passent point, & l'on perçoit sur les personnes à pied une rétribution qui appartient à l'Architecte. Ce pont mène aux *Breteaux*, vaste promenade, plantée en quinconces, où se trouvent des guinguettes très-fréquentées.

Le pont du Rhône, nommé aussi pont de *la Guillotière*, parce qu'il communique au faubourg de ce nom, est composé de vingt arcades; il fut bâti en 1242 (2). Son plan n'est point eu

---

(1) Le 14 janvier 1789, le Rhône gela malgré sa rapidité : le dégel fit appréhender que ce pont, si frêle en apparence, ne fût emporté par les glaces, dont des fragmens énormes, à chaque instant, venoient, avec effort, en heurter les piles de bois. Des moulins à bateaux, détachés par les eaux, se sont brisés vers ce pont sans lui causer des dommages considérables, & sa résistance en cette occasion parut si étonnante, que les habitans de Lyon, lorsque la débâcle eut cessé, couronnèrent de lauriers un poteau placé au milieu du pont, & y placèrent cette inscription :

Impavidum ferient ruinæ.

(2) Sur l'une des tours de ce pont, du côté de la ville, à droite, est une ancienne inscription gothique absolument indéchiffrable, mais que *Papire Masson*, dans sa Description des fleuves de France, a conservée; elle prouve que le Pape *Innocent IV* contribua beaucoup à la construction de ce pont, pendant les six années de séjour qu'il fit à Lyon. On y trouve un éloge de ce Pontife, accompagné de ce jeu de mots: *Pontem*

Partie VI. R

droite ligne, & forme un angle à peu près vers son milieu. Lors de la construction de ce pont, il étoit si étroit, qu'il n'y pouvoit passer qu'une seule voiture. Depuis, on a été obligé, pour rendre la route plus large, de bâtir, dans toute la longueur, un nouveau pont adossé à l'ancien, & serré l'un contre l'autre avec des liens de fer. Une autre singularité de ce pont mérite d'être rapportée. Les arches n'étant point assez larges, il se formoit des atterrissemens qui gênoient beaucoup la navigation. Il y a environ un siècle qu'un Architecte parvint à abattre une pile, & de deux arches il n'en fit qu'une.

Le quai du Rhône présente l'aspect le plus imposant; il est large, bordé de trottoirs, & orné de magnifiques édifices. Si l'on porte la vue du côté d'aval, le cours rapide du Rhône, chargé de bateaux, de moulins flottans; la beauté des maisons qui le bordent; le pont de la Guillotière; le mouvement continuel que produit le commerce de cette grande ville, offrent le tableau le plus animé & le plus intéressant. La partie du quai, prolongée d'une demi-lieue environ par les *travaux de Perrache*, est plantée de peupliers d'Italie & forme, au tableau, un fond aussi riant que magnifique.

---

petrarum construxit pons animarum, c'est-à-dire, celui qui est le pont des ames a construit un pont de pierres. Environ cinquante années avant la construction de ce pont en pierres, il en existoit un en bois, qui se rompit lorsque *Philippe Auguste & Richard* Roi d'Angleterre passèrent dessus avec une grande partie de l'armée des *Croisés* : plusieurs personnes y périrent.

Travaux de Perrache; c'est ainsi qu'on nomme à Lyon les travaux projetés, & en partie exécutés par le sieur *Perrache*, qui ont éloigné le confluent du Rhône & de la Saône d'environ onze cents toises, & ont procuré à la ville, resserrée de tous côtés par deux rivières & deux montagnes, une immense surface de terrein. Ce projet, qui embellit la ville en obviant à une infinité d'inconvéniens, fut proposé, en 1769, par le sieur *Perrache*, à l'administration municipale, qui ne crut pas devoir en entreprendre l'exécution; une compagnie s'en chargea, & obtint pour cet objet, le 13 octobre 1770, des lettres patentes du Roi.

Un des travaux les plus importans de cette entreprise, étoit le nouveau lit qu'il falloit pratiquer au Rhône, & les chaussées qui devoient contenir ses eaux. Ces chaussées sont faites depuis plusieurs années. Celle qui est du côté de la ville est magnifique; elle sert de prolongement au quai du Rhône, & s'étend depuis l'ancien quai de la Charité jusqu'à la *Mulatière*, ce qui forme une ligne droite de près de quinze cents toises. A l'extrémité, & au confluent des deux rivières, doit être un pont nommé *Pont de Perrache* ou *de la Mulatière*, pour communiquer à la route du Languedoc; ce pont étoit fini, mais quelques années après, le 28 avril 1783, il a été emporté par les débordemens; on s'occupe aujourd'hui à le reconstruire en bois.

Sur le local qu'occupoit le bras du *Rhône*, qu'on a supprimé, il sera pratiqué un grand bassin demi-circulaire, qui limitera le nouveau quartier projeté au midi de la ville, procurera une communication commode & assurée d'une rivière à l'autre, servira de garre pour les bateaux, & offrira un emplacement propre à donner des fêtes publiques sur l'eau.

Entre cette garre & la ville, sera l'emplacement du nouveau quartier, au milieu duquel sera une place carrée, où l'on s'étoit proposé de placer la statue de Louis XV.

Dans ce projet il entre la construction de plusieurs ponts & de plusieurs autres édifices publics.

Ponts de la Saône. Sur cette rivière on compte cinq ponts, dont jusqu'à présent il n'en est qu'un en pierre.

Le pont Serein doit son nom au faubourg qui l'avoisine ; il est le premier de la ville du côté d'amont & du côté de la route de Paris. Le 17 janvier 1789, ce pont, qui étoit en bois, qui avoit sept arches & environ trois cents pieds de longueur, lors du dégel qui succéda au rigoureux hiver de cette année, a été presque entièrement renversé par les glaces énormes, amoncelées au dessus ; il ne resta que les deux arches voisines des bords.

Ce pont est d'une utilité absolue, & l'on s'occupe à le reconstruire.

Le pont Saint-Vincent est aussi en bois, & n'a que trois arches dont la construction est admirable par leur hardiesse ; il fut rétabli il y a quelques années. Lors de la chûte du pont Serein, en 1789, on craignit que ses débris n'entraînassent le pont *Saint-Vincent* ; mais les arches de celui-ci étant fort larges, toute la charpente du pont renversé passa dessous, sans l'endommager.

Le Pont de pierre, ainsi nommé à cause de sa construction en pierres, est très-étroit; il est composé de quatre arches.

Le Pont de l'archevêché a été démoli en 1779; il étoit en bois, & on s'occupe à le reconstruire en pierres.

Le pont d'Ainai doit son nom à l'église d'une ancienne abbaye qui est dans le voisinage. Ce pont est un de ceux qui entrent dans le projet de *Perrache*.

La Manécanterie, située près de la cathédrale, est un édifice considérable, appartenant au chapitre de Lyon, & dont la construction n'est point achevée. M. *Décrenice* en a fourni les dessins. Les figures & les bas-reliefs sont de *Blaise*. On remarque, dans l'intérieur, les deux grands escaliers, dont la forme est hardie ; la Salle capitulaire & la Bibliothèque. Tous les étages en sont voûtés, & le comble est formé de voûtes en briques, recouvertes en lames de cuivre. Cette construction est à la fois solide, & à l'abri des incendies.

Le Palais archiépiscopal est adossé à l'église cathédrale, du côté de la rivière, & est réunie à la *Manécanterie* par une superbe grille de fer, exécutée sur les dessins de M. *Morand*. Les deux grands portails qu'on voit dans la cour, décorés de colonnes doriques, ont été exécutés sous le Cardinal *de Tencin*, d'après les dessins de M. *Soufflot*.

La Cathédrale, sous le titre de *Saint-Jean*, est en même temps église primatiale & métro-

R iij

politaine. Son chapitre est un des plus titrés de l'Europe ; le Roi en est le premier Chanoine ; chaque Chanoine prend le titre de *Comte*, est décoré d'un ruban rouge & bleu auquel pend une croix émaillée. C'est aux usurpations d'*Héraclius de Montboissier*, Archevêque de Lyon, & à celles de ses successeurs, que ces Chanoines doivent ce titre ridicule. Les habitans de Lyon ne pouvant plus supporter le joug de fer des Prélats de cette ville, dont les usurpations, les perfidies, & les violences alloient chaque jour en croissant, se mirent sous la sauve-garde du Roi de France. Philippe-le-Bel rétablit les Lyonnois dans leur ancienne liberté, ôta au Prélat la seigneurie de la ville dont il avoit si tyraniquement abusé ; & pour calmer sa colère, lui laissa, en 1310, le titre de *Comte*; titre aussi vain qu'incohérent avec le titre de Prêtre chrétien, avec l'humilité évangélique, & qui porte entierement le caractère de l'orgueil féodal & point du tout celui de Prêtre catholique (1).

―――――――――――――――

(1) Outre les cabales honteuses & les intrigues auxquelles se livroit le noble qui prétendoit à la dignité de *Comte de Lyon*, il lui falloit encore prouver, d'une manière incontestable, qu'il avoit des aïeux vivans dans des temps barbares, dans le quatorzième siècle, & c'est-là la principale vertu qui étoit d'obligation.

Ces Chanoines, comme de *très-hauts* & *très-puissans* Seigneurs, prétendoient avoir le droit de coucher, la première nuit des noces, avec les jeunes épousées de leurs *serfs* ou *hommes de corps*. Ce droit étoit, du temps de la féodalité, fort en usage ; plusieurs Seigneurs, laïques, Prêtres ou Moines, n'oublioient pas de le percevoir. Voyez tome III, pag. 28 de cet Ouvrage.

Ce ne fut qu'après des contestations aussi longues que scandaleuses, que le chapitre partagea avec l'Archevêque le titre de Comte. Depuis cette époque, ou à peu près, les Chanoines n'ont plus voulu recevoir parmi eux aucun Candidat qui ne fût noble de huit quartiers;

Le droit de coucher avec les nouvelles épousées n'étoit pas le seul droit scandaleux que possédoient ces nobles Chanoines; ils avoient aussi celui de ne point adorer Dieu comme les autres. Ils étoient trop nobles pour se prosterner devant l'Etre suprême de la même manière que le faisoient les Prêtres vulgaires & la *canaille chrétienne*; ils ne s'agenouilloient point lors de l'élévation du Saint-Sacrement à la messe, ils se contentoient d'appuyer un genou sur une stalle. Cette conduite insolente révolta *Théodore de Vichi de Champrond*, Doyen du Chapitre. Il en porta ses plaintes, en 1555, à la Sorbonne, qui, dans sa censure, traita cet usage d'*arrogant*, d'*impie*, de *schismatiques*, de *scandaleux*, &c. Les Chanoines se plaignirent de ce qu'on attentoit à leurs droits. Le Roi nomma des Commissaires, du nombre desquels étoient les Cardinaux de Lorraine & de Tournon, qui jugèrent cette censure de la Sorbonne *attentatoire aux droits du Chapitre*, & ce jugement ridicule fut confirmé par un arrêt du conseil du 23 août 1555. Ainsi, le culte divin parut moins respectable à ces Cardinaux, que les usages du noble chapitre, & la noblesse l'emporta sur la Divinité. Louis XIV étant à Lyon, & assistant à la messe dans l'église de Saint-Jean, remarqua que les Chanoines demeuroient debout ou appuyés sur leurs stalles pendant l'élévation, tandis que lui même, qui étoit plus noble qu'eux, fléchissoit les deux genoux; il en témoigna sa surprise. Les Chanoines, qui avoient bravé l'usage général, les censures de la Sorbonne, la raison & la religion même, n'osèrent pas contrarier l'opinion du Monarque; le désir de paroître courtisans eut plus d'empire sur leurs esprits, que n'en avoient eu les lois les plus sacrées.

c'est une règle de laquelle les Chanoines ne se sont jamais relâchés. Le Duc de *Berri*, frère du Roi, qui eut la bonhomie d'envier l'honneur d'être Chanoine de Lyon, fut obligé de faire authentiquement ses preuves de noblesse. Ces Chanoines, dont la noblesse a toujours surpassé la raison, se glorifient beaucoup de la réception de ce Prince, ils en conservent précieusement l'acte dans leurs archives, où il est dit en mauvais latin, que le *benoit Prince* fit son entrée dans l'église, l'aumusse au bras & le froc en tête. *Venit cum frochia, & aumucia admodum canonicorum.*

Un Doyen, un Archidiacre, un Préchanteur, un Chantre, un Chamarier, un grand Sacristain, un grand Custode & un Prévôt, sont les huit dignitaires de ce chapitre. Viennent ensuite le Maître du chœur & vingt-trois *Chanoines-Comtes*; puis suivent plusieurs subalternes qui ne sont faits que pour *louer Dieu*.

Cette église, dans son origine, n'étoit qu'un simple baptistère dépendant de l'église de *Saint-Etienne*, ancienne cathédrale. Vers le dixième siècle elle reçut le titre de métropolitaine, & fut, dans le douzième siècle, reconstruite sur un plan plus vaste & plus conforme à son nouveau titre. L'architecture du sanctuaire & de la croisée paroît très-ancienne; mais celle de la nef semble plus moderne, & a le caractère du douzième ou du treizième siècle.

Le portail, qui n'a été achevé que sous le règne de Louis XI, est chargé d'une infinité de figures; la construction générale de cet édifice n'a ni l'élégance ni la légèreté des autres monumens de ce genre. Quatre grosses tours carrées flanquent l'extérieur; l'intérieur est soutenu par seize piliers fort solides. En entrant par la porte du milieu, on voit, à droite, la statue en marbre de Saint-Jean-Baptiste, que l'on attribue au ciseau de *Germain Pilon*, un des plus célèbres Sculpteurs que la France ait produits.

Le jubé est d'une architecture moderne, orné de colonnes corinthiennes & de bas-reliefs en marbre. Au dessus est un grand Christ en bois peint, qui est, à ce qu'on croit, un ouvrage du célèbre *Germain Pilon*.

Le chœur est décoré de marbres compartis. Sur le maître-autel on remarque, à ses deux extrémités, deux croix qui sont un monument de la réunion des églises Grecque & Latine, qui eut lieu dant cette cathédrale, en 1274, au second Concile écuménique de Lyon.

La crédence, ou petit buffet sur lequel on place les burettes, qu'on voit dans le sanctuaire, est de marbre blanc. Le Père Ménétrier, qui l'a fait graver dans son Histoire, pense que c'est un monument antique sur lequel on recevoit les vœux publics faits aux Empereurs.

On montre, dans le sanctuaire, un fauteuil de pierre sur lequel on dit que le Pape *Sixte-Quint* s'étoit assis lorsqu'il vint bénir l'autel; c'est peut-être *Innocent IV* dont on veut parler, qui, en 1247, bénit en effet ce maître autel. Quoi qu'il en soit, ce fauteuil est curieux par son ancienneté.

La chaire archiépiscopale est adossée à l'extrémité du chœur, derrière le maître-autel. On y monte par un degré de trois marches; elle est fort étroite, & renfermée entre deux grandes pierres revêtues, sur le devant, de deux lames de marbres vert antique. Derrière ce trône primatial, s'élève, à la hauteur de quatre pieds, un pilastre de brèche d'Egypte, enrichi d'or, de pierres précieuses, & d'ornemens en rinceaux.

Les chapelles des bas-côtés sont des hors-d'œuvres qui ont été bâtis, en différentes temps, par des Archevêques ou Chanoines de cette église. La première de ces chapelles qu'on trouve à droite en entrant, est nommée *la chapelle de Bourbon*; c'est un monument gothique du quinzième siècle. L'architecture & la sculpture ont toutes les mignardises du riche gothique de ce temps-là. On y voit des morceaux de sculpture d'une délicatesse admirable. Il semble que *Charles de Bourbon*, Cardinal & Archevêque de Lyon, qui l'a fait construire, ait voulu lutter dans cet ouvrage gothique avec le genre grec qui commençoit alors à fleurir en France. On y remarque, dans divers endroits, la devise de ce Cardinal, avec ces mots: *N'espoir ne peur*, & celle de *Pierre Bourbon* son frère, qui fit achever cette chapelle. C'est un cerf aîlé, avec les mêmes paroles, *N'espoir ne peur*, & son chiffre, formé d'un P & d'un A, qui signifie *Pierre*, & *Anne* de France sa femme. Les chardons qui accompagnent ce chiffre, offrent un misérable *rébus* qui atteste solennellement le mauvais goût du quinzième siècle; il exprime *cher don*, pour témoigner que le

Roi Louis XI lui avoit fait un cher don en lui donnant sa fille en mariage.

Le tableau de l'autel représente la Cène; il est bien peint, & semble de l'école Italienne.

On y voit aussi le tombeau, en marbre blanc, du Cardinal *Charles de Bourbon*, qui a fait construire cette chapelle, & qui mourut à Lyon en 1278.

Une inscription qui est à côté de l'autel, annonce que le cœur d'*Alphonse de Richelieu*, Archevêque de Lyon, & frère du fameux Cardinal de ce nom, a été déposé dans cette chapelle.

La seconde chapelle à droite est celle du sépulcre; on y voit Jésus mis au tombeau, par *Stella*; on attribue aussi ce tableau à *Perin del Vague*, élève de Raphaël.

Dans la chapelle de la Madelaine, qui est à droite de la croisée, est un tableau de *Perrier* le neveu.

La première chapelle des bas-côtés à gauche offre un tableau qui représente la Sainte-Vierge, Saint-Jean-Baptiste, Saint-Antoine, & un Chanoine à genoux; il est peint par *le Blanc*.

Dans la croisée, & du côté gauche, on voit la célèbre *horloge* de cette église. Les soldats Calvinistes qui pillèrent la ville en 1562, l'endommagèrent beaucoup; elle fut rétablie, en 1598, par Nicolas *Lippius*, Mathématicien de Bâle, qui n'étoit âgé que de trente-deux ans. Elle a été ensuite entièrement refaite, & fort augmentée, en 1660, par *Guillaume Nourisson*, très-habile Horloger de Lyon, natif d'*Ambert* en Auvergne. Enfin cette horloge, dont le jeu étoit depuis long-temps interrompu, a été de nouveau refaite, en 1782, par *Pierre Charmy*, Horloger, natif de Lyon, qui l'a augmentée de différentes pièces très-curieuses.

Cette horloge a la forme d'une tour carrée, terminée par un dôme, au dessus duquel est un coq artificiel, qui annonce l'heure en battant des aîles & en chantant trois fois. Sur un petit balcon qui couronne le dôme, est une figure de Suisse, qui, aussi-tôt que le carillon commence, marche lentement en s'approchant de la cloche, prend un marteau & frappe l'heure en tournant la tête à chaque coup; puis il se retourne, achève de parcourir le tour du dôme, & va se rendre, à pas redoublés, à son poste, où il demeure jusqu'à l'heure suivante.

Dans le dôme sont plusieurs cloches qui forment un carillon harmonieux, & sonnent l'hymne de Saint-Jean; en même temps plusieurs figures paroissent & représentent le mystère de l'Annonciation. Chaque jour de la semaine est désigné par la figure du Saint ou du mystère auquel ce jour est particulièrement consacré, & ces figures paroissent successivement dans une niche où elles se remplacent tous les jours à minuit.

Le cadran marque le lever & le coucher du soleil, les douze signes du zodiaque, les cours & phases de la lune. Au dessus de ce cadran, sont deux figures, dont l'une bat la mesure lorsque le carillon joue; l'autre, à chaque heure, tourne un sablier, & fait un mouvement de la tête pour le regarder.

Les minutes sont marquées sur un cadran de figure elliptique que parcourent les extrémités d'une aiguille, & dont elle suit exactement la forme en se raccourcissant de cinq pouces lorsqu'elle est sur le petit diamètre de l'ellipse.

Au milieu de ce cadran elliptique, est une figure immobile du soleil.

Le calendrier qu'on voit à hauteur d'homme, est civil & ecclésiastique.

Cette horloge est de plus à répétition, & tout son mécanisme joue à volonté.

A côté de l'église de Saint-Jean, sont deux autres églises, *Saint-Etienne*, qui est la plus ancienne des trois, & *Sainte-Croix*, qui est l'église paroissiale.

L'église de Saint - Etienne fut bâtie par Patient, Archevêque de Lyon, qui vivoit dans le cinquième siècle, & qui, à ce qu'on croit, y déposa des reliques du martyr dont elle porte le nom ; l'église de *Saint-Jean*, dont elle dépend aujourd'hui, dépendoit d'elle autrefois. Elle est desservie par un Custode qui a le titre de Sacristain de Saint-Etienne, & par des Ecclésiastiques de l'église de Saint-Jean.

Cette église, quoique petite, est regardée comme la plus illustre & la plus ancienne de celles de Lyon. Aussi-tôt que Saint-Patient l'eut fait bâtir, elle devint la chapelle royale des anciens Rois Bourguignons - Vandales. Vers le commencement du neuvième siècle, sous le règne de Charlemagne, *Leydrade* y transféra le siège métropolitain. Plusieurs Princes comblèrent cette églife de biens, de préfens & de privilèges, *pour la révérence de Dieu & de Saint-Etienne*, eft-il dit dans la plupart des actes qui conftatent ces bienfaits. *Bofon*, Roi d'Arles l'enrichit de fon fceptre & de fa couronne ; & *Berthe*, petite-fille de Louis le Débonnaire, d'une nappe travaillée de fes mains, & fur laquelle elle broda une infcription compofée de feize vers latins, où l'on trouve quelques lumières fur l'opinion qu'on avoit alors de l'Euchariftie.

Cette églife eft faite en forme de croix. Les deux veftibules qui précèdent la nef, étoient deftinés aux Catéchumènes qu'on n'avoit point encore admis dans l'intérieur de l'églife. C'étoit la forme ordinaire des premières églifes des chrétiens. Dans le premier veftibule, font deux infcriptions antiques fort curieufes, rapportées dans l'Hiftoire de Lyon, du Père Méneftrier. On voit auffi, dans cette églife, des reftes d'un pavé en mofaïque, & un accoudoir de l'ancienne chaire archiépifcopale, fait en forme de bras, dont la main tient un caillou, pour défigner le martyr de Saint-Etienne.

Les peintures des vitraux, qui repréfentent le martyr de Saint-Etienne, font dignes d'être obfervées ; elles ont été faites au quinzième fiècle, fous l'archiépifcopat d'*Amédée de Talaru*.

L'*Eglife de Sainte-Croix*, qui eft unie à l'églife de Saint-Jean, dont elle fait partie, eft la première paroiffe de la ville. Elle fut d'abord fondée par *Saint-Arige*, & puis détruite par les Sarrazins. L'Archevêque *Leydrade* la fit reconftruire, & en 1458, elle fut rebâtie telle qu'elle existe aujourd'hui. Elle est desservie par deux Curés, qualifiés de *Custodes-Curés de Sainte-Croix* en l'église de Lyon, & par quatre Vicaires habitués en ladite église.

Le sanctuaire est décoré de six tableaux, dont les sujets relatifs à la croix sont tirés de l'Ancien Testament, du Nouveau, & de l'Histoire Ecclésiastique. Ces tableaux sont, le Serpent d'airain, peint par *Frontier*; Isaac portant le bois de son sacrifice, par *Duflos*; Jésus portant sa croix & Jésus crucifié sont deux tableaux de *Kraus*, Peintre Allemand; l'Invention de la croix est de M. *Pierre*; l'Exaltation de la croix de M. *Restout*.

Au dessus de la porte de l'église, on voit encore le sujet de l'Invention de la croix, peint par *Ferdinand de la Monce*.

Le fond du sanctuaire offre un morceau de sculpture en stuc, représentant la Croix dans sa gloire, accompagnée de Chérubins; il a été exécuté par *Chabri le fils*, sur les desseins de *Ferdinand de la Monce*; ce dernier Artiste a fourni les desseins de la boiserie & de la clôture du chœur.

Au fond des bas-côtés, près de la grande porte, sont les statues de la Vierge & de Saint-Christophe, sculptées par *Bidault*.

La chaire à prêcher, qui a été exécutée en 1776, sur les desseins de M. *Clément*, représente une tribune aux harangues; elle est flanquée de deux rampes & supportée par deux anges avec des Génies qui soutiennent une draperie; elle est ornée de bas-reliefs, & surmontée d'un abat-voix chargé d'un groupe de cinq enfans offrant le triomphe de la Croix.

Cette chaire, dont la forme rappelle un peu celle de Saint-Sulpice à Paris, est aussi riche, mais infiniment mieux composée.

Dans une chapelle qui est au côté gauche du chœur, est le tombeau de *François de Mandelot*, Gouverneur de Lyon sous les règnes de Charles IX & d'Henri III. Tant qu'il vécu, Lyon fut constamment soumis à son Roi, & la Ligue ne put y faire des progrès; il mourut, en 1588, âgé de cinquante-neuf ans.

Saint-Just est une église paroissiale qui a le titre de première collégiale de la ville; elle est située dans le quartier & sur la montagne de Fourvière.

Cette église n'étoit, dans son origine, qu'une crypte ou chapelle souterraine, que *Zacharie*, troisième Evêque de Lyon, avoit fait bâtir dès le commencement du troisième siècle. Cet Evêque y recueillit les reliques de Saint-Irénée & de ses compagnons, martyrisés à Lyon, & auxquels on donna le nom déjà sanctifié de *Macchabées*. *Saint-Patient*, dans le siècle suivant, y fit bâtir une église beaucoup plus vaste, & dont la magnificence est exhaltée peut-être jusqu'à l'hyperbole, dans des vers de *Sidoine Apollinaire*: elle fut alors dédiée à *Saint-Just*. En 1562, les Calvinistes ayant pris Lyon, détruisirent cette église. Elle fut reconstruite, en 1662, dans l'enceinte de la ville; la nef & le portail furent rebâtis en 1703.

Le chapitre est composé de deux dignitaires & de dix-huit Chanoines. Le premier dignitaire, qualifié de *grand Obédiencier*, est l'orateur né du clergé de Lyon; en cette qualité, il porte la parole à l'entrée des Rois, des Papes & de leurs Légats.

Le portail de cette église a été élevé sur les desseins de *Ferdinand de la Monce*; il est composé de quatre grands pilastres ioniques accouplés & cannelés. Au dessus de cette ordonnance est un fronton au tympan duquel est le *Jehova* dans une gloire.

Le sanctuaire est décoré de sept tableaux qui représentent différens traits de la vie de *Saint-Just*; ils ont été peints par *Jean Ruel*. Les deux autels qui sont sous le jubé, offrent chacun un tableau, dont l'un représente le martyre de Saint-Irenée, & l'autre le trépas de *Saint-Just;* ils sont de *Blanchet*.

Le Pape Innocent IV, pendant le long séjour qu'il fit à Lyon, habita dans le cloître de cette église, qui n'existe plus. Il fit des dons considérables au chapitre, & le gratifia de la *rose d'or* que les Papes ont accoutumé de bénir avec cérémonie le quatrième dimanche de carême, & d'offrir solennellement à des têtes couronnées. Cette rose d'or est conservée dans le trésor du chapitre; elle est enrichie d'une cornaline antique, qui offre la tête d'*Hercule*.

Le 14 novembre, 1305, le Pape Clément V fut solennellement couronné dans l'église de Saint-Just par le Cardinal *Mathieu Rosso* des Ursins, en présence du Roi *Philippe le Bel*, de *Charles*, Comte de Valois, de *Louis*, Comte d'Evreux, ses frères; de *Jean*, Duc de Bretagne, & de la plus illustre noblesse de France & d'Italie, qui avoit été mandée pour assister à ce couronnement. Cette pompeuse

Partie VI.

cérémonie fut suivie d'un événement funeste, duquel les superstitieux tirèrent de sinistres conjectures.

Le Pape, après son couronnement, s'en retournoit au palais archiépiscopal, où il étoit logé; le Roi de France, à l'exemple des Empereurs, marchoit à pied, tenant dévotement la bride de la mule du Pape. Le cortège étant arrivé dans la rue du Gourguillon, un vieux mur, sur lequel plusieurs personnes étoient montées, s'écroula tout à coup dans le moment où le Pape passoit auprès. Le Duc de Valois fut blessé dangereusement; le Duc de Bretagne fut accablé sous les ruines, &, en ayant été retiré tout froissé, il mourut peu de jours après. Le Pape lui-même fut renversé, & sa thiare étant tombée, il s'en détacha un rubis estimé six mille florins d'or, qu'on crut perdu, mais qui fut retrouvé. *Gaillard de Got*, frère du Pape, fut écrasé. Cet événement funeste n'empêcha point Clément V d'être Pape, & d'être un des plus avares, des plus débauchés qui aient jamais occupé le Saint Siège. Il fut le premier qui retint la première année du revenu des bénéfices vacans; il vendoit ouvertement les abbayes & les évêchés; enfin dans le voyage qu'il fit de Lyon à Bordeaux, ce Saint-Père pilloit les églises & les riches monastères qui étoient sur sa route. La Comtesse du *Périgord* étoit reconnue publiquement pour la maîtresse de Sa Sainteté.

L'Eglise paroissiale de Saint-Paul est annexée à celle de Saint-Laurent qui en est voisine; elle fut bâtie, vers la fin du sixième siècle, par *Saint-Sacerdos*, Archevêque de Lyon, & réparée, en 802, par l'Archevêque *Leidrade* (1).

L'Eglise de Saint-Laurent étoit une ancienne chapelle que M. *Mascranni* contribua, en 1639, à faire reconstruire.

Le célèbre *Gerson*, Chancelier de l'Université de Paris, fut enterré dans l'église de Saint-Laurent; son tombeau, long-temps ignoré, a été découvert en 1643; sur ce tombeau on voit cette épitaphe en style barbare:

SURSUM CORDA.

Magnum parva tenet virtutibus urna Joannem,
Præcelsum meritis, Joannem cognomine dictum,
Parisiis sacræ Professor Theologiæ.
Claruit ecclesiæ qui cancellarius. Anno
Milleno Domini, centum quater atque viceno
Nono; luce petit superos Julii duodenâ.

Pœ**NITEMINI ET CREDITE EVANGELIO.**

Jean Charlier étoit surnommé *Gerson*, du

---

(1) Suivant une ancienne tradition, *Saint-Sacerdos* ne put point lui-même consacrer cette église. Les ordres du Roi *Childebert*, & la maladie dont il mourut, le retinrent à Paris; mais Jésus-Christ vint, dit-on, exprès, accompagné de tous ses Anges, pour célébrer la cérémonie de la consécration de l'église. La plupart des Historiens Lyonnois rapportent cette merveille comme une vérité, & en conséquence on célèbre tous les ans, le 12 septembre, dans l'église de S. Paul, la fête de la miraculeuse consécration. Cette église n'est pas la seule en France qui se vante d'une pareille illustration. *Voyez* tom. 3, pag. 101.

nom d'un village du diocèse de Rheims, où il vit le jour en 1363. Le Duc de Bourgogne ayant fait assassiner le Duc d'Orléans en 1407, paya un Cordelier, nommé *Jean Petit*, pour faire l'apologie de son crime. *Gerson* fit condamner la doctrine du Moine par la Sorbonne. Etant envoyé au concile de Constance en qualité d'Ambassadeur de France, il fit anathématiser l'erreur de *Jean Petit*. Le Duc de Bourgogne, contrarié en cela par *Gerson*, jura sa perte. Ce savant n'osa plus revenir en France. Après avoir erré en Allemagne, déguisé en Pélerin, il se retira à Lyon, au couvent des Célestins, dont son frère, nommé comme lui *Jean Charlier*, étoit Prieur. Puis, ayant moins à craindre de son ennemi, il fixa sa demeure dans l'ancien cloître de l'église de Saint-Paul, qui est voisine de celle de Saint-Laurent, & il y mourut le 12 juillet 1429. Il a composé plusieurs ouvrages qui ont été recueillis en cinq volumes in-folio; on lui attribue l'*Imitation de Jésus-Christ*. Quoiqu'il ne fût pas canonisé, le peuple venoit prier à son tombeau, comme à celui d'un Saint; on lui avoit même érigé un autel: mais cette ferveur s'amortit tout à coup, le Saint fut oublié, ses ouvrages ne le furent pas aussi-tôt; mais ils le sont aujourd'hui.

Le tableau du maître-autel de l'église de *Saint-Laurent*, qui représente Notre-Seigneur mort, avec la Vierge & les Anges, est de *le Brun*. Sur l'autel qui est à côté du tombeau de *Grison*, on voit les figures de Saint-Roch & de Saint-Sébastien, sculptées par *Simon*,

L'Eglise de Saint-Paul offre, dans la chapelle des Sept Dons, un groupe de bois doré, sculpté par *Gaspard Regnier*, Lyonnois. Dans une chapelle à droite, qui conduit à la sacristie, est un tableau qui représente le trépas de Saint-Joseph, peint par *Jean Ruel*. Celui de la seconde chapelle de la croisée, du même côté droit, qui représente une Vierge assise avec l'Enfant Jésus, est du célèbre *le Guerchin*; celui de la chapelle du crucifix, qui est vis-à-vis, est de *Dassier*.

A l'entrée du cloître, vis-à-vis de la porte de la sacristie, est un bas-relief en marbre blanc, qui offre la figure du Comte *Richard* à genoux, présenté à Notre-Seigneur par Saint-Paul, avec des inscriptions en vers (1).

L'Eglise paroissiale & collégiale de Fourvière, sous le vocable de Saint-Thomas de Cantorbéri, est fort ancienne. Le chapitre fut fondé en 1193. Sur l'autel sont placés des Anges de bois doré, sculptés par *Simon*; le médaillon de M. *Charré* est de *Perrache fils*.

De la plate-forme de cette église on découvre toute la ville de Lyon, le confluent du

---

(1) Ce Comte *Richard*, auquel on a élevé un monument si remarquable, est inconnu des Historiens du Lyonnois; tout ce qu'on a pu découvrir, c'est qu'il existoit au neuvième siècle, & qu'il fit bâtir, à ses dépens, l'ancien cloître de Saint-Paul, après que l'Archevêque *Leydrade* eut fait réparer l'église par ordre de l'Empereur Charlemagne; mais n'auroit-on pas fait par corruption, *Richard* du nom de *Girard*, qui est celui qu'ont porté plusieurs Comtes du Lyonnois?

Rhône & de la Saône, le Dauphiné & les Alpes ; enfin une vue vaste & magnifique.

Saint-Irenée est une église collégiale & paroissiale, située sur une éminence qui est au sud de la montagne de Fourvière, & dans le faubourg appelé *Saint-Irénée*. On croit que cette église est la plus ancienne de la ville de Lyon ; elle fut bâtie sur les tombeaux de quelques chrétiens martyrisés lors de la persécution de Lyon ; elle n'étoit, dans l'origine, qu'une chapelle souterraine, dédiée à S.-Irénée, qui, sous l'Empereur Sévère, y souffrit le martyre, avec dix-neuf mille chrétiens ; elle lui fut ensuite consacrée. Cette église étoit magnifique ; mais, en 1562, les soldats Calvinistes qui s'étoient emparés de Lyon, la ravagèrent. Elle est aujourd'hui desservie par des Chanoines Réguliers de l'ordre de Saint-Augustin, de la Congrégation de France, qui, en 1702, ont remplacé d'autre Chanoines non réformés du même ordre.

On voit dans cette église plusieurs restes de l'ancien pavé en mosaïque. Une inscription en huit mauvais vers latins, dans lesquels il est parlé des dix-neuf mille martyrs, faisoit partie de ce pavé ; elle a été conservée, & transcrite en lettres d'or sur la porte de l'église.

La maison de la communauté est moderne ; elle a été commencée, en 1748, sur les desseins de M. *Loyer*. Dans la grande salle, on voit plusieurs tableaux dont les sujets sont tirés de l'Ancien Testament ; ils ont été peints par MM. *Nonnotte, Frontier, Brenet*, &c.

Près de cette maison, & hors de la porte Saint-Irénée, est un reste d'*aquéduc antique*, qu'on croit avoir été construit par *Marc-Antoine*. On présume aussi que le nom d'une porte voisine, appelée *Trion*, vient de celui de ce *Triumvir*. Ces restes consistent en six arcades, dont quelques-unes sont entières. Cette construction, curieuse par sa grande antiquité, est aussi remarquable par une singularité dont je ne connois pas d'exemple ; les pierres ne sont point des parallélipipèdes posés horisontalement, mais des cubes posés sur leur angle, & dont chaque face extérieure présente autant de lozanges.

L'étendue de cet aquéduc étoit de sept lieues ; il commençoit près de Saint-Etienne en Forez, à la rivière de Furan, & conduisoit l'eau de cette rivière jusqu'aux portes de Lyon. On voit plusieurs parties de cet aquéduc en différens endroits, à *Sainte-Foy*, à *Francheville*, & à *Chaponost*, où il existe plusieurs suites d'arcades.

Dans une vigne des Religieuses Ursulines, près de Saint-Just, est un réservoir antique très-bien conservé. L'édifice est formé par une triple enceinte, percée de portiques. Il a quarante-neuf pieds de longueur, sur quarante-cinq de large ; le peuple appelle cette antiquité *la grotte Berelle*. On attribue ce monument, de même que l'aquéduc, au Triumvir *Marc-Antoine* ; ainsi ces restes qui ont plus de dix-huit cents ans d'ancienneté, ont échappé au fameux incendie de Lyon qui arriva sous le règne de Néron.

Près de là est le couvent des *Minimes*, qui furent établis, en 1550, par *Théodore de Vichi de Champron*. En 1758, il se tint dans cette maison un chapitre général pour la nomination du Général de l'ordre.

Dans les vignes de cette maison, on voit les ruines d'un théâtre antique, dont le plan est demi-circulaire; ces restes sont peu considérables. L'arène de ce théâtre fut, suivant Eusebe, arrosée du sang des premiers Chrétiens martyrisés à Lyon.

Nous donnerons ci-après de plus amples détails sur cette église, en parlant des Couvents de Lyon.

C'est sur cette montagne de *Fourvière*, où fut bâtie, sous l'empire d'Auguste, la première ville de Lyon, qui devint ensuite la proie des flammes, que se trouvent tous ces monumens, & que l'on a découvert une infinité d'autres antiquités. Nous ne parlerons ici que du tombeau *des deux Amans*, & d'un autel antique sur lequel se faisoit le sacrifice du *Taurobole*.

Le tombeau des deux amans étoit un monument isolé, curieux par sa forme simple, solide & belle. Le plan en étoit carré. Sur un vaste piédestal s'élevoient quatre pilastres qui supportoient un entablement, couronné de deux côtés par un fronton. L'entrepilastre d'une des faces étoit muré, les autres trois faces étoient ouvertes. Ce monument ne portant aucune inscription & la tradition seule lui ayant conservé le nom des *deux Amans*, les Savans se sont épuisés en conjectures sur son origine. *Paradin* croit que ce fut le tombeau d'*Hérode* & d'*Hérodias*. *De Ruby*, en se moquant de la conjecture de Paradin, en donne une qui n'est pas mieux fondée; il dit que ce tombeau est celui de deux époux chrétiens qui vécurent ensemble dans une continence perpétuelle. Il confond ces amans de Lyon, avec *les amans de Clermont*, dont Grégoire de Tours nous a conservé l'Histoire très-détaillée, & dont nous avons parlé à l'article *Clermont*, tome V, pag. 212. On a cru aussi que c'étoit le tombeau de deux affranchis qui avoient eu pour maîtres deux Prêtres d'Auguste, & qui portoient l'un & l'autre le nom d'*Amandus*. On appuyoit cette vague conjecture sur une inscription antique, trouvée dans le voisinage; enfin une autre inscription qui porte ces mots :

ARVESCUS AMANDUS. FRATER. SORORI KARISSIMAE. SIBIQUE AMANTISSIMAE.

a fait croire, avec un peu plus de fondement, que ce tombeau étoit celui d'un frère & d'une sœur qui portoient tous les deux le nom d'*Amandus*, & qui se chérissoient tendrement.

On crut trouver quelques éclaircissemens dans les fondemens de cet édifice; & malgré les représentations de quelques Savans zélés, on ne craignit pas, en 1707, de le démolir. Cette destruction a produit la perte d'un monument précieux, sans offrir aucun des renseignemens qu'on en attendoit ; c'est vraiment le cas de celui qui tua la poule aux œufs d'or (1).

---

(1) Le tombeau des deux amans étoit autrefois une

L'autel antique, destiné aux sacrifices du *Taurobole*, fut trouvé à Lyon en 1705, sur la montagne de Fourvière; il est d'une seule pièce; sa forme est celle d'un piédestal carré, avec base & corniche; il a environ quatre pieds de hauteur, & un pied & demi de largeur. Sur le devant on lit une inscription latine dont les caractères sont d'un beau style & très-bien conservés. Au milieu de l'inscription, on voit, en demi-relief, une tête de taureau couronnée d'une guirlande à grains. Voici la traduction de cette inscription :

« En mémoire du Taurobole fait à l'honneur
» & par l'ordre exprès de la mère des Dieux,
» pour la santé de l'Empereur César *Titus*
» *Ælius Antonin*, auguste, pieux, père de
» la patrie, pour la conservation de ses enfans
» & pour la prospérité de la colonie de Lyon,

espèce d'autel où les amans sincères venoient se jurer un amour éternel. Les amis y venoient aussi resserrer, par un serment authentique, les liens de leur attachement. Dans le roman de l'*Astrée*, on fait dire à *Hilas* : « L'amitié de Périandre & de moi prit cependant un si grand accroissement, que d'ordinaire on nous appeloit les deux amis, & parce que nous désirions de la conserver telle, afin de l'affermir d'avantage, nous allâmes au *sépulcre des deux amans*, qui est hors de la porte, qui a pris son nom de la pierre coupée (*pierre - encise*). Là, nous tenant chacun d'une main, & de l'autre l'un des coins de la tombe, nous fîmes, suivant la coutume du lieu, les sermens réciproques d'une fidelle & parfaite amitié, appelant les ames de ces deux fideles amans pour témoins du serment que nous faisions, &c. ».

» *Lucius Æmilius Carpus, sextum-vir-Au-*
» *gustal* (1), & *Dendrophore* (2), a reçu les
» cornes du taureau, & les a transportées du
» Vatican. Il a consacré à ses dépens cet autel &
» la tête du taureau, par le ministère de *Quin-*
» *tus Sammius secundus*, Prêtre qui a été re-
» vêtu par les *Quinzevirs* (3) du bracelet & de
» la couronne, & à qui le très-saint ordre des
» Lyonnois (4) a conféré le sacerdoce à perpé-
» tuité, sous le consulat d'*Appius Annius*
» *Atilius Bradua*, & de *Titus Clodius*
» *Vibius Varus*. Cette place a été donnée
» par un décret des Décurions ».

Il paroît, d'après les noms des Consuls Romains, que ce monument a été érigé l'an 160 de notre ère.

Sur la face gauche est une tête de belier en demi-relief, couronnée d'une guirlande à grains. Sur le côté droit est un couteau victimaire d'une forme particulière, avec une inscription qui exprime que la cérémonie de minuit a été faite le 9 décembre. Le quatrième, côté qui sans doute étoit appliqué contre un mur, n'est point poli. Le dessus de l'autel offre une excavation

---

(1) Un des six Prêtres du temple consacré à Auguste.

(2) *Dendrophore* signifie *porte-arbre*; c'est celui qui portoit un pin aux processions de Cibèle, à qui cet arbre étoit consacré.

(3) Prêtres qui avoient la garde des livres des Sibylles à Rome.

(4) Cet ordre étoit celui des Décurions.

circulaire en forme de bassin, de la profondeur d'environ deux pouces. C'est là qu'on allumoit le feu qui servoit à brûler l'encens ou quelques parties de la victime.

Ce monument a été l'objet d'une infinité de dissertations savantes. Nous nous bornerons à dire qu'il est le plus singulier, & un des plus anciens que l'on connoisse en ce genre, qu'il est aujourd'hui déposé à l'hôtel-de-ville. Quant à la cérémonie du *Taurobole*, que les anciens regardoient comme une régénération, une espèce de baptême, nous renvoyons les Lecteurs à l'article *Riez* de la première partie de cet Ouvrage, pag. 138 & 139.

Le couvent de l'Antiquaille fut bâti sur les ruines du palais des Empereurs, & c'est à cause de cette situation qu'il est ainsi dénommé. Quelques Religieuses du premier monastère de la Visitation de Sainte-Marie, formèrent, en 1627, un second établissement dans la montée de *Gourguillon*. Trois ans après, elles quittèrent cette demeure, & vinrent loger dans la maison de l'antiquaille où elles sont aujourd'hui. Voyez ci-après *Ursulines*.

Le tableau de l'autel est une Visitation peinte par *Jacques Stella*. Dans la chapelle de S.-François de Sales, on voit un grand ouvrage de sculpture qui représente Saint-François de Sales dans une gloire, & Madame de Chantal; il a été exécuté, en 1752, par *Perrache le fils*. On y montre la prison dans laquelle on prétend que *Saint-Pothin* a été enfermé avec ses compagnons; on y voit aussi deux épitaphes antiques bien conservées.

Nous nous sommes écartés de notre plan pour parler des antiquités les plus remarquables qui sont sur la montagne de *Fourvière* ; nous allons reprendre la marche que nous avons adoptée, & rendre compte des objets, suivant l'ordre de leur importance.

Saint Nizier, église collégiale & paroissiale, est regardée comme une des plus anciennes de Lyon ; elle n'étoit, dans l'origine, qu'une cripte ou chapelle souterraine, où les premiers Chrétiens s'assembloient pour célébrer les mystères. *Saint-Pothin*, premier Evêque, consacra ce lieu par une image de la Vierge qu'il avoit apportée de l'Orient ; c'est le premier autel dédié à Sainte-Marie. Dans la suite, on y éleva un oratoire consacré aux *Saints Apôtres*, à cause des corps de plusieurs Saints qui y reposoient. Elle fut long-temps église métropolitaine, & le lieu ordinaire de la sépulture des Prélats de Lyon. Elle ne cessa d'être épiscopale qu'au temps de Leydrade, qui, vers la fin du huitième siècle, transféra cette dignité à l'église de *Saint-Etienne*. *Saint-Nizier*, Evêque de Lyon, mort en 573, y fut enterré, & depuis, cette église reçut le nom de ce Saint. En 1308, *Hugues*, Evêque titulaire de Tarabie, fut chargé de faire la vérification des corps saints qui étoient inhumés dans cette église ; le corps de Saint-Nizier fut trouvé derrière le maître-autel, sous une tombe où étoit gravée une longue inscription gothique d'une latinité barbare, qui apprenoit que le Saint avoit été fort modeste, fort patient, & qu'il avoit réglé l'office divin dans son église.

Le chapitre de cette église, fut fondé, en 1305, par l'Archevêque *Louis de Villars*; & l'église, telle qu'on la voit aujourd'hui, fut bâtie, dans le quatorzième siècle, par un citoyen de Lyon, nommé *Renouard*, & par ses héritiers.

Le portail fut bâti, au seizième siècle, par un des plus célèbres Architectes de son temps, par *Philibert de Lorme*. La principale entrée est décorée de quatre colonnes doriques & de niches; cette architecture n'a pas été achevée.

On remarque dans cette église un tableau d'une grandeur extraordinaire, représentant le Jugement universel, peint par un Artiste Lorrain, nommé *Claude Spier*. Les figures en sont assez bien dessinées; mais la composition n'annonce pas un grand maître.

Dans le chœur, on voit encore quatre tableaux du même Peintre, & quelques autres peints par *Thomas Blanchet*.

Proche l'entrée du chœur, est un tableau de la flagellation, peint avec beaucoup de force par *le Vieux Palme*.

L'église paroissiale & collégiale de Saint-Martin d'Ainay fut bâtie sur l'emplacement, & en partie avec les ruines de l'ancien temple que les Lyonnois consacrèrent à Auguste, au confluent du Rhône & de la Saône: c'est l'opinion de tous les Savans qui ont traité des antiquités de Lyon. Cette église n'étoit qu'un simple oratoire souterrain, dédié à *Sainte-Blandine*, qui fut du nombre des quarante-huit premiers martyrs de Lyon, nommés *les martyrs d'Ainay*. Vers le commencement du quatrième siècle, *Saint-Badulphe* ou *Badoul* fixa sa demeure auprès de cet oratoire souterrain, nommé alors *Atanatum* ou *Athanacum*, nom qui, à ce qu'on croit, dérive du mot grec *Athanatos*, qui signifie *immortel*, & par lequel on a voulu rappeler l'immortalité des quarante-huit martyrs, dont les cendres étoient déposées dans ce lieu ; & de ce mot grec, on a fait, par corruption, celui d'*Ainay*.

La renommée de Saint-Badulphe lui ayant attiré plusieurs disciples, il fonda un monastère dont il est regardé comme le premier Abbé. Au cinquième siècle, les Religieux de cette abbaye embrassèrent la règle de Saint-Martin. Vers l'an 612, la Reine *Brunehaut* fit rebâtir, avec une magnificence royale, l'église & le monastère d'Ainay qui commençoient à tomber en ruines ; elle envoya en même temps à cette église des reliques de Saint-Pierre & de Saint-Paul, dont Saint-Grégoire le Grand lui avoit fait présent. Ces édifices furent entièrement ravagés & détruits au huitième siècle par les Sarrasins. *Amblard I*^{er}, Archevêque de Lyon, fit, au dixième siècle, rebâtir tous les bâtimens avec beaucoup de somptuosité ; mais ces réparations ne furent achevées que long-temps après la mort de ce Prélat, puisque l'église ne fut consacrée qu'au commencement du douzième siècle, comme on va le voir.

Le Pape Pascal II étant venu chercher du secours en France contre les Empereurs, passa à Lyon en 1106. *Josserand*, qui étoit Archevêque de cette ville, & en même temps Abbé d'Ainay, saisit cette occasion pour engager le

Pontife à sacrer l'église de *Saint-Martin d'Ainay*. Le Pape se prêta volontiers à cette cérémonie, & l'église d'Ainay voulut éterniser un événement aussi glorieux pour elle, par un monument que l'on voit encore dans le sanctuaire.

C'est un pavé en mosaïque, qui représente le Pape *Pascal II* devant le grand autel, & tenant en ses mains la figure de la nouvelle église qu'il venoit de sacrer, accompagnée de cette inscription à demi effacée :

Hanc ædem sacram Paschalis Papa dicavit.

On y voit une autre inscription que le savant Spon est parvenu à déchiffrer, & qu'il rapporte ainsi :

Huc, huc flecte genu, veniam quicumque precaris.
Hic pax est, hic vita, salus ; hic sanctificaris.
Hic vinum sanguis, hic panis fit caro Christi.
Huc expande manus quisquis reus ante fuisti.

Vers la fin du douzième siècle, ce monastère, comblé de biens, ressentit le funeste effet des richesses. L'indiscipline, le relâchement & la discorde s'y introduisirent, & pour en arrêter les progrès, on obligea les Religieux d'embrasser la règle de Saint-Benoît, laquelle ils ont

ont conservée jusqu'en 1685, époque où le Pape Innocent XI sécularisa cette abbaye (1).

Cette église est aujourd'hui desservie par un Prévôt-Curé & par dix-huit Chanoines, qui, pour être reçus, doivent prouver, sans miséricorde, cent ans de noblesse paternelle, ou tout au moins qu'ils sont issus de père & d'aïeul nobles. L'abbé est commendataire, & nomme à la prévôté & aux canonicats.

Lorsqu'en 1562, les Protestans prirent la ville de Lyon, & en restèrent les maîtres pendant treize mois, ils ravagèrent l'abbaye d'Ainay, démolirent le magnifique cloître, bâti

---

(1) L'Introduction de la règle de Saint Benoît dans ce monastère est assez singulièrement exprimée dans un ancien Missel de cette maison. On y voit une miniature qui représente *Saint-Martin, Saint-Benoît,* & son disciple *Saint-Maur*. Saint-Martin, qui est au milieu, tient à la main le livre de sa règle tout ouvert, & le présente au Prieur claustral d'Ainay, nommé *Balthazar de Thuers*, qui est à genoux devant lui. Saint-Benoît tire ce Prieur par son capuchon pour lui rappeler que son monastère a embrassé sa règle, & qu'il en porte la livrée. Ce missel, qui est très-rare, a été imprimé en 1531, dans l'abbaye même d'Ainay, & aux dépens du Prieur *Balthasar de Thuers*, qui ne manque pas, à la fin du volume, d'en instruire le public, & d'annoncer, avec une franchise qui ne paroît pas équivoque, qu'il a été imprimé, dit-il, *aux dépens du très-illustre & très-savant homme & Seigneur Religieux Balthazar de Thuers, noble & issu d'un sang illustre.* Il ajoute que s'il lui est arrivé d'avoir laissé échapper quelques fautes dans l'impression de ce livre, on doit le pardonner, parce qu'*Homère dormoit quelquefois*.

Partie VI.   T

par l'Archevêque *Amblard*, & une partie de la voûte de l'église. Malgré ces dévastations, il existe encore à Ainay des restes très-précieux de l'antiquité de la ville.

Outre la mosaïque ancienne dont nous avons parlé, & qui fait partie du pavé du sanctuaire, on admire quatre colonnes en granit qui soutiennent la voûte du chœur. Ces colonnes, qui, chacune, ont été sciées par le milieu, n'en formoient autrefois que deux, d'environ vingt-cinq pieds de hauteur, sans compter base & chapiteau; elles étoient d'ordre corinthien.

Suivant une ancienne tradition populaire, ces colonnes sont de pierre fondue, & jetée en moule à peu près comme on jette le métal. Leur grosseur extraordinaire a pu donner lieu à cette croyance que plusieurs Gens de Lettres ont adoptée; mais il suffit d'une simple inspection à ceux qui connoissent un peu la matière du granit, pour juger que celle de ces colonnes est l'ouvrage de la nature.

Quelques personnes ont écrit que ces colonnes avoient été, du temps des Romains, transférées d'Egypte; quelques autres pensent, avec plus de vraisemblance, qu'elles ont été tirées d'une masse de granit qu'on voit sur les bords du Rhône, du côté du Dauphiné, & presque en face de Tournon. La matière de ce granit paroît absolument la même que celle des colonnes antiques d'Ainay.

Suivant la conjecture des savans antiquaires, ces colonnes sont celles qui ornoient le temple d'Auguste, situé sur l'emplacement de l'abbaye d'Ainay, & qui s'élevoient aux deux côtés du célèbre autel consacré à cet Empereur. Les différentes médailles antiques qui représentent la forme de cet autel, offrent en effet deux colonnes, sur chacune desquelles est placée la figure d'un Génie ou d'une Victoire, comme nous l'avons dit au commencement de cet article. (Voyez pag. 240.)

A côté de la sacristie est le tombeau de M. *Rossignol*, Intendant de Lyon, sculpté par *Perrache* le fils.

Sur la face du portail, au dessus du cintre qui forme l'entrée du vestibule de l'église, est un bas-relief antique, de marbre blanc, représentant trois figures de femmes, dont celle du milieu tient une corne d'abondance, deux pommes, & une espèce de sebile. Les deux autres tiennent chacune une pomme à leurs mains; au dessus on lit cette inscription :

MAT. AUG. PHE. EGN. MED.

Qui signifie *Matronis* ou *Matribus Augustis Philenus Egnatius Medicus* ou *Mediomatrix*; c'est un monument consacré aux *Matrones*, Divinités champêtres & bienfaisantes, qui représentoient chez les Romains les Divinités connues chez les Gaulois sous le nom de *Fades* ou de *Fées*.

Dans le cloître, derrière l'église, on voit plusieurs inscriptions sépulcrales.

Dans cette église, & du côté de l'évangile, est la chapelle de l'*Immaculée Conception*; on croit qu'elle a été fondée par *Saint-Anselme*, Archevêque de Cantorbéry, & qu'elle est la plus ancienne qui ait été consacrée en l'honneur de ce mystère.

La Maison d'Ainay a servi de séjour à plusieurs Princes, & a été le théâtre de quelques événemens remarquables, qu'il seroit trop long de rapporter; nous placerons seulement ici l'anecdote suivante, qui est aussi singulière que peu connue.

ANECDOTE. *Théodore du Terrail*, parent du célèbre Chevalier *Bayard*, étoit Abbé d'Ainay, en 1495, lorsque Charles VIII, à son retour de la conquête du royaume de Naples, séjourna à Lyon. Pendant les fêtes magnifiques qui furent célébrées en cette occasion, *Claude de Vaudrey*, un des plus célèbres jouteurs de son temps, proposa un *pas d'armes*, où tous les Gentilshommes qui avoient envie de signaler leur adresse & leur force, vinrent s'offrir pour acteur. *Bayard*, l'honneur de notre chevalerie, étoit à Lyon, à la suite du Duc de Savoye; il n'avoit pas plus de dix-sept ans, & malgré la tendresse de son âge, il brûloit du désir de figurer dans cette cérémonie. N'ayant pas les moyens de se former l'équipage brillant qu'elle exigeoit, il confia son inquiétude à son camarade *Bellarbre*, qui lui répondit: *Mon compagnon, mon ami, vous souciez-vous de cela; n'avez-vous pas votre oncle, ce gros Abbé d'Esnay? je fais vœu à Dieu que nous irons à lui, & s'il ne veut fournir deniers, nous prendrons crosses & mitres.*

Sur cette parole, *Bayard* va prendre son engagement d'assister à la cérémonie; mais n'osant lui-même aller chez son oncle, il prie son ami Bellarbre de se charger seul de sa requête. *Ne vous chaille*, répondit Bellarbre, *nous irons vous & moi demain matin parler à lui, & j'espère que nous ferons bien notre cas.*

Nos deux amis arrivèrent de bon matin à l'abbaye d'Ainay, & y trouvèrent, dans le pré, l'Abbé qui disoit ses heures, & qui, instruit déjà du motif de leur visite, ne leur fit pas un accueil bien gracieux. Il dit à son neveu qu'il étoit bien hardi de s'être engagé dans le tournois projeté. *Il n'y a que trois jours*, ajouta-il, *qu'estiez paige, & vous n'avez dix-sept à dix-huit ans, & vous dust encor donner des verges........ Vous irez chercher ailleurs qui vous prêtera argent, les biens donnés par les fondateurs de ceste abbaye ont esté pour y servir Dieu, & non pas pour despendre* (dépenser) *en jouste & tournois.*

Bellarbre répondit à ce discours décisif, d'assez mauvaises raisons, qui cependant déterminèrent le bon Abbé à faire quelque chose pour son neveu, & à *dépenser en joustes & tournois* une partie des biens que les fondateurs avoient destinés à servir Dieu. Il lui donna cent écus pour acheter deux chevaux, & il écrivit à *Laurencin*, son Marchand, de fournir au jeune Bayard tout ce qui lui seroit nécessaire pour s'équiper.

Munis de cet argent & de cette lettre, les deux compagnons remercièrent l'Abbé, & le quittèrent. Bellarbre dit à Bayard : *Quand Dieu envoye des bonnes fortunes aux gens, il les faut bien & saigement conduire ;* ce qu'on dérobe à *Moyſnes* eſt pain béneiſt (1). Nous avons une lectre à *Laurencin* pour prendre ce qu'il vous faudra, allons viſtement à ſon logis, avant que voſtre Abbé ait penſé à ce qu'il a fait; car il n'a point limité en ſa dicte lectre juſques à combien d'argent il vous baille d'accouſtremens. Par la foi de mon corps, vous ſerez accouſtrez pour le tournoy, & pour d'ici à un an, car auſſi bien n'en aurez-vous jamais autre choſe.

Bayard, qui mérita depuis le titre de *Chevalier ſans peur & ſans reproche*, répondit à ſon compagnon, qu'il ne demandoit pas mieux, ſe mit à rire, & ajouta : *Par ma foy, mon compagnon, la choſe va bien ainſi; mais je vous prie haſtons-nous; car j'ai grand peur que s'il s'aperçoit de ce qu'il a faict, que incontinent n'envoye un de ſes gens déclarer pour combien d'argent il entend qu'on me baille habillemens.*

Ils ſe rendirent promptement chez *Laurencin*, qui, ſur la lettre de l'Abbé d'Ainay, leur délivra toutes les étoffes d'or ou de ſoie qu'ils demandèrent. L'Abbé, qui ne s'attendoit à payer chez ce Marchand que juſqu'à cent ou cent vingt

---

(1) C'étoit alors l'opinion générale; les Moines & les Prêtres faiſoient un ſi mauvais uſage des biens qu'ils avoient obtenus de la crédulité des peuples, qu'on commençoit au quinzième ſiècle, à les mépriſer. Ce mépris des Eccléſiaſtiques, que l'on trouve exprimé dans pluſieurs écrits de ce ſiècle, dut beaucoup faciliter l'établiſſement de la religion réformée, qui d'abord fit des progrès ſi rapides.

livres d'étoffes, fut bientôt inquiet, en réfléchissant à l'abus que son neveu pouvoit faire des expressions indéterminées de sa lettre; il envoya sur le champ un domestique chez Laurencin; mais il fut bien surpris d'apprendre qu'au lieu de cent vingt livres, son neveu avoit pris pour huit cents francs de fournitures.

L'Abbé furieux envoya bien vîte un émissaire chez son neveu, pour lui faire savoir que s'il ne rapportoit pas aussi-tôt la plus grande partie des marchandises chez Laurencin, il ne le verroit de sa vie; mais Bayard, qui s'attendoit bien à ce coup, l'avoit paré, en recommandant à la porte de renvoyer tous ceux qui viendroient de la part de son oncle. L'Abbé jura que c'étoit un *mauvais garçon*, & qu'il s'en repentiroit.

Bayard figura dans le tournois avec une magnificence qu'il devoit à l'argent *destiné à servir Dieu*, & à la ruse qu'il employa pour l'extorquer à son oncle. Il y déploya tant d'adresse & de courage, que les Dames de Lyon, émerveillées de voir un si jeune champion triompher des plus forts & des plus expérimentés Chevaliers, dirent en leur langage: *Vey vo cestou malotru, il a mieux fay que tous los autres* (1).

―――――――――――――――――――

(1) Le Continuateur de Monstrelet, qui parle des tournois magnifiques qui se donnèrent lors du séjour de Charles VIII à Lyon, dit que ce Roi étoit *toujours le premier soy présentant en champ de bataille, où il se porta toujours vaillamment & de bon courage, & feit plusieurs bons coups d'épée, & aussi firent plu-*

L'*Eglise de Saint-Michel* exiſtoit à l'endroit où eſt bâti l'arſenal. Cette ancienne égliſe fut fondée par une Princeſſe Bourguignone-Vandale, appelée *Carerène*, grand'mère de la Reine *Clotilde*. On croit que *Carerène* prit ſoin de *Clotilde* dans le couvent qu'elle fit bâtir près de l'égliſe de Saint-Michel, & que, dans cet aſile ſecret, elle lui conſerva la vie que ſon père *Chilperic* vouloit lui ôter. Ce fut cette jeune Princeſſe qui, échappée au poignard de ſon père, épouſa Clovis, Roi de France, & allia les Rois Bourguignons aux Rois François, qui ſe rendirent également célèbres par leur cruauté & leur ſcélérateſſe.

Carerène mourut l'an 506, & fut enterrée dans cette égliſe, où elle avoit un épitaphe de vingt-ſix vers barbares, qui nous apprennent qu'elle ne dédaigna pas le joug de la religion, après avoir porté une couronne.

L'égliſe de Saint-Michel appartint long-temps

ſieurs Seigneurs de France, leſquels faiſant pluſieurs beaux faits d'armes à pied & à cheval. Il ajoute : *Et en mémoire d'icelles jouſtes, ſont encore à préſent écrits aucuns vers en langue latine, compoſés pour icelles jouſtes, en grande ſingularité ; car ledit Roi Charles VIII étoit le principal tenant.* Ces vers latins étoient gravés ſur trois différens obéliſques qu'on avoit élevés ſur les lieux où s'étoient données ces joûtes, c'eſt-à-dire, l'une à *la Grenette*, l'autre à *la Juirie*, & la troiſième devant le palais. Ces monumens n'exiſtent plus, mais on voit encore dans la maiſon des *filles de la Providence*, un marbre, découvert au commencement de ce ſiècle, qui porte une des inſcriptions en vers latins conſacrées à perpétuer la mémoire de ces joûtes.

à des Religieuses de Saint-Dominique ; après avoir été ruinée & rebâtie plusieurs fois, elle devint une église paroissiale ; enfin elle fut détruite, & réunie à l'église d'Ainay.

Notre-Dame de la Platrière, église collégiale & paroissiale, étoit anciennement une *recluserie* de Vierges dévotes, dont l'origine remontoit jusqu'à *Saint-Eucher* (1). *Leydrade*, comme il le remarque dans sa lettre à Charlemagne, fit reconstruire la chapelle de cette recluserie, & la consacra à la Mère de Dieu. Comme elle étoit alors située hors de la ville, & dans une forêt, elle reçut le nom de *Sainte-Marie aux Bois*, *Sancta Maria in Bosco*; mais la ville s'étant agrandie de ce côté-là, & cette église se trouvant moins éloignée des habitations, elle fut érigée en paroisse. Les bois qui l'entouroient ayant été abattus, il resta devant cette église une place considérable, qui lui fit changer de nom ; elle fut appelée Notre-Dame de la *Platrière*, du mot *platea*, qui signifie *place*.

Gebuin, Archevêque de Lyon, le dernier Prélat qui ait été honoré de la qualité de *Saint*, établit dans cette église, vers l'an 1080, les Chanoines de Saint-Ruf. C'est dans cette église

---

(1) On comptoit jusqu'à 11 *recluseries* à Lyon, 3 de femmes & huit d'hommes; ces reclus étoient des dévôts qui faisoient vœu de s'enfermer pour la vie dans une cellule que l'on bénissoit, & dont on muroit la porte. On leur portoit à manger par un trou ; & par cette prison volontaire & perpétuelle, ils étoient persuadés qu'ils iroient au ciel.

que fut tenu le premier Concile général de Lyon, où présida le Pape Innocent IV.

C'est à la dernière session de ce concile, qui eut lieu le 17 juillet 1245, que ce Pape, en présence de tous les Pères, déposa l'Empereur *Frédéric*, sans dire, dans sa sentence, *avec l'approbation du Concile*, selon la formule ordinaire. Voici les termes de cette étonnante sentence : « Je suis le Vicaire de Jésus-Christ ; tout ce que je lierai sur la terre sera lié dans le ciel, suivant la promesse du fils de Dieu à Saint-Pierre. C'est pourquoi, *après en avoir délibéré avec nos frères & avec le Concile*, je déclare *Frédéric* atteint & convaincu de sacrilège & d'hérésie, excommunié & déchu de l'empire ; j'absous pour toujours de leur serment ceux qui lui ont juré fidélité ; je défends, sous peine d'excommunication encourue par le seul fait, de lui obéir désormais. J'ordonne enfin aux Électeurs d'élire un autre Empereur, & je me réserve la disposition du royaume de Sicile ».

On a remarqué que c'étoit une fausseté de la part du Pape, d'avoir avancé *qu'il avoit delibéré* sur cette affaire avec le Concile, & que c'étoit une foiblesse de la part des Évêques, de ne s'être point opposés à la déposition de *Frédéric* ; on pourroit aussi dire que c'est le dernier degré d'abus où une autorité chimérique puisse se porter.

Au dessus de la grande porte de cette église, on voit une statue de la Vierge sculptée par *Simon*. Le sanctuaire & le chœur ont été décorés sur les desseins de *Blanchet*. L'autel, qui est de marbre, a été fait par les frères *Dorel*. Le sanctuaire est orné de cinq petits tableaux, peints par *Blanchet*. Les deux grands qu'on voit dans le chœur, dont l'un représente la Purification, & l'autre le trépas de la Vierge, sont du même Peintre.

Sur l'autel d'une des chapelles qui est auprès de la petite porte, est une Sainte Famille en relief, sculptée par *Varatori*, Peintre de Véronne.

L'Eglise de Saint-Pierre le Vieux, située près du palais archiépiscopal, est devenu paroissiale, par la translation qui a été faite, vers la fin du siècle dernier, de l'office curial de l'ancienne chapelle de *Saint-Romain*, fondée au cinquième siècle par *Fredaldus* & sa femme, ainsi que le témoigne une inscription en style barbare, qu'on voit sur la porte de cette petite église. Quant à l'église de *Saint-Pierre le Vieux*, elle n'a rien de remarquable que les tombeaux de la famille de *Bellièvre* & de celle de *Laurencin*.

L'ancienne église paroissiale de *Saint-Vincent* fut détruite par les Calvinistes en 1562 ; elle a été rebâtie par le chapitre de Saint-Paul, qui en est Curé primitif. Sur l'autel de cette église, on voit le martyr de Saint-Vincent, peint par *Sarrabat*.

Les paroisses des faubourgs de Lyon, au nombre de trois, sont celles de *Saint-Irénée*, dont nous avons parlé ci-dessus, pag. 278, de *Saint-Pierre-ès-Liens*, au faubourg de Vaise, & de *Notre-Dame de Grace*, au faubourg de la Guillotière.

Saint-Georges, église régulière de la Commanderie de Saint-Georges, bailliage de l'ordre de Malthe, langue d'Auvergne, est devenue une paroisse de la ville. C'étoit une ancienne église qui portoit le nom de *Saint-Georges* & de *Sainte-Eulalie*, & qui dépendoit d'un monastère de filles; l'église & le monastère furent détruits de fond en comble par les barbares. Leydrade, Archevêque de Lyon, fit entièrement reconstruire l'église; elle fut donnée à l'ordre de Malthe, qui en fit une commanderie. Cette commanderie fut depuis érigée en bailliage de la langue d'Auvergne, par le transport du bailliage de Lureil en cette ville. La maison fut bâtie par le bailli *Imbert de Beauvoir*, qui y a placé, en divers endroits, ses armoiries.

Dans le cimetière de cette paroisse, on voit un monument érigé, en 1772, par la piété filiale des frères *Cognet*.

Au dessus de la porte de la ville, qui, à cause du voisinage de cette église, porte le nom de *Saint-Georges*, on aperçoit sur le penchant de la montagne, dans un endroit escarpé, des débris d'ouvrages romains. On croit que ce sont les restes d'une des quatre grandes routes que fit faire *Agrippa* avec des difficultés immenses; elles aboutissoient à Lyon, & traversoient toutes les Gaules. Ces restes présentent plusieurs rangs d'arcades construites pour soutenir la route. On trouve quelques autres fragmens de cette voie romaine au delà de Lyon; le plus grand est celui qui se voit dans le bois le Roi, près de *Jussieu*.

La commanderie de Saint-Antoine, fondée à Lyon en 1228, fut d'abord établie dans le quartier Saint-Georges, & transférée ensuite dans l'endroit où elle est aujourd'hui, sur le quai Saint-Antoine, auquel elle a donné son nom. Cette maison, comme toutes celles de cet ordre, a été réunie, en 1777, à l'ordre de Malthe.

L'église a été construite vers le milieu du siècle dernier, sous la conduite de l'Architecte *Mimerel*, d'après un dessin venu de Rome; le portail & la statue sont de cet Artiste.

Le tableau du maître-autel, ainsi que ceux qui sont placés aux deux côtés, ont été peints par *Chabry*. Le retable, avec toutes ses décorations, & le bas-relief qui sert de devant d'autel, sont de *Chabry* père. Aux deux côtés de l'autel on voit deux statues qui furent d'abord exécutées en stuc par *Chabry* le père, & puis en marbre par *Pigalle*.

Tous les tableaux des chapelles sont de *Madin*.

La galerie de cette maison offre l'Histoire de Joseph, peinte par le même *Madin*. Au fond de cette galerie on voit un David jouant de la harpe, par *Frontier*.

L'Oratoire. Les Prêtres de la congrégation de ce nom, quelque temps après leur établissement à Paris, furent appelés à Lyon par le Cardinal de *Marquemont*, Archevêque de cette ville. Leur maison, sous le nom d'*institution*, est située rue de la vieille Monnoie.

Le portail de l'église a été exécuté, en 1760, sur les dessins de M. *Loyer*, ainsi que la tribune intérieure, qui forme le fond de cette église. Sur la porte sont deux Anges & l'Enfant Jésus, sculptés par *Chabry* le fils.

Le rétable, avec toutes ses décorations & les deux statues qui l'accompagnent, ont été sculptés d'après les dessins de *Perrache* le père. Au dessus du maître-autel, est un tableau qui a pour sujet la Nativité; il est peint par *Blanchet*. Le tabernacle a été exécuté d'après les dessins de ce Peintre.

Au dessus des stalles du chœur, on voit quatre tableaux cintrés, peints par *Blanchard* le neveu.

Dans la quatrième chapelle à gauche, est une statue de Notre-Seigneur agonisant, sculptée par *Simon*, sur les dessins de *Blanchet*.

Missionnaires & Séminaire de Saint-Joseph, rue du Garet, près de l'hôtel-de-ville. Les missionnaires de la Congrégation de *Saint-Joseph* furent assemblés par un Chirurgien de Lyon, nommé *Jacques Cretenet*, pour faire des missions dans la campagne. Camille de Neuville, Archevêque, les établit en Congrégation ecclésiastique. En 1661, le Prince de Conti fut leur fondateur. Monsieur & Madame Coligni leur fournirent les moyens d'acheter la maison qu'ils occupent, où étoit l'ancien noviciat des Pères de Saint-Antoine, & de bâtir leur église. Cette maison est composée d'environ quarante-cinq personnes, tant Prêtres qu'étudians.

Le sanctuaire de cette église a été décoré sur les dessins de *Thomas Blanchet*; on y voit cinq tableaux qui sont aussi de ce maître; celui qui représente l'Adoration des Rois, est le plus estimé.

Missionnaires de Saint-Lazare; ils s'établirent à Lyon en 1668. En 1673, ils acquirent la maison de *Paul Mascranni*, sieur de la Verrière, située sur la colline de Fourvière, rue Saint-Barthélemi; cette maison contient environ cinquante Missionnaires qui font des missions dans les campagnes.

Les Trinitaires ou Chanoines réguliers de l'ordre de Saint-Augustin de la Trinité, pour la rédemption des Captifs, connus à Paris sous le nom de *Mathurins*, s'établirent à Lyon, en 1658, sur la montagne de Beauregard, puis ils se logèrent dans l'ancienne maison des *Bellièvre*, située au bas du Gourguillon, à l'extrémité de la rue Tramassac.

L'église & le couvent de ces Pères n'ont rien de remarquable, si ce n'est un beau Christ que ces Religieux ont acquis chez les infidèles.

Le jardin de cette maison est nommé le *Jardin des antiques*, à cause d'un grand nombre d'inscriptions romaines qu'on y voit, & qui y ont été rassemblées de divers endroits par ceux de la maison de Bellièvre, par le Président de Sève, Seigneur de Lange, auxquels ce local a successivement appartenu; *Spon*, *Paradin* & *Gruter* les ont presque toutes recueillies dans leurs ouvrages.

Les Dominicains ou *Jacobins* (1), du temps

---

(1) Le nom de *Jacobins* ou *Jacopins*, a été donné en France aux Religieux de l'ordre de Saint-Domi-

même de Saint-Dominique, vinrent s'établir à Lyon, d'abord sur la colline du Gourguillon, près de la chapelle de Sainte-Madeleine, ensuite au lieu où est à présent l'arsenal; enfin dans la place de Confort, où ils sont aujourd'hui.

Le corps des Marchands Florentins, établis à Lyon, a fait construire l'église à ses frais, & l'on y voit les tombeaux de quelques familles illustres de cette nation.

Le portail de l'église est d'une construction moderne, ornée de colonnes corinthiennes & composites en petit module. Ce morceau d'architecture a été exécuté, en 1674, sur les dessins de *le Pautre*. On y voit la statue de la Vierge au milieu, sculptée par *Bideau*, & aux deux côtés, celle de Saint-Jean & celle de Saint-Dominique, par *Simon*.

L'entrée du chœur & le maître-autel de cette église furent entièrement refaits & ornés de marbre, en 1626, aux frais d'Alexandre *Orlandini*, Lyonnois, originaire de Florence. Le tableau du maître-autel mérite d'être vu.

Dans une chapelle à droite, est un tableau de *Blanchet*, représentant l'Assomption.

La troisième chapelle, qui est celle de *Gadagne*, est très-curieuse par les grandes colonnes de marbre noir dont elle est ornée, & par le précieux tableau de l'autel, qui représente

___

nique, parce que le premier établissement qu'ils y firent, fut à Paris, dans la rue *Saint-Jacques*, où ils occupèrent une chapelle qui portoit aussi le nom de *Saint-Jacques*.

l'apparition

l'apparition de Notre-Seigneur à Saint-Thomas, & passe pour un des plus beaux ouvrages du célèbre *François Salviati*, Peintre Florentin (1).

On voit dans cette chapelle le tombeau de celui qui l'a fondée, de *Thomas Gadagne*, Lyonnois, originaire de Florence, qui fonda aussi un hôpital pour les pestiférés. Les *Gadagnes* avoient acquis une fortune considérable dans le commerce, d'où étoit venu ce proverbe : *Il est riche comme Gadagne* ; ils ont quitté leur état de Négocians, pour se faire *nobles*.

Dans la quatrième chapelle, on voit un Saint-Eloi, peint par *Jacques Stella*, & un autre grand tableau de *Sarrabat*, qui représente Moïse ordonnant la destruction du Veau d'or.

Sous une arcade du chœur, on voit l'épitaphe de *Jacques de Bourbon*, Comte de la Marche, & de son fils, tous deux tués, en 1360, à la bataille de *Brignais*, dont nous avons parlé ci-dessus, pag. 225.

Dans l'ancienne chapelle de *Notre-Dame de Confort*, qui est au devant de l'église, sont deux tableaux assez curieux ; celui de l'autel, qui représente l'Adoration des Rois, est attri-

---

(1) *Spon*, dans ses *Recherches des antiquités de Lyon*, dit que la Reine, mère de Louis XIV, vit ce tableau en passant à Lyon, & en fut si charmée, qu'elle en offrit autant de louis d'or qu'il en faudroit pour le couvrir, quoiqu'il ait plus d'une toise de hauteur.

bué à *Vanthulden*, élève de *Rubens*; l'autre est une Assomption, peinte par *Vouet*.

Le chapitre, qui est au milieu du cloître, contient les tombeaux de plusieurs personnes tuées à la bataille d'Anton, gagnée par les Lyonnois en 1430, ainsi que le tombeau de *Guillaume Durand*, Evêque de Mende. Innocent IV lui donna la charge de son Chapelain & celle d'Auditeur du palais; il fut ensuite nommé Légat de Grégoire X, au Concile de Lyon, tenu l'an 1274, & enfin Evêque de Mende. On lui donna le nom de *Père de la pratique*, à cause de son habileté dans les affaires. Il composa en effet un ouvrage sur le Droit, intitulé *Repertorium Juris*; un autre ouvrage sur le même sujet, intitulé *Speculum Juris*, lui mérita le surnom de *Spéculateur* : il mourut en 1296.

Ce fut dans ce monastère que fut élevé au souverain pontificat Jean XXII.

Après la mort du Pape Clément V, les Cardinaux assemblés à Carpentras n'ayant pu, dans l'espace de deux ans & près de quatre mois, faire le choix d'un successeur, inspirés par tout autre esprit que par l'esprit de Dieu, mirent le feu au Conclave. *Philippe*, Comte de Poitiers, qui devint Roi de France sous le nom de *Philippe le Bel*, attira, en 1316, sous divers prétextes, ces incendiaires Electeurs à Lyon, leur promettant sur-tout la plus grande liberté de sortir hors du Conclave, & de recevoir toutes les communications qu'ils exigeroient; mais à peine les Cardinaux y furent-ils rassemblés, au nombre de vingt-trois, qu'il les enferma tous malgré eux dans le couvent des Dominicains, & leur déclara qu'ils n'en sortiroient point qu'ils n'eussent fait un Pape.

Dans cet intervalle, le Comte de Poitiers, apprenant la mort de son père *Louis le Hutin*, partit pour Paris, & laissa la garde du couvent des Dominicains au Comte de la Marche son frère & au Comte de Forez; on eut soin de fermer les portes & de griller les fenêtres du Conclave, pour empêcher les Cardinaux de se séparer, comme ils avoient fait à Carpentras.

Ces précautions sévères, jointes à l'incommodité du local, forcèrent ces Cardinaux à expédier leur élection; au bout de quarante jours ils nommèrent, à l'unanimité, *Jacques Euſſe*, homme d'une petite taille, d'une naissance obscure, & doué de grands talens pour son siècle; il avoit été onze ans Evêque de Fréjus, puis Archevêque d'Avignon, & Cardinal pendant quatre ans.

Plusieurs Historiens assurent que ce Pape obtint les suffrages du Conclave par un tour d'adresse auquel le Saint-Esprit, qui, comme on sait, dirige ordinairement ces élections, n'eut aucune part. Les Cardinaux, embarrassés sur le choix du Pontife, arrêtèrent, par un compromis, de s'en rapporter à la décision du Cardinal d'*Euſſe*, qui étoit parmi eux. Celui-ci, profitant du pouvoir qu'on lui confia, se nomma lui-même en disant : EGO SUM PAPA, *je suis Pape*.

C'est aussi dans le même monastère qu'*Humbert II*, dernier Dauphin du Viennois, de la troisième race, fit, le 16 juillet 1348, dans une assemblée solemnelle, la donation pure & simple de ses Etats du Dauphiné à *Charles*, fils aîné du Duc de Normandie ; il l'en mit en possession par la tradition du sceptre, de l'anneau, de la bannière & de l'épée ancienne du Dauphiné ; depuis cette époque le Dauphiné est demeuré uni à la couronne, & a formé le titre des fils aînés de France.

Le lendemain de cette abdication, *Humbert II* fit des vœux dans cette maison, & prit l'habit de Dominicain.

Les Cordeliers de Saint-Bonaventure. L'église de ces Religieux fut fondée en 1220. Le Pape *Honoré III* y contribua en publiant une Bulle par laquelle il accordoit de grandes indulgences à ceux qui fourniroient aux frais de la construction du couvent & de l'église ; elle fut dédiée à Dieu sous le vocable de Saint-François. *Saint-Bonaventure*, qui étoit à Lyon pendant la tenue du second Concile général de cette ville, habitoit cette maison ; il y mourut le 15 juillet 1274 ; le Saint y fut enterré avec une magnificence & une pompe extraordinaires.

Jacques de Groslée fit rebâtir l'église de ces Religieux vers l'an 1325, & ce bienfaiteur fut enterré dans cette nouvelle église, qui n'étoit pas encore achevée.

En 1434, on ouvrit le tombeau de Saint-Bonaventure, on trouva son corps en poussière, mais sa tête étoit parfaitement conservée ; on y voyoit ses cheveux ; ses joues étoient colorées, & sa langue, ainsi que ses lèvres, paroissoient vermeilles.

Cette découverte, & la grande réputation de sainteté dont jouissoit à Lyon S. Bonaventure, déterminèrent les habitans à donner à cette église le nom de ce Saint, qu'elle porte encore, & même ils le choisirent pour leur Patron.

L'Evêque d'Utique, qui se trouva à Lyon en 1484, sacra l'église, d'après l'ordre du Cardinal de Bourbon. Pierre de Bourbon, frère de ce Cardinal, & Régent du royaume pendant l'absence du Roi Charles VIII, fit, quelques années après, couvrir de lames d'argent la châsse où l'on avoit enfermé le corps de Saint-Bonaventure. En 1499, Anne de France, femme de Pierre de Bourbon, & fille du Roi Louis XI, fit séparer le chef du Saint, & le fit placer dans un reliquaire en forme de buste, couronné d'une mître qu'elle avoit elle-même enrichie de ses plus belles pierreries. La châsse de ce Saint fut pillée par les Calvinistes, en 1562, lorsqu'ils se rendirent maîtres de cette ville, & les reliques qu'elle contenoit furent jetées dans le Rhône. Quant au chef, il échappa à la fureur des Fanatiques ; & le Père *Gayete*, Supérieur des Cordeliers, aima mieux, dit-on, souffrir la mort, que d'indiquer le lieu où ce reliquaire étoit caché.

La façade fut construite par la libéralité de *Simon de Pavie*, Médecin de Louis XI, qui mourut en 1472, & qui fut enterré dans la chapelle de l'Annonciade de cette église.

En l'an 1612, la chambre qu'occupoit Saint-Bonaventure fut changée en une chapelle par les soins du Père Jacques *Foderé*, Provincial.

L'église est vaste, fort élevée & ornée d'un grand nombre de chapelles.

Le maître-autel présente un grand tableau, dont le sujet est l'Adoration des Rois, peint par *Perrier* l'oncle.

Les deux autels qui sont à l'entrée du chœur, offrent chacun une statue; l'une est Saint-Claude, l'autre Sainte-Barbe; elles sont de *Perrache* fils.

Dans la première chapelle à droite est une Sainte-Geneviève, peinte par Louis *Massari*, éleve de Louis Carrache.

Dans la sixième chapelle est un Saint-François, peint par *le Blanc*. Le fond de l'aîle droite de l'église présente une Gloire où l'on voit une Vierge, du même Peintre.

Dans la huitième & dernière chapelle, de ce même côté, est un tableau qui représente une Vierge, un Evêque, & une femme qui tient un enfant, peint par *Blanchard*.

Dans la troisième chapelle, à gauche, on voit sur l'autel un tableau représentant Saint-Luc, par *Blanchet*; les deux statues de l'autel sont d'*Arlin* le fils. En face & dans la même chapelle, est un tableau qui représente la Nativité de Notre-Seigneur, peinte par *Jacques Stella*.

On voit, dans la même chapelle, l'épitaphe de *Simphorien Champier*, Médecin d'Antoine, Duc de Lorraine, mort à Lyon en

1539, Auteur de plusieurs ouvrages, dont la plupart sont oubliés (1).

La bibliothèque des Cordeliers est considérable & bien choisie.

Sur la place des Cordeliers, du côté de la rue Buisson, on voit une Sainte-Famille, sculptée par *Simon*. On voit aussi, au milieu de cette place, un obélisque dont nous avons parlé ci-dessus, pag. 248.

Le couvent royal des Cordeliers de l'Observance, situé dans le faubourg & près de la porte de Vaise, a été fondé, en 1493, par Charles VIII, & Anne de Bretagne son épouse, sur l'emplacement de l'ancien hôpital *des deux Amans* (2). Cette fondation fut faite à la sol-

---

(1) Voici un modèle du pédantisme & du style bizarre des Savans du seizième siècle, dans la lettre qu'écrit *Jean le Maire à Pierre Pitot*, Médecin, au sujet de *Champier* : « *Nuperrimè cùm Lugduni essem, vir ornatissime*, ainsi que, par curiosité naturelle, je m'employe volontiers à investiger choses nouvelles ; *perscrutans diligenter officinas calcographorum nostrorum*, je trouvai prête à mettre sur leurs formes impressoires une œuvre nouvelle de ce très-élégant Philosophe, Orateur, Historien & Physicien, Messire *Symphorien Champier*, Lyonnois.... Car déjà j'avois autrefois veu assez de ses louables labeurs, imprimés tant en latin, comme en notre langue Gallicane. *Ratus igitur sententiam hanc esse verissimam, quod honos alit artes, omnesque accedunt ad studia gloriæ*. J'ai écrit à sa louange, *hoc epigramaticulum vernaculum qualecumque & ruditer fabrefactum*, lequel j'envoye à ton humanité, *ut scias*, &c.

(2) Le nom de cet hôpital venoit du tombeau des *deux Amans*, situé dans le voisinage, & dont nous avons parlé ci-dessus, pag. 280.

licitation de *Jean Bourgeois*, Cordelier, Confesseur & Prédicateur du Roi. Dans une pièce de vers de ce temps-là, attribuée à *Ronsard*, on parle de ce pieux établissement du Roi :

Es faubourgs de Lyon, pour les Frères Mineurs
Il fonda un couvent; puis avec grands Seigneurs,
Princes, Comtes, Barons, & bande qui fretille,
S'en alla conquérir Naples & la Sicile.

Le Roi mit la première pierre de cet édifice qui fut achevé en 1498.

On remarque dans cette église la *chapelle des Luquois*, bâtie à côté du grand autel, par la libéralité des *Bonvisi* de Luques. L'intérieur de cette chapelle est décoré de pilastres, & de quatre colonnes d'ordre corinthien, placées aux quatre angles, qui supportent un entablement; le goût de cette architecture est excellent; plusieurs connoisseurs en ont attribué le dessin à *Michel Ange*.

Le tableau de cette chapelle représente Saint-François à genoux, tenant l'Enfant-Jésus entre ses mains. Ce tableau précieux est du célèbre *Vannius*, Peintre Italien, renommé par son coloris vigoureux & sa touche gracieuse; il peut être placé au rang des plus beaux morceaux de peinture qu'il y ait à Lyon.

Les Carmes de l'ancienne observance de Lyon, situés près de la place des Terreaux, appelés communément *Grands Carmes*, vinrent à Lyon dans le même temps que leur ordre passa du Mont-Carmel en Europe. Ces Religieux ayant envoyé des Procureurs de leur ordre aux deux Conciles généraux tenus à Lyon pour y faire approuver & mitiger leur règle, ces Procureurs, pendant qu'ils séjournèrent en cette ville, s'y firent des protecteurs, & en 1291 on leur permit de s'y établir. En 1303, l'Archevêque, *Louis de Villars*, leur assigna pour demeure le lieu qu'ils occupent aujourd'hui. *Laurent Bureau*, un de leurs Religieux, Confesseur de Charles VIII & de Louis XII, obtint de ces Princes les secours qui lui étoient nécessaires pour bâtir un monastère & une église. Ces bâtimens, qui subsistent encore, offrent, en divers endroits, les devises & les armoiries de ces bienfaiteurs, & de la Reine *Anne* de Bretagne.

Le maître-autel est en marbre, & a été sculpté par *Dorel*. Le tableau qu'on voit au dessus est peint par *le Blanc*. La chaire a été exécutée sur le modèle de celle de Saint-Etienne-du-Mont à Paris; mais les bas-reliefs ne sont pas les mêmes.

Vers le fond de la croisée à droite, au dessus d'un confessiónal, est un tableau qui représente une Sainte-Famille par *Perrier* l'oncle.

Dans la première chapelle de la nef, à droite en entrant, est un tableau qui représente Saint-Sébastien & Saint-Roch, & qui est peint par *Perrier* le neveu.

Le tableau de la chapelle de Sainte-Thérèse est du même. Artiste.

Au côté droit, & auprès du sanctuaire, est placé le mausolée du Baron *de Villeneuve*, mort en 1572.

Devant ce monastère, est une petite place où l'on voit une statue de Sainte-Catherine, sculptée par *Bidault*.

Les Carmes Déchaussés sont placés au bas de la montagne de Fourvières, près du couvent des Capucins; ils furent fondés, en 1618, par le Marquis *de Nereſtang*, Grand-Maître de l'ordre du Mont-Carmel, sur l'emplacement d'une ancienne recluserie, appelée le *Grand-Thunes*.

Le maître-autel présente un tableau de *Daſsier*; ceux qui occupent les deux côtés du sanctuaire sont de *Sarrabat*.

On remarque dans cette église la magnifique chapelle de *Lumagne*, nom d'une Maison qui tire son origine des Grisons, long-temps établie à Lyon, & ensuite transplantée à Paris; l'autel est décoré de quatre colonnes de marbre d'ordre corinthien, & d'un superbe tableau *du Guerchin*, représentant l'apparition du Seigneur à Sainte-Thérèse; ce tableau a été gravé par *Rouſselet*.

En entrant dans la nef, à droite, est un tableau représentant la Pentecôte, copié du *Guide*, celui qui est à gauche est de *Sarrabat*.

La nef offre encore trois tableaux, dont l'un représente l'Adoration des Bergers, l'autre l'Adoration des Rois, & le troisième la Purification de la Vierge; ils sont de *la Trémolière*.

Dans la première chapelle en entrant, on voit un tableau qui représente Sainte Geneviève, & qui est de *Vignon*. Le tableau de la chapelle des trois Maries est de *Daſsier*, &

celui de la chapelle de Saint-Joseph, est de *Perrier*.

Les Augustins du quai *Saint-Vincent*, communément appelés *les Grands Augustins*, s'établirent à Lyon vers l'an 1000; on leur donna une chapelle, dédiée à Saint-Michel, où ils bâtirent leur église; les Sires de Beaujeu, qui avoient un palais dans cette ville, donnèrent à ces Moines un grand espace de terrain qu'ils occupent aujourd'hui. Au seizième siècle, *François de Rohan*, Archevêque, & le chapitre de la cathédrale contribuèrent au rétablissement de l'église & du monastère. Ces bâtimens étant tombés en ruine, on en a construit de nouveaux, dont le Doyen de l'église de Lyon a posé la première pierre le 6 septembre 1759, au nom de M. le Dauphin; cet édifice a été construit sur les desseins & sous l'inspection de M. *Roux*.

Les Augustins réformés ont leur couvent dans le faubourg de la Croix-Rousse, ils furent fondés en cet endroit, en 1624, par le Cardinal de Marquemont.

Les Célestins, dont l'ordre est détruit depuis plusieurs années, méritent cependant encore un article. *Amédée de Savoie*, qui fut anti-Pape, sous le nom de *Félix V*, donna, vers l'an 1434, aux Célestins, le palais que les Princes de Savoie possédoient dans Lyon, & qui avoit auparavant appartenu aux Templiers; son fils, *Louis Ier de Savoie*, consentit à cette donation; tous les deux contribuèrent à la fondation de l'église & du monastère. Louis de Savoie, qui mourut à Lyon le 24 janvier 1465, dans un voyage qu'il y avoit fait pour rendre visite au Roi Louis XI, ordonna, par son testament, que son cœur seroit inhumé dans cette église, & devant le maître-autel, où on lit cette inscription :

Ici est le cœur de Louis second, Duc de Savoie, qui décéda à Lyon en M. CCCC. LXV.

Le Cardinal *George d'Amboise*, qui logea & y mourut, dans cette maison ainsi que *Jean Cœur*, Archevêque de Bourges, & fils du célèbre *Jacques Cœur*, argentier de Charles VII, contribuèrent à son embellissement.

L'église offre plusieurs objets intéressans. Sur le portail on voit les statues de Saint-Pierre Célestin & de Saint-Benoît, sculptées par *Mimerel*. Les tableaux des deux chapelles qui sont à l'entrée du chœur, sont de *le Blanc*. Dans le chœur, au dessus des stalles, on voit plusieurs tableaux; on en distingue deux vis-à-vis l'un de l'autre, qui représentent des figures à mi-corps, ils sont *d'Esquoniam*, Peintre Allemand; le tableau qui offre Saint-Charles faisant une procession, est de *le Blanc*.

La Maison de *Pazzy* de Florence, refugiée à Lyon, s'étoit fait élever, dans cette église, au milieu de la nef, un magnifique tombeau de marbre; on rapporte à ce sujet l'anecdote suivante.

Marie de Médicis, en passant à Lyon, vint entendre la messe dans l'église des Célestins; elle fut frappée de la magnificence de ce tombeau; dès qu'elle eut appris qu'il appartenoit à la Maison des *Pazzy*, qui, environ cent ans auparavant, avoient été les chefs des Florentins conjurés contre la Maison de *Médicis*, elle ordonna que, sans différer, on détruisît ce tombeau ; ce qui fut exécuté. On ne sait ce qui doit le plus étonner ou de la haine de cette femme qui se venge aveuglément sur des objets insensibles & respectables, ou de la complaisance des Moines qui n'opposèrent aucune résistance à la fureur de cette Reine.

La tribune qui soutient le buffet d'orgues, a été elevée sur les dessins de *Blanchet*, & décorée de sculptures par *Mimerel*.

La maison des Célestins qui paroît sur le quai Saint-Clair, est vaste & d'une construction moderne. La façade ayant été consumée par un incendie, elle fut réédifiée en 1746, sur les dessins de l'Architecte *Masson*; cette production ne fait pas honneur au goût de cet Artiste. L'ordre des Célestins ayant été détruit par un bref du 30 septembre 1778, signifié le 30 septembre 1779, par sentence de l'official de Lyon, ces Religieux ont été autorisés à demeurer hors du cloître.

C'est dans la maison des Célestins qu'on voit cette curieuse machine appelée l'*Argues*, destinée à dégrossir l'or.

Les Minimes, situés sur la montagne de Saint-Just, furent établis à Lyon par Théodore de Vichi de Champrond, Doyen de l'église de Lyon, qui acheta, en 1550, la maison qu'ils occupent, & ensuite les institua ses héritiers. Le chœur & le maître-autel étant tournés du côté de l'Occident, *Maurice du Fenouil*, pour changer cette disposition incomode & contraire à la discipline de l'église, fit bâtir le chœur tel qu'il est à présent.

Cette église est enrichie de plusieurs tableaux précieux. Dans la seconde chapelle, à gauche en entrant, est une Descente de croix, grand tableau vigoureusement peint, & qu'on attribue à *Augustin Carrache*.

Dans la troisième chapelle, aussi à gauche, on voit un tableau représentant la mort de Saint-Joseph; morceau plein d'expression, & dont on ignore l'Artiste.

Dans la chapelle de Saint-François de Paule, qui est auprès du chœur, se trouvent le tombeau & l'épitaphe d'*Olivier le Fevre d'Ormesson*, Président de la Chambre des Comptes, mort en 1684. Ce fut lui qui forma l'alliance de sa maison avec celle de Saint-François de Paule, par son mariage avec Anne d'*Alesso*, petite nièce de ce Saint. Le tableau de l'autel de cette chapelle est de *Claude Perrier*.

Le chœur est orné de douze tableaux qui représentent les principaux mystères du Nouveau Testament, par *Sarrabat*; ce sont les derniers ouvrages de ce Peintre.

Le tableau du maître-autel représente la Vierge dans une gloire, peinte par un grand maître. A droite de l'autel, on voit le martyre de Sainte-Agnès; à gauche, celui de Sainte-Blandine: ces deux tableaux sont de *Claude Perrier*.

Les tableaux de la Sacristie méritent de fixer les regards des amateurs; ils sont disposés en deux rangs au dessus des armoires. Chaque tableau du rang supérieur offre un trait de l'Ancien Testament, & chacun du rang inférieur offre un trait du Nouveau; & les sujets des tableaux placés l'un au dessus de l'autre, ont entre eux des rapports mystiques. A l'entrée, à droite, on voit deux figures qui servent de préliminaire à toute la suite des tableaux qui décorent cette pièce. La première figure représente le mystère de l'Incarnation dans le péché du premier homme; la seconde, la Délivrance des enfans dans la fournaise, qui fait allusion à la délivrance du genre humain par la mort de Jésus.

Au commencement des deux rangs de tableaux à droite, on voit deux Anges portant chacun une table, avec des vers qui annoncent l'intention du Peintre de mettre en opposition les traits de l'Ancien Testament avec ceux du Nouveau, & dont les premiers sont les figures des seconds.

Le premier tableau du rang supérieur représente Eliézer qui vient demander *Rebecca* en mariage. Le tableau placé au dessous offre l'Annonciation de la Vierge. Dans le second tableau au dessus, on voit Moïse dans un panier de jonc, sauvé des eaux par la fille de Pharaon, & au dessous on voit l'Enfant Jésus dans la crèche, environné d'Anges & de Bergers; il en est ainsi des autres tableaux, qui sont au nombre de seize accouplés, & dont les sujets sont dirigés dans le même esprit.

Sur la porte qui est en dedans de la Sacristie, est un tableau qui a pour sujet les quatre vœux de l'ordre de Saint-François de Paule, représentés par quatre symboles entre les mains de quatre Anges; le Diable paroît foulé sous les pieds de ce Saint : tous les tableaux de cette Sacristie sont peints par *Claude Perrier*.

C'est dans l'enclos de ce couvent des Minimes qu'on voit les restes d'un ancien théâtre fort défiguré, mais dont on distingue encore le plan demi-circulaire, quelques murs élevés, quelques gradins, l'emplacement de l'orchestre, & plusieurs portiques.

Les Capucins ont deux couvens en cette ville ; l'un, appelé *les Capucins du premier couvent*, est situé vers le milieu de la colline de Fourvières ; il fut bâti, en 1574, par l'entremise du Père *Jérôme* de Milan, Capucin & Prédicateur fameux, & par les libéralités de plusieurs personnes, & sur-tout des Italiens établis dans cette ville, qui achetèrent la maison du sieur de Gadagne.

Le second couvent, situé au bas de la colline de Saint-Sébastien, fut établi en l'an 1622 ; il est nommé *Capucins du petit Forêt*, parce qu'il fut bâti sur l'emplacement d'une maison qui portoit ce nom, & qui appartenoit à la famille des Thomassins.

L'église a été bâtie par les bienfaits de la Reine Anne d'Autriche. Jean *de Nucheze*, Evêque de Châlons, la consacra le 25 avril 1635.

Les Récollets, dans la rue Saint-Barthelemi, furent tirés de la petite ville de Saint-Genis-Laval, & furent établis, en 1625, à Lyon par la Reine Marie de Médicis, qui acheta, pour les loger, une maison nommée *Belle-Grève* ; Saint-François de Salles prêcha dans l'église de ce couvent lorsqu'elle fut consacrée.

L'entrée

L'entrée du couvent offre un morceau d'architecture aussi singulier que hardi ; il présente trois portiques fort élevés qui supportent le bâtiment de la bibliothèque; sous ces portiques est un double escalier à deux rampes, qui conduit à l'église. Cet ouvrage fut exécuté, en 1648, d'après les dessins du frère *Valérien*, Religieux de ce couvent.

Dans l'église & dans la chapelle de Saint-Pierre d'Alcantara, on remarque la statue de ce Saint par *Simon*.

Dans le chœur des Religieux, on voit quatre grands tableaux qui ont été peints à Rome, en 1750, par *le Mettay*, de l'Académie de Paris; ils représentent le Crucifiement, la Résurrection, l'Ascension, & la Pentecôte.

Dans la Sacristie sont les statues de Saint-François & d'un Ange, sculptées par *Simon*.

Le réfectoire, qui fut bâti en 1706, est orné de peintures estimées ; on y remarque sur-tout un grand tableau qui remplit tout le fond, & qui représente la Multiplication des pains ; il est de *Sarrabat*.

Lors de la construction de ce couvent, on trouva, en faisant les fondations, plusieurs restes d'anciens édifices, des murailles, des voûtes & des chambres souterraines, dont les murs étoient incrustés d'ouvrages en mosaïques ; des fourneaux à briques, des tuyaux de plomb à moitié fondus, sur quelques-uns desquels étoit encore le nom de l'ouvrier romain qui les avoit fabriqués; tous ces fragmens sont des restes incontestables du fameux incendie de Lyon ; la plupart de ces antiquités sont conservées au cabinet des antiques de la bibliothèque de la ville.

Les Picpus ou *Pères du Tiers-Ordre de Saint-François* ont une maison située dans le faubourg de la Guillotière, qui a été fondée au commencement du siècle dernier.

Les Feuillans, situés quai Saint-Clair, achetèrent, à leurs propres frais, une maison à Lyon, & s'y établirent en 1620. Quelques personnes pieuses, & particulièrement *Charles de Neuville*, Seigneur d'Halincourt, Gouverneur de la province, contribuèrent aux frais de la construction de l'église. En 1659, le Prévôt des Marchands & les Échevins donnèrent aux Feuillans une somme considérable, pour que ces Religieux se fissent construire un corps de logis ; ils leur accordèrent en outre une pension annuelle, à condition qu'ils seroient, à perpétuité, les Aumôniers de la chapelle de l'hôtel-de-ville, & qu'ils y diroient une messe tous les jours.

Dans l'église & sur le maître-autel, on voit un beau tableau de *le Blanc*.

A côté du chœur est la chapelle de Saint-Irénée, dont les lambris, la voûte & le tableau d'autel ont été peints par le même *le Blanc*. Ces peintures représentent la mort & le triomphe des martyrs de Lyon.

Les Chartreux, situés sur la côte de Saint-Vincent, & sur la colline qui porte leur nom, regardent Henri III comme leur fondateur. Ce Roi, lors de son passage à Lyon, forma le dessein, en 1584, d'y fonder une chartreuse. Il donna à l'ordre des Chartreux l'emplacement de l'ancienne citadelle de Lyon, qui fut démolie en 1585, & les Religieux y firent bâtir un monastère & une église qui a été reconstruite au commencement de ce siècle, & qui n'a été achevée que depuis une trentaine d'années.

Cette église, dont la construction a été continuée à plusieurs reprises, par son architecture & par les objets précieux qu'elle contient, est une des plus curieuses de Lyon. Le plan présente une croix latine, & l'élévation est couronnée par un dôme octogone.

Contre deux piliers qui soutiennent le dôme, & qui sont à l'entrée du chœur, on voit deux statues; l'une représente Saint-Bruno, & l'autre Saint-Jean-Baptiste; elles ont été sculptées par le célebre *Sarrasin* à son retour d'Italie; celle de Saint-Bruno est d'une grande beauté.

Au dessus du maître-autel est un baldaquin soutenu par des colonnes, placé en 1745, & exécuté d'après les dessins de M. *Soufflot*. Entre ces colonnes sont deux groupes d'Anges sculptés par M. *Boudard*, dont l'un représente l'Oraison, & l'autre la Contemplation. Dans le dôme on voit les quatre Evangélistes, qui ont été sculptés par *Reignier*, d'après les dessins de *Pigal*.

Derrière le sanctuaire sont plusieurs ouvrages en marbre, exécutés par les frères *Dorel*.

Les tableaux de cette église sont précieux; ceux qui représentent l'Ascension de Notre-Seigneur & l'Assomption de la Vierge, sont de *Tremollière*, & passent pour les meilleurs ouvrages de ce Peintre. Le tableau qui est au fond du chœur, & qui a pour sujet le Baptême de Notre-Seigneur, est de M. *Hallé* fils, de l'Académie de Paris.

Dans une des chapelles situées derrière le chœur des Peres, est une Nativité peinte par *Jordan*, éleve de *Rubens* : c'est un morceau précieux.

Dans le cloître, il ne faut pas oublier de voir deux bas-reliefs placés au dessus des deux portes, & sculptés par le célèbre *Sarrasin* ; l'un représente des Anges, l'autre Saint-Jean-Baptiste couché.

Le petit cloître est décoré de peintures qui représentent la vie de Saint-Bruno, & qui sont de *Perrier* l'oncle, & de *le Blanc*.

Dans une chapelle qui est dans l'intérieur de la maison, on voit sur l'autel l'Agonie de Notre-Seigneur, peinte par *Perrier* l'oncle.

Dans la salle du chapitre est un crucifix du même Peintre. Le réfectoire offre encore une Cène du même, & plusieurs autres tableaux, dont quelques-uns sont peints par *Vignon*.

On compte dans cette ville & dans ses fauxbourgs *sept compagnies de Pénitens*, qui sont les Pénitens de *Notre-Dame du Confalon*, dans la ville, ceux de *Notre-Dame du Confalon* établis au faubourg de la Guillotière, les Pénitens du *Saint-Crucifix*, de *la Passion*, de *la Croix*, de *la Miséricorde*, de *Notre-Dame de Laurette* & de *Saint-Charles* ; je ne parlerai pas de toutes ces pieuses associations.

Les *Pénitens du Confalon* furent fondés, à ce qu'ils prétendent, par Saint-Bonaventure, en 1224, pendant le séjour qu'il fit à Lyon, lors du Concile général qui y fut tenu à cette époque. Les exercices de cette société furent interrompus en 1562, lorsque le Baron des Adrets se fut emparé de la ville, & qu'il y eut introduit la religion Protestante. En 1576, cette société fut rétablie ; on lui dressa de nouveaux statuts approuvés par le Pape Grégoire XIII, & elle fut agrégée à l'archi-confrérie de Rome.

Le Roi Henri III, qui s'occupoit plus de processions, de mascarades, de débauches, de toilette, que de son royaume, témoigna beaucoup d'inclination pour les confréries de Pénitens ; il sembloit que les pratiques superstitieuses devenoient un assaisonnement à ses plaisirs. Ce Roi s'étoit fait recevoir Pénitent à Avignon en 1574, & avoit assisté à une procession de ces dévots, associés qu'on appeloit alors *Flagellans*, *Pénitens* ou *Battus*, parce qu'ils alloient dans les rues se fouettant & se battant de verges en procession (1).

Cette procession, à laquelle Catherine de Médecis avoit assisté, donna au Roi le goût de ces farces pieuses. En 1582, étant à Lyon, il assista plusieurs fois, en habit de Pénitent, aux exercices de cette société, qu'il déclara *royale*,

___

(1) « Le Roi étant à Avignon, lit on dans le Journal de l'Etoile, va à la procession des *Battus*, & se fait de leur confrérie ; la Reine mère, *comme bonne pénitente*, en voulut être aussi, & son gendre le Roi de Navarre (Henri IV), que le Roi disoit *n'être guères propre à cela* ». Dans le même temps le fier & fanatique *Cardinal de Lorraine*, assistant à Avignon à une procession de Pénitens, les pieds nus, la tête découverte, & un crucifix à la main, fut frappé d'une maladie dont il mourut bientôt.

ordonna qu'on suspendît dans la chapelle deux couronnes, en mémoire de ce qu'il avoit le double titre de Roi de France & de Pologne, & lui accorda des lettres patentes au mois de décembre 1583.

Ce Roi établit, dans la même année 1583, une confrérie de Pénitens à Paris, qui depuis long-temps n'existe plus. Il en fit lui-même les réglemens, & il assista à la première procession solemnelle, avec tous les Mignons & valets de sa Cour; ce fut à l'occasion de cette ridicule parade qu'on fit ce quatrain :

> Après avoir pillé la France,
> Et tout son peuple dépouillé,
> N'est ce pas belle pénitence
> De se couvrir d'un sac mouillé (1) ?

Les Lyonnois Pénitens ont attaché beaucoup

---

(1) Le peuple de Paris, jusqu'aux Pages & aux Laquais de sa Cour, se moquoient de la conduite pitoyable de cet indigne Monarque. Un Prédicateur célèbre prêcha le lendemain de cette procession, que les Pénitens étoient *la confrérie des hypocrites & des athées.* « J'ai été averti, dit-il, de bon lieu, qu'hier au soir, vendredi, jour de la procession, la broche tournoit pour le souper de ces bons pénitens, & qu'après avoir mangé le gras chapon, ils eurent pour collation de nuit, *le petit tendron* qu'on leur tenoit tout prêt. Ah ! malheureux hypocrites, vous vous moquez donc de Dieu sous le masque, & portez pour contenance un fouet à votre ceinture ! Ce n'est pas là, de par Dieu, où il faudroit le porter, c'est sur votre dos & vos épaules, & vous en étriller très-bien ; il n'y a pas un de vous qui l'ait bien mérité ».

d'importance à la vaine gloire d'avoir eu pour confrère un des hommes les plus vicieux dont l'Histoire nous ait conservé le nom ; tout comme ils ont attaché encore beaucoup d'importance à une société au moins nulle, si elle n'est pas tout à fait ridicule & superstitieuse.

En 1614, cette confrérie, trop resserrée dans un bâtiment qu'elle possédoit dans l'enceinte du couvent des Cordeliers, fit, avec ces Pères, l'échange de cet emplacement avec celui qu'elle occupe aujourd'hui. On résolut de construire une nouvelle chapelle, & les Pénitens sentirent qu'il étoit besoin, pour ennoblir en quelque sorte leur confrérie, de donner à ce nouvel édifice toute la magnificence dont ils seroient capables ; aussi cette petite église est-elle, aux yeux des amateurs des Beaux-Arts, la plus curieuse de Lyon.

La première pierre fut posée, en grande cérémonie, le 29 décembre 1631, par *Charles de Neuville*, Gouverneur de Lyon, qui contribua aux frais de la construction. Tous les dessins furent fournis par *Ferdinand de la Monce*, célèbre Architecte Lyonnois. Les sculptures & les dessins ont été exécutés par *Simon* & *Lamoureux*.

Dans le vestibule de cette chapelle, on voit six tableaux représentant des Saints à mi-corps, peints par *Vignon*, & un grand portrait de Camille de Neuville, Archevêque de Lyon, qui a été peint par *Blanchet*.

Le plan de la chapelle est simple & élégant ; l'intérieur est orné de sculptures, & tenu dans une grande propreté.

C'est dans cette chapelle, & sur-tout dans le sanctuaire, que se voit cette riche & rare collection de tableaux qu'on ne peut se lasser d'admirer.

Dans la nef de la chapelle, on compte dix tableaux, cinq de chaque côté.

Le premier en entrant, à droite, offre une naissance de Notre-Seigneur, peinte par *Blanchet*.

Le second est une Visitation de *la Fosse*, justement regardée comme un des plus beaux morceaux de ce maître.

Le troisième est la Salutation Angélique, peinte par *Corneille* le cadet, de l'Académie de Paris.

Le quatrième, la Nativité de la Vierge, par *Mignard*.

Le cinquième est la Conception de la Vierge, par *le Beau*.

En recommençant à gauche en entrant, le premier tableau est une Adoration des Rois par *la Fosse*.

Le second, une Purification de la Vierge, par *Sarrabat*.

Le troisième, une Fuite en Egypte, par *Corneille l'aîné*.

Le quatrième, l'Assomption de la Vierge, par *Trémolliere*.

Et le cinquème, le couronnement de la Vierge, par *le Beau*.

Les tableaux du sanctuaire sont encore bien plus précieux; on en remarque trois, celui du milieu est le fameux crucifix de *Rubens*. Ce tableau est un des plus beaux & des mieux conservés de ce grand Maître. Le coloris, qui étoit la partie dominante de Rubens, n'a rien perdu de sa force ; la composition, le ton général, sont très-dignes de ce Peintre; mais l'expression me semble être la qualité supérieure de ce tableau. Le mouvement de la Madeleine qui embrasse le pied de la croix, est si vrai, si fortement exprimé, qu'on ne peut long-temps la considérer sans éprouver, en quelque sorte, une partie du sentiment dont elle paroît si vivement pénétrée; ce n'est pas seulement le talent, ce ne sont pas les connoissances approfondies de l'art, c'est le génie qui a mis là son empreinte.

Des deux tableaux qui sont aux deux côtés, l'un, qui représente les Disciples d'Emmaüs, est peint par *Cretel*; l'autre est une Descente de croix, par un élève de Rubens; la composition & le coloris sont remarquables.

Dans la tribune on voit plusieurs petits tableaux, dont le plus remarquable est une Cène, peinte par *Blanchet*.

Le groupe du fond de la chapelle, qui représente l'Assomption, a été sculpté par *Perrache*, sur les dessins de *Sarrabat*. Ce dernier a peint au dessus, en camayeu, les Apôtres autour du tombeau.

La chapelle des *Pénitens de la Miséricorde*, mérite un article ; elle a été fondée, en 1636, par *César Laure*, Bourgeois de Lyon, & Milanois d'origine.

Dans l'intérieur, & au dessus de la porte d'entrée, sont trois tableaux dont celui du milieu présente *Hérodias* tenant la tête de Saint-Jean ; il est de *Sarlin*, Lyonnois, élève de *Mignard*;

les deux autres, qui représentent, l'un la délivrance de Saint-Pierre, l'autre celle de Daniel, sont de *Sarrabat*.

Au dessus d'un des petits autels, est un tableau qui offre la Vierge avec l'Enfant Jésus ; c'est encore un morceau précieux de *Rubens*.

Au fond du chœur est une Descente de croix peinte dans le dernier siècle, par *Bernard*, Architecte de la ville. Les Pénitens de la Miséricorde ne se bornent pas à chanter l'office, à parcourir les rues en procession, la tête couverte d'un sac, ils remplissent une fonction plus utile, & qui demande du courage. Ils assistent les criminels au dernier supplice, & leur rendent les devoirs de la sépulture. Les Confrères détachent eux-mêmes les corps des suppliciés de la potence ou de la roue, les déposent dans des bières consacrées à cet usage, & les conduisent ensuite au tombeau. Ce religieux dévouement mérite bien des éloges.

Les *Monastères de filles* sont à Lyon au nombre de seize ; de ce nombre sont trois abbayes royales & un prieuré.

Saint-Pierre-les-Dames est une *abbaye royale* de filles, de l'ordre de Saint-Benoît, située sur la place des Terreaux, à côté de l'hôtel-de-ville. Ce monastère est un des plus anciens établissemens religieux de la ville de Lyon ; on prétend qu'il doit sa fondation à un Seigneur nommée *Albert* ou *Adelbert*, qui, après le martyre de Saint-Irénée, fut des premiers à embrasser la religion Catholique. Ses deux filles *Radegutide* & *Aldegonde*, ainsi que sa nièce *Sybille*, s'y consacrèrent à Dieu. Un Seigneur nommé *Gerard* & sa femme *Gauberge* donnèrent, vers l'an 580, leurs biens à cette maison. On prétend encore que *Godegisèle*, qu'on appelle improprement Roi de Bourgogne, fit, de concert avec *Teudelinde* sa femme, bâtir ce monastère, que les Sarrasins détruisirent du temps de Charles Martel; tout ceci n'est pas exactement prouvé; mais ce qui l'est incontestablement, c'est que ce monastère existoit au sixième siècle, que Saint-Ennemond, quarante-unième Archevêque de Lyon, & ses sœurs qui vivoient à cette époque, y furent enterrés; que ce Saint fut le fondateur ou plutôt le restaurateur de ce monastère, & qu'étant détruit dans la suite, il fut rétabli par l'Archevêque *Leidrade*, conformément à l'intention de Charlemagne. Voici ce que ce Prélat écrivoit à ce Prince: « J'ai fait rebâtir les fondemens, l'église & la maison d'un monastère de filles, dédié à *Saint-Pierre*, où fut inhumé le corps de *Saint-Ennemond*, martyr (1); monastère que ce saint Evêque avoit lui-même institué: il est aujourd'hui habité par trente Religieuses qui y vivent suivant la règle de leur institution ».

---

(1) On rapporte que ce Saint ayant été assassiné, l'an 657, par des émissaires d'*Ebroin*, Maire du Palais, près de Châlons-sur-Saône, son corps fut exposé dans un bateau sans rames & sans conducteurs. Ce bateau, suivant le cours de la Saône, arriva jusqu'à Lyon. Sur son passage les cloches de toutes les églises sonnoient miraculeusement. Ce corps saint, malgré les invitations du Clergé & du peuple, ne voulut s'arrêter dans la ville que lorsque ses deux sœurs, Religieuses de Saint-Pierre, furent venues l'en solliciter.

Le monastère de Saint-Pierre existoit avant Saint-Ennemond, puisque son père & sa mère y étoient enterrés.

Ce couvent a été enrichi par les bienfaits de plusieurs Princes & Princesses, & il s'honore de compter au nombre de ses Abbesses, ou de ses Religieuses, plusieurs personnes d'un sang royal. Ses richesses & ses prérogatives ne rendirent pas les Religieuses plus exactes observatrices de leur règle. Les scènes merveilleuses & même scandaleuses qui s'y passèrent sous le règne de Louis XII, prouvent que ces Vierges avoient participé à la corruption & au relâchement qui se manifestèrent à cette époque dans la plupart des maisons religieuses de France, de l'un & de l'autre sexe.

L'Auteur qui rapporte les événemens dont nous allons parler, dit qu'il en a été témoin. « Lesquelles merveilleuses aventures je n'ai pas ouï tant seulement racompter, ains les ay veues & ai esté présent à tous les actes que en icelle abbaye ont esté pour ce faictes (1). »

L'Auteur nous peint ainsi le désordre dans lequel vivoient les Religieuses de ce monastère

---

(1) L'ouvrage dont il est question est intitulé, LA MERVEILLEUSE HISTOIRE DE L'ESPERIT, *qui depuis n'aguere s'est apparu au monastère des Religieuses de Saint-Pierre de Lyon, laquelle est plaine de grant admiration, comme on pourra veoir par la lecture de ce présent livre,* par ADRIEN DE MONTALEMBERT, *Aumônier du Roi François Ier.* Ce livre qui étoit extraordinairement rare, a été réimprimé dans *le Recueil des Dissertations sur les apparitions,* par M. *Lenglet Dufrenoy.*

au commencement du seizième siècle : « Chacun vivoit à son plaisir, & n'y avoit Abbé, Abbesse, ou Evesque, qui meist ordre au gouvernement desdictes Nonnains : ains alloient & venoient jour & nuyct par la ville où leur plaisoit, sans nul contredict, & appeloient qui bon leur sembloient dans leurs chambres privément, & menoient moult piteuse religion, désolée & méchante. Que vous dirois-je ? Chacun de la ville en estoit esbahy & scandalisé ». On s'occupa de les réformer, & d'introduire parmi elles des Religieuses d'une conduite plus exemplaire ; en conséquence on obtint des lettres patentes du Roi Louis XII, du 22 avril 1513, registrées en Parlement, & approuvées par une Bulle du Pape Léon X, du 9 juin 1516.

Lorsque ces Religieuses furent informées qu'on travailloit à rétablir, dans leur couvent, le bon ordre & la réforme, elles se déterminèrent à s'emparer chacune de divers objets précieux qui appartenoient à leur église, & à décamper avec ces richesses. « Si en eut telle, dit notre Historien, qui emporta une croix garnie de pierreries, l'autre quelque autre reliquaire, l'autre paremens d'autel riches, ou chappes. Les autres desroboient des ornemens, ou l'argent des reliques ; chacune emportoit ce qu'elle povoit & s'en alloit ».

Une de ces *Nonnains*, nommée *Alix de Telieux*, n'étoit pas une des moins dévergondées du couvent ; sa charge de *Sacristaine* lui fournit les moyens de se saisir d'une partie des trésors de la Sacristie. Elle sortit du couvent munie de ces effets, & les mit en gage,

Elle étoit douée de quelque beauté, *elle estoit assez cointe & belle*; elle usa amplement des plaisirs que ses charmes pouvoient lui attirer; mais bientôt une maladie honteuse, suite fatale de sa débauche, ternit sa beauté, mit fin à son libertinage, la plongea dans la plus affreuse misère, & termina sa vie; elle mourut huit ans après être sortie du couvent, dans lequel elle ne rentra plus.

Deux ans après sa mort, son esprit apparut dans le couvent de Saint-Pierre, & se manifesta d'abord à une jeune Religieuse de dix-huit ans, nommée *Antoinette Grolée*, qui avoit été amie de la défunte. L'esprit leva le voile de cette jeune personne pendant son sommeil, lui fit le signe de la croix sur le front, & lui donna un baiser sur la bouche. Quelque temps après, cet esprit moins galant se contenta de frapper quelques légers coups au dessous des pieds de la jeune Nonnain: il ne la quittoit plus. Cet esprit, méthodiquement conjuré, répondit qu'il étoit l'ame d'*Alix Telieux*, & qu'il demandoit que le corps de cette Sœur, enterré dans un village, fût transporté dans le couvent. L'Abbesse de Saint-Pierre se soumit à ce vœu, & fit inhumer honorablement ce cadavre dans l'abbaye (1). Néanmoins l'esprit redoubloit son tapage, & s'attachoit constamment à la jeune Sœur, sans cependant lui faire du mal.

L'auteur du récit fut chargé, par l'Evêque

---

(1) *Antoinette d'Armagnac* étoit alors Abbesse de cette maison, & le fut depuis 1510 jusqu'en 1536.

suffragant de Lyon, d'aller interroger cet esprit: il se transporta au couvent le 16 février 1527; lorsqu'il eut entendu le bruit qui retentissoit sous les pieds de la Sœur *Grolée*, il ordonna pour remède à cette Religieuse, de se choisir deux autres Sœurs, & prescrivit à toutes trois de dire chacune dix Pseaumes, & *par ce moyen*, dit-il, *payeroient à Notre Seigneur trente Pseaumes chacun jour pour les dettes de la povre ame détenue en la prison du purgatoire.*

Les exorcismes continuèrent les jours suivans, & le peuple, avide d'un tel spectacle, s'y portoit en foule. La Sœur *Grolée* ne fut pas la seule atteinte de cette diable de maladie; une autre Religieuse, novice qui avoit, contre son gré, embrassé la vie religieuse, parut aussi possédée, ce qui mit les Exorcistes en grande peine. Cependant après les cérémonies & conjurations d'usage, tout se passa à la grande satisfaction des dévots.

La Sœur *Grolée* fut solennellement exorcisée; l'esprit, sommé de répondre à tout ce qu'on lui demandoit, disoit *oui* ou *non*, ou ne répondoit pas du tout aux questions qu'on lui faisoit: il assura toujours qu'il étoit un *bon Ange*, & non pas un *Diable*.

Il faut remarquer qu'alors les principes du Luthérianisme commençoient à faire des progrès en France, & que le Clergé enrageoit surtout de se voir enlever le Purgatoire, mine si féconde pour lui. Les Exorcistes, en conséquence, saisirent cette occasion pour établir l'existence de ce lieu d'expiation, qui produisoit au Clergé des revenus immenses, provenant des offrandes, des prières, & des messes.

« Dis-moy, demanda l'Exorciste à la prétendue possédée, s'il y a véritablement aucun particulier lieu qui soit appelé *Purgatoire*. Répond qu'*oui*. Par cette réponse, ajoute-t-il, est confuse & condamnée la damnable assertion des faux hérétiques Luthériens ».

Comme une partie de l'interrogation ne roule que sur la validité des prières, sur la puissance du Pape, sur l'autorité de l'Eglise & autres points que les Luthériens attaquoient dans leur doctrine, on a lieu de suspecter la bonne foi de l'Exorciste historien, & on croit apercevoir le bout d'oreille, ou plutôt l'intérêt particulier qui dérange un peu le voile de ce mystère de fourberie; fourberie qui en rappelle mille autres de cette nature jouées par des Prêtres & des Religieuses, & sur-tout la fameuse possession des Ursulines de *Loudun*, où la scélératesse & les artifices furent portés à un si haut degré de perfection, que les esprits les plus accoutumés à juger les iniquités du cœur humain, à la vue d'une intrigue si odieuse, restent dans l'étonnement & la confusion.

Pour ce qui est de la possession des Religieuses de Saint-Pierre de Lyon, suivant la relation de l'Exorciste, il n'y eut de merveilleux que le bruit qu'on entendoit sous les pieds de la Sœur *Grolée*; ce bruit, qui ressembloit à des coups frappés sous terre, n'étoit-il pas produit par le pied même de la Sœur *Grolée*, qui, à la faveur de ses robes, pouvoit facilement donner à terre des coups de talon?

Des Religieuses, livrées depuis long-temps à une vie débordée, convaincues d'avoir volé les reliquaires de leur Sacristie, étoient bien capables de se prêter aux fourberies & aux manèges que les Exorcistes exigeoient d'elles. Celles de Loudun, par un motif à peu près semblable, ont bien fait pis; d'ailleurs la relation de l'Exorciste annonce l'incertitude des faits; tantôt il dit que l'esprit est un *Diable*, & il le conjure en conséquence; tantôt que c'est un *bon Ange*; ensuite que c'est seulement l'*ame* de la Sœur *Alix Telieux*. Je ne crois pas que, suivant la doctrine des Exorcistes, l'ame d'une personne morte puisse posséder une autre personne vivante, à moins que l'on ne veuille faire une épigramme, en disant qu'un Diable & l'ame d'une femme sont la même chose (1).

_____

(1) Comme un esprit sensé rejette absolument toute cause surnaturelle dans ces espèces d'événemens; si celui-ci n'a pas été déterminé par l'intérêt particulier, ni par la suggestion, il faut au moins l'attribuer à des causes physiques. La Sœur *Grolée* pouvoit avoir l'imagination frappée par la mort misérable d'*Alix de Telieux*, son amie, & se croire possédée de l'esprit du Diable, ou de celui de la défunte: confirmée dans cette croyance par les Exorcistes, elle a pu répondre au nom du Diable, & produire machinalement le bruit qu'on entendoit sous ses pieds; ces exemples sont si fréquens, & sur-tout dans les monastères, que cette supposition devient très-vraisemblable. En ce cas, la Sœur *Grolée* & sa compagne aussi possédée auroient eu plus besoin d'un Médecin intelligent, que d'ignorans Exorcistes. *Nicole* parle d'une maison de Religieuses dont toutes les Sœurs, chaque jour, à la même heure, étoient frappées du même

Partie VI. Y.

Le but de l'Auteur de cette relation semble être uniquement de détourner François Ier des opinions des Luthériens, qui commençoient à prendre faveur en France, & même à la Cour; opinion que la mère de ce Roi & sa sœur sembloient avoir déjà adoptée. Voici comme il finit son ouvrage : « Très-cher Sire, & mon très-magnifique & souverain Prince, je, vostre très-humble Orateur & Aulmosnier, vous supplie que il vous plaise de votre bénigne grace avoir agréable ce petit le mien travail ; & jaçoit que le langaige soit assez rude & mal aorné, toutesfois si est-il véritable ; car en tout ce présent traictiez, je n'escripts chose que je n'aye ouïe par moi-mesme, ou apprins & sceu par la pucelle mesme. Lequel soit composé à la confusion des fauls hérétiques Luthériens, & leurs Sectateurs, & extirpation de leur secte damnable, & assertion decepvable ; & en parfin à la gloire, honneur, louange, triumphe & magnificence

---

accès de vapeurs. Elles se mettoient à miauler toutes ensemble comme des chats, & ce miaulement ridicule, qui amusoit ou scandalisoit les voisins, duroit plusieurs heures ; pour les guérir, on n'employa ni exorcismes, ni prières, ni eau bénite ; les Magistrats de la ville signifièrent à ces Religieuses qu'il y auroit à la porte du couvent une compagnie de soldats qui, au premier miaulement, entreroient dans la maison, se saisiroient de chaque Religieuse qui auroit miaulé, & les fouetteroient vigoureusement. La crainte d'être fouettées par des soldats fut le remède spécifique, & l'on n'entendit plus de miaulemens.

de Dieu le créateur, Père & Fils & Sainct-Esperit. *Amen* ».

Lorsqu'en 1562, Lyon fut pris par le Baron des Adrets, les Protestans ne respectèrent point ce couvent, ils le pillèrent, & en détruisirent une partie. Cette maison fut magnifiquement reconstruite, en 1667, sur les desseins du sieur de *la Valsinière*, Gentilhomme d'Avignon. Elle présente quatre corps de logis, dont le principal s'étend sur la place des Terreaux, & sa façade en fait un des ornemens. Cette belle façade, qui a été commencée par l'Abbesse *Anne d'Albert* de Chaulne, & continuée par sa sœur *Antoinette*, aussi Abbesse de cette maison, offre un des plus beaux morceaux d'architecture qui soient à Lyon; elle est ornée de pilastres doriques & composites, dans la plus heureuse disposition; au milieu des quatre corps de logis est un jardin carré, entouré de portiques, & d'une galerie qui forme le cloître. Au dessus de cette galerie est une terrasse découverte qui règne tout au tour du bâtiment.

L'intérieur de ce monastère, qui peut passer pour un des plus magnifiques de France, a été décoré d'après les desseins de *Blanchet*, Peintre & Architecte de la ville; il est orné de peintures par *Cretel*, & de divers ouvrages de sculptures par *Bidaut* & *Simon*. Le réfectoire, la chapelle du Sépulcre, & le grand escalier offrent plusieurs statues sculptées par *Simon*, & des tableaux de *Cretel*. On a placé sur le grand escalier le groupe de la prison de Saint-Pierre, qui étoit autrefois sur le grand autel de l'église ; on regrette que ce bâtiment ne soit pas entièrement achevé.

L'Eglise est un ancien édifice qui a été réparé & décoré à la moderne, en 1746, sous la direction de *Gérando*. Dans la nef, à l'entrée, on voit deux tableaux placés vis-à-vis l'un de l'autre ; l'un représente Saint-Benoît donnant l'habit de religion à Sainte-Scolastique, & l'autre le même Saint distribuant des aumônes ; ils sont peints par *Duflos*.

Le maître-autel est du dessin de *Perrache le père*, qui a sculpté tous les ornemens qui l'accompagnent. On voit dans le sanctuaire six statues en stuc ; quatre représentent les Vertus Cardinales, & ont été sculptées par *la Croix* ; les autres, qui offrent les deux premières Vertus Théologales, sont de *Perrache le père*. Le sanctuaire est aussi orné de quatre tableaux représentant différens traits de la vie de Saint-Pierre ; ils sont de *Blanchet*. Le tableau qui est au dessus, & qui a pour sujet Saint-Pierre en prison, est peint par *Spier*.

L'Eglise de Saint-Pierre est paroissiale, & elle a été réunie à celle de *Saint Saturnin*, qui lui est contiguë. L'Abbesse ayant été déclarée, par arrêt du Parlement du 26 août 1699, patrone & primitive de la cure & paroisse de Saint-Pierre, elle a fait transférer les fonts-baptismaux & l'office paroissial dans l'église de ce couvent.

Dans la place de Saint-Pierre est une fort belle croix ; sur la base de laquelle est une infcription antique, rapportée par le Père Menestrier dans son Histoire de Lyon.

L'Abbaye royale de la Déserte, au bas de la colline de la Croix rousse, est ainsi nommée parce qu'elle se trouvoit anciennement hors de la ville, & dans un lieu désert. Ce couvent fut fondé, en 1260, pour des filles de l'ordre de Sainte-Claire, par *Blanche de Châlon*, fille de *Jean de Châlon*, & femme de *Guichard* de Beaujeu, Connétable de France. Du temps des guerres civiles ce couvent fut entièrement ruiné; les revenus furent dissipés, & la régularité ainsi que la clôture mal observées. Plusieurs Religieuses, par une suite du désordre où elles avoient vécu, par la nécessité des circonstances, ou par leurs propres inclinations, abandonnèrent leur couvent; celles qui restèrent furent réduites à instruire des enfans pour subsister; elles se rétablirent dans la suite, & prirent l'habit avec la règle de Saint-Benoît, qu'elles ont gardés jusqu'à présent.

L'église, le chœur & le monastère sont assez bien bâtis.

Le maître-autel de l'église est décoré de quatre statues sculptées par *Coustou*, d'un grand tableau dont le sujet est la Multiplication des pains; & de deux autres plus petits, qui représentent l'un Saint-Benoît, l'autre Sainte-Scolastique; ces trois tableaux sont peints par *Dassier*.

Dans le chœur on voit le tombeau de Dame *Gigonne de Chaponay*, qui étoit, en 1618, Abbesse de cette maison; elle la gouverna pendant trente-cinq ans avec sagesse, & mourut à quatre-vingts ans. Voici l'inscription qui est sur son tombeau :

> En repos, dessous cette lame,
> Gisent les cendres d'une Dame
> Dont le renom vivra toujours ;
> Elle a, à la fin de ses jours,
> A nos cœurs sa vertu remise,
> Nous, son corps au chœur de l'église.

Dans les jardins & les vignes qui dépendent de ce monastère, on voit plusieurs réservoirs destinés à recevoir les eaux d'un aquéduc. On y remarque sur-tout la place où étoit un grand amphithéâtre, de forme circulaire, qu'on pouvoit remplir d'eau pour y exécuter des combats naumachiques & d'autres jeux semblables. Cet amphithéâtre n'offre plus que quelques ruines & un plan imperceptible ; il faut être prévenu de son existence pour le reconnoître.

L'Abbaye royale de Chazaux est située sur la colline de Fourvières. Les Religieuses avoient été fondées à *Chazaux*, paroisse de Firminy en Forez, l'an 1432, par *Lucie de Beaudiner*, Dame de Cornillon, & elles avoient d'abord adopté l'ordre de Sainte-Claire ; elles embrassèrent ensuite celle de Saint-Benoît. En 1623, le 8 avril, elles furent transférées à Lyon par *Gilberte-Françoise d'Amanzé de Chauffailles*, Religieuse au monastère de Saint-Pierre, & qui devint Prieure de celui de

Chazaux; ce fut à l'époque de cette translation que ce prieuré fut érigée en *abbaye royale*. La nouvelle Abbesse acheta, pour cet établissement, la maison de *Bellegrève*, qui avoit appartenu à François de *Mandelot*, Gouverneur de Lyon, & qu'il avoit fait embellir de peintures, de jardins, & de fontaines. Au commencement de ce siècle, l'Abbesse *Jeanne de Rostaing* fit élever, pour la communauté, un nouveau bâtiment vaste & commode.

Saint-Benoît, prieuré de filles, situé près de la Saône, au bas de la colline des Chartreux, doit son établissement à Madame *Dugué*, Religieuse de Sainte-Claire. La Prieure du monastère de *Blie* qui n'existe plus, avoit résigné, en 1654, son prieuré à cette Dame; cette résignation ne put avoir son effet. Madame *Dugué* quitta alors le couvent de *Blie*, & s'étant réunie à sa sœur, qui étoit aussi Religieuse de Saint-Pierre, elles achetèrent, de leur patrimoine, un emplacement sur le quai Saint-Vincent, y fondèrent un prieuré à la nomination de l'Archevêque, avec la condition expresse & singulière qu'il pourroit se résigner. Le désagrément que cette Dame avoit éprouvé par l'invalidité de la résignation qui lui avoit été faite, la détermina sans doute à fonder un prieuré dont la résignation ne pût point être attaquée; on croit que c'est le seul exemple de bénéfice de filles qui soit résignable par sa nature.

Ces Religieuses, en 1684, ont fait construire un bâtiment très-spacieux, flanqué de deux gros pavillons.

Dans l'église de cette communauté, on remarque le tableau du maître-autel, qui représente Saint-Benoît recevant le Viatique ; il est de *Blanchet*.

Sur un petit autel qui est à droite en entrant, est un autre tableau qui offre la Nativité de Notre-Seigneur, peint par le même Artiste.

Au dessus de la porte est un tableau dont le sujet est la Purification de la Vierge, par *Blanchard*.

La communauté des filles de Sainte-Claire est située sur la Saône, près de l'église d'Ainay. Pendant les guerres de la Ligue, les Religieuses de l'abbaye de Sainte-Claire de Bourg-en-Bresse, alarmées par le bruit des armes, & voyant la ville assiégée, vinrent se réfugier à Lyon. Louise *de Lange*, femme du Président Balthazar de Villars, peu de temps après leur arrivée, leur donna un asile dans une maison du quartier de Gourguillon ; mais comme ce lieu n'étoit pas commode, cette Dame contribua à leur procurer, vers l'an 1601, l'emplacement de la *Bastie-Palmier*, près du pont d'Ainay, qu'elles occupent aujourd'hui.

Cet emplacement étoit celui d'un jeu de paume fort ancien, célèbre par un funeste événement. François Dauphin, fils de François I.er, en allant joindre le Roi son pere, qui faisoit, en 1536, la guerre en Provence contre les troupes de Charle-Quint, s'arrêta à Lyon. Pendant qu'il étoit occupé à jouer à la paume dans cet endroit, le Comte Sébastien *Montécuculi*, Gentilhomme Italien, son échanson, lui donna du poison dans une tasse d'eau fraîche. Bientôt le jeune Prince se sentit très-malade ; on le fit promptement partir de Lyon par eau, pour aller joindre son père qui étoit à Valence ; mais il ne put y arriver, il fut obligé de s'arrêter à Tournon où il mourut (1).

Montécuculi fut arrêté ; il dénonça, pour complice, *Antoine de Lève* & *Ferdinand de Gonzague*, & fut convaincu d'avoir empoisonné le Dauphin, *en poudre d'arsigny sublimé*, est-il dit dans l'arrêt, *par lui mise dans un vase de terre rouge, en la maison du Plat à Lyon, convaincu aussi d'être venu en France exprés, & en propos d'empoisonner le Roi, & s'être mis en effort de ce faire.* Il fut écartelé ; les quatre parties de son corps furent pendues aux quatre portes de la ville de Lyon, & sa tête exposée au bout d'une lance

_____

(1) *Jean*, Cardinal de Lorraine, fut chargé d'annoncer cette fatale nouvelle au Roi. « Le Cardinal, dit *du Bellay*, se trouva la langue attachée aux lèvres, & quoiqu'il l'eût naturellement faconde & diserte, il lui mâcha plus qu'il ne prononça, & dit seulement, en béguayant, que certainement il lui étoit empiré, mais qu'il falloit avoir en Dieu espérance de la guérison. *J'entends bien*, dit alors le Roi, *vous ne m'osez de première entrée, dire qu'il est mort, mais seulement qu'il mourra bientôt.* A ces mots, répondit le Cardinal en le confessant par signe plutôt que de bouche ; & lors n'eussiez veu, sinon larmes, ni entendu sinon sanglots & soupirs des assistans. Le Roi jetant un haut soupir, qui fut ouï des autres chambres, se retira sur une fenestre, seul & sans mot dire, avec le cœur pressé de deuil, & réprimant ce deuil, contre la commune & naturelle puissance, &c.

sur le pont du Rhône. Cet arrêt est du 7 octobre 1536.

L'Empereur Charles-Quint fut vivement accusé d'avoir instigué Montécuculi à cet empoisonnement, & cette accusation est répétée par la plupart des Ecrivains de ce temps-là. Quelques-uns cependant prétendent que le jeune Prince ne fut point empoisonné, mais qu'il mourut seulement pour avoir bu de l'eau fraîche, après s'être trop échauffé à jouer à la paume; d'autres disent que les excès auxquels il s'étoit abandonné à Lyon avec des femmes, & sur-tout avec la belle *l'Estranges*, avoient seuls contribué à sa mort. A ces opinions on oppose l'aveu même que *Montécuculi* fit de son crime, la découverte qui fut faite chez lui de plusieurs poisons, & sur-tout d'un livre sur leur usage, écrit de sa propre main.

Ce jeu de paume fut changé en église en faveur des Religieuses de Sainte-Claire. On y bâtit aussi un monastère dont la première pierre fut posée par *Nicolas de Neuville*, Marquis de *Villeroy*, Gouverneur de Lyon, & par son frère *Camille de Neuville*, depuis Archevêque de Lyon. La Supérieure de ce couvent prend le titre d'*Abbesse*, & porte une *crosse de bois*; ornement qui rappelle la simplicité patriarcale, & qui étoit fort en usage du temps que *les Evêques* étoient *d'or*, & qui est devenu fort rare depuis que les Evêques sont de bois.

Dans l'église de cette communauté, on remarque le tableau de l'autel, qui représente la Sainte-Vierge, Sainte-Claire & Saint-François; il est peint par *Perrier*.

Sainte-Elisabeth des deux Amans est un monastère de filles, situé près le bourg de Vaise. Les religieuses du Tiers Ordre de S.-François, sous le titre de Sainte-Elisabeth, Reine d'Hongrie, vinrent, en 1615, de la petite ville de Salins en Franche-Comté, à Lyon. Marguerite d'*Ullins*, femme de François *Clapisson*, Président des Trésoriers de France, fut leur fondatrice, & deux filles du Baron *de Vaux* fournirent à la dépense du bâtiment situé rue de la Charité. Le nombre des Religieuses étant devenu très-considérable, on fonda, en 1660, une seconde maison de cet ordre, sur les bords de la Saône, entre les portes de Vaise, qui fut nommée *des deux Amans*, parce que, près du lieu qu'elles occupent, étoit un tombeau antique qui portoit ce nom, & qui a été détruit, comme nous l'avons dit ci-dessus, page 280.

Le monastère établi dans la rue de la Charité a été réformé, & celui appelé *des deux Amans*, qui étoit le second de cet ordre à Lyon, est devenu le premier.

Le second monastère de Sainte-Elisabeth, vulgairement appelé *les Collinettes*, est situé sur la colline de Saint-Sébastien; il fut fondé par Madame de Colligny. On ignore si c'est au nom de *Colligny* ou à la *colline* où ce couvent est situé, que ces Religieuses doivent le nom peu religieux *de Collinettes*.

Les Ursulines, premier monastère, rue de la Vieille monnoie, vinrent de Provence à Lyon, & s'y établirent en 1612. Le nombre des Religieuses s'étant fort augmenté, on fonda, en 1633, un second couvent près de Saint-Just;

c'est dans l'enclos de ce dernier monastère qu'on voit un réservoir antique, dont il est parlé p. 279.

Dans l'église on remarque un grand tableau de dix pieds de hauteur sur six de largeur, qui offre Sainte-Angèle présentant à Sainte-Ursule les Religieuses Ursulines qu'elle a rassemblées sous son nom, & soumises à la règle de Saint-Augustin ; il a été peint, en 1771, par M. *Renou*, de l'Académie de Paris.

La Visitation de Sainte-Marie, premier monastère, est situé près de la place de Bellecour. Cette maison, la première de cet ordre en France, a été fondée, en 1614, peu de temps après l'institution de l'ordre de la Visitation de Sainte-Marie. *Marie-Renée Trainel*, veuve de Jean d'Auxerre, Lieutenant Général au bailliage de Montbrison, fit venir des Religieuses d'Anneci ; elles logèrent d'abord sur la colline de Saint-Sébastien, au chemin des Fontaigues, & ensuite en Bellecour, dans la maison qu'elles achetèrent d'Amable Thierri, ancien Echevin. Leur premier institut les obligeoit à sortir pour servir les malades. Cette règle, très-favorable aux pauvres, ne fut pas du goût de l'Archevêque *Denis de Marquemont*, il les fit cloîtrer, après en avoir pris le consentement de leur instituteur, Saint-François de Salles.

L'église est bien bâtie & fort ornée de peintures. Le tabernacle du maître-autel a été sculpté par *Lamoureux*, sur les dessins de *Ferdinand de la Monce* ; il est en bronze doré & en marbre précieux. Le tableau de cet autel, qui représente la Visitation, a été peint par *Charles Lagou*, Angevin.

Le tableau de la chapelle de Saint-François a été peint par *Blanchet*.

Dans la chapelle du chœur, qui est au côté gauche, on voit Saint-François de Salles qui apparoît à la bienheureuse mère de Chantal ; il est de *Restout*, & a été placé en 1752.

Dans l'intérieur du monastère on voit une chapelle, qui étoit autrefois la maison du Jardinier, où Saint-François de Salles logea & mourut d'apoplexie le 26 décembre 1622 ; son cœur y est conservé. Christine de France ayant épousé le Prince de Piémont, l'avoit pris pour son Aumônier. Le Prélat ne reçut cette charge qu'à condition qu'elle ne l'empêcheroit point de résider dans son diocèse, & que quand il ne la rempliroit point, il n'en toucheroit point les appointemens. *Je me trouve bien d'être pauvre*, disoit-il à cette Princesse, *je crains les richesses ; elles en ont perdu tant d'autres ! elles pourroient bien me perdre aussi*. Nos Prélats d'aujourd'hui professent la même religion que Saint-François de Salles, mais leur dévotion & leur sainteté sont toutes différentes ; ils sont aguerris contre le danger des richesses, & ne craignent pas de périr dans le danger.

Ces Religieuses ont la direction des filles pénitentes. On y reçoit des pensionnaires qui doivent être vêtues en laine noire.

Le second couvent de la Visitation, situé sur la montée de Gourguillon, est nommé *l'Antiquaille* ; nous en avons parlé ci-dessus, page 284.

Les Carmélites, situées sur la colline des Chartreux, furent fondées dans cette ville, en

1616, par *Jacqueline de Harlay*, femme du Marquis d'Halincourt, Gouverneur de Lyon; elle acheta l'emplacement, & fit bâtir le monastère & une chapelle. Son fils, premier Duc & Maréchal *de Villeroi*, fit élever la magnifique église qu'on voit aujourd'hui, avec une chapelle destinée à la sépulture de sa famille. Madame de Villeroi, petite-fille de ce Duc, Prieure de ce couvent, par les libéralités du Maréchal son père, fit construire, en 1700, pour le monastère, un nouveau bâtiment, avec une nouvelle magnificence.

L'église est remarquable par sa grandeur, par son élégance; elle a été construite, en 1682, sur les dessins de François d'*Orbay*. Sur la façade on voit une Dame de pitié tenant sur ses genoux Jésus mort, sculptée par *Bidault*. Elle est décorée, dans l'intérieur, de pilastres corinthiens accouplés. Au fond de l'église, deux grandes colonnes de marbre, avec leur entablement, forment une espèce de rétable sur le fronton duquel est représenté, en bas-relief, l'enlèvement d'Elie, sculpté d'après les dessins de *Thomas Blanchet*. Sur le maître-autel on voit les statues d'Elie, d'Elysée & de Sainte-Thérèse, sculptées par *Bidault*.

Le tabernacle, admirable par le choix & la rareté des marbres qui le composent, par la beauté des figures de bronze doré dont il est orné, a été fait à Rome sur les dessins du cavalier *Bernin*. La partie supérieure de ce morceau précieux présente un nuage en agathe, d'où sort la figure de Jésus ressuscité.

Le tableau de cet autel est une belle Descente de croix du célèbre *le Brun*; ce tableau fut commencé par ses élèves, & retouché entièrement de sa main; c'est un des beaux morceaux de ce grand maître.

La chapelle de Villeroi est très-curieuse; elle est vaste, & embellie, comme l'église, de pilastres corinthiens. L'autel est orné d'un rétable à colonnes, avec des pilastres en marbre portor, dont les bases & les chapiteaux, ainsi que plusieurs autres ornemens, sont de bronze doré. Le tableau de l'autel est une Nativité peinte par *Houasse*.

On voit au fond de la même chapelle un autre tableau qui représente la Religion triomphante, accompagnée des Seigneurs & Prélats de la Maison de Villeroi; il est de M. *Grandon*.

Dans cette chapelle on voit aussi les mausolées de la Maison de Villeroi. Celui de la fondatrice, la Marquise d'*Halincourt*, placé le plus près de l'autel, est en marbre, & offre la figure de cette Dame; celui de son mari est au fond de la chapelle, on y voit sa figure en bronze; ces deux mausolées avec leurs statues ont été sculptés par *Jacob Richer*.

Le troisième mausolée a été élevé aux frais de *Camille de Neuville*, Archevêque de Lyon, pour son frère *Nicolas de Neuville*, Duc de *Villeroi*, Pair & premier Maréchal de France, mort le 28 novembre 1685, à quatre-vingt-huit ans; il fut Gouverneur de Louis XIV; on a fait un éloge bien rare de ce Seigneur, lorsqu'on a dit qu'il étoit *courtisan honnête homme*.

Ce Seigneur est représenté à genoux sur un sarcophage, revêtu des habits de l'ordre du Saint-Esprit, & accompagné de deux Vertus, la Prudence & la Religion. Ces figures, qui sont de marbre, & les autres ornemens de ce mausolée, ont été exécutés par *Bidault*, Sculpteur, sur les dessins de *Thomas Blanchet*, Peintre & Architecte ordinaire de la ville.

Le couvent des *Annonciades* ou *Bleus célestes*, ainsi nommé à cause de la couleur des habits des Religieuses, sur la côte de S.-Vincent, près des Carmélites, a été fondé, en 1625, par *Gabrielle Gadagne*, Marquise de Chevrières.

Les Religieuses *Bernardines* quittèrent la maison occupée par les Missionnaires de Saint-Joseph, & vinrent, en 1641, s'établir sur la montagne de Saint-Sébastien, près de la porte de la Croix Rousse, où elles sont encore aujourd'hui.

Nous ne parlerons pas de quelques autres maisons religieuses de peu d'importance, qui n'offrent rien d'intéressant à voir ni à dire.

Les Séminaires de Lyon sont au nombre de deux; le séminaire de *Saint-Irénée* & celui de *Saint-Charles*.

Le séminaire de *Saint-Irénée* a été fondé, en 1659, par *Camille de Neuville*, Archevêque de Lyon; il est sous la direction des Prêtres de Saint-Sulpice de Paris; on y enseigne ce qu'on appelle dans ces maisons *la Philosophie* & *la Théologie* dogmatique & morale.

Le séminaire de *Saint-Charles*, dit aussi *les petites Ecoles*, a été fondé, en 1670, par le même Archevêque. On y instruit les enfans pauvres

pauvres des deux sexes de la ville & des faubourgs; les Ecoles des garçons sont professées par dix-huit jeunes Ecclésiastiques qui font en même temps leur séminaire gratuitement dans cette maison, sous un Supérieur & plusieurs Directeurs & Professeurs. Les Ecoles des filles sont confiées à des Sœurs nommées de *Saint-Charles*, au nombre de trente, & qui vivent en communauté.

On compte dans cette ville deux *Collèges* pour l'instruction de la jeunesse, le collège *de la Trinité* & celui de *Notre-Dame*.

Le collège de la Trinité, dont le Père *Colonia* a parlé dans le plus grand détail, doit son nom à une des plus anciennes confréries du royaume qui fut établie à Lyon au treizième siècle, sous la dénomination de *la Trinité*. Cette confrérie jouissoit de plusieurs biens, lorsqu'en 1529, François Ier ordonna que les fonds possédés par des associations de cette espèce seroient appliqués à des collèges, à des hôpitaux ou à de pareils établissemens. Il fut en conséquence arrêté que les biens de la confrérie appartiendroient à un nouveau collège qui porteroit le nom de *la Trinité*. Symphorien Champier & Claude de Bellièvre, Echevins honoraires de Lyon, contribuèrent beaucoup, par leur sages conseils, à cet utile établissement. *Guillaume Durand*, connu avantageusement dans les lettres, en fut le premier Principal, & il eut pour successeur, *Barthelemi l'Aneau*, qui, pendant une trentaine d'années, y avoit professé la rhétorique avec beaucoup d'éclat. Ce professeur se servit de ses talens, & de l'influence qu'il avoit sur l'esprit de la jeunesse, pour répandre & accréditer les nouvelles opinions des Protestans, & cette conduite lui devint fatale. Le jour de la Fête-Dieu, de l'an 1565, la procession passant à l'extrémité de la rue Neuve, il fut lancé, d'une des fenêtres du collège, une grosse pierre qui atteignit le Prêtre qui portoit le S.-Sacrement. Le peuple irrité, & soupçonnant l'*Aneau* de cet attentat, entra en foule dans le collège, & massacra ce Professeur.

Quelque temps après, les Jésuites furent introduits dans ce collège, & chargés d'y professer. Le Père *Edmond Auger*, célèbre par ses ouvrages, & par les services qu'il avoit rendus particulièrement pendant que la peste désoloit cette ville, en fut regardé comme l'instituteur (1), & *Guillaume Critton*, Ecossois de

---

(1) Le Baron *des Adrets* ayant fait arrêter le Père *Edmond* à Valence, le condamna à être pendu. Ce Jésuite étoit déjà sur l'échelle, lorsqu'un Ministre Protestant attendri demanda sa grace, & l'obtint. Il ne fut depuis que plus zélé défenseur du catholicisme. Un jour, accompagné de quelques Docteurs catholiques, il fit une visite chez tous les Libraires & dans toutes les Bibliothèques de Lyon; s'empara, par ordre du Roi, de tous les livres qui n'étoient pas conformes à ses opinions, & pendant les trois nuits qui précédèrent la fête de Noël, il les fit dévotement brûler sur le pont de la Saône. Cet *autodafé* n'est pas le plus beau trait de la vie d'*Edmond Auger*. Henri III le nomma son Prédicateur & son Confesseur. Son zèle étoit si outré, qu'il porta ce Roi à toutes les farces pieuses qu'on lui reproche si justement. Ce Père devint l'objet de la satire des Protestans & des gens raisonnables de son

naissance, de la famille des Hamilton, en fut le premier Recteur.

Au commencement du siècle dernier, les Jésuites qui commençoient à être riches & considérés, pensèrent à faire reconstruire entièrement les bâtimens de ce collège. La première pierre en fut posée le jour même de la Trinité de l'an 1617, par le Cardinal de *Marquemont*, Archevêque de Lyon, par *Charles de Neufville d'Hallincourt*, & par le Consulat en corps.

Depuis l'expulsion des Jésuites, l'administration de ce collège a été confiée, par édit du mois de février 1763, à un bureau créé par le même édit, & l'instruction à des Prêtres de la congrégation de l'Oratoire.

Ce collège, qui est un des plus beaux de l'Europe, fut bâti aux frais de la ville, sur les desseins d'un Jésuite nommé *Martel Ange*, & ce fut son premier ouvrage en architecture. Ce même Jésuite a fourni les desseins de l'église, aujourd'hui abandonnée, du Noviciat des Jésuites à Paris.

La cour des classes est décorée de diverses peintures exécutées par *Dupuy* & *Blanchet*, d'après les programmes que leur en a fournis le

---

temps. *L'Etoile*, dans son *Journal d'Henri III*, l'accuse d'impudence, & le traite de *Jésuite bâteleur*. Catherine de Médicis fut si scandalisée des pratiques minutieuses & des bigoteries que le Père *Auger* inspiroit au Roi, qu'elle obligea les Supérieurs de ce Jésuite à le faire sortir du royaume. Il mourut à Come dans le Milanois, en 1590.

Père *Menestrier*; elles représentent allégoriquement les Sciences professées dans ce collège & les principaux événemens de l'Histoire de Lyon.

L'église est également bâtie par le Père *Martel Ange*. La voûte est ornée de peintures à fresque, exécutées par un autre Jésuite nommé Frère *Labbé*.

La chaire du Prédicateur est toute composée de marbre jaspé de diverses couleurs, enrichie de bas-reliefs & d'ornemens de bronze doré. *Ferdinand de la Monce* en a fourni les dessins en 1696, & *Lamoureux* en a exécuté les bas-reliefs & autres sculptures.

Les tribunes & les chapelles sont ornées de balustrades & de colonnes de marbre, exécutées sur les dessins de *Blanchet*. On distingue surtout la chapelle de *Saint-Ignace* & de *Saint-Louis*, dont la décoration est due à *Beauregard*, élève de *Blanchet*.

Le maître-autel offre un tabernacle de bronze doré, & d'une belle forme. Toutes les sculptures & les statues du sanctuaire ont été faites à *Carrare* en Italie; le tableau est peint par *le Blanc*.

La chapelle de *la grande Congrégation*, qui est derrière l'église, a été ornée sur les dessins de *Thomas Blanchet*, & tous les tableaux qui la décorent sont de ce maître; on distingue celui du maître-autel, & ceux qui représentent la Congrégation, la Nativité, & le trépas de la Vierge.

Dans la chapelle de *la Congrégation des Artisans*, le tableau d'autel est de *Sarabat*, & les décorations sont de *Chabri* le Père.

Dans la chapelle de *la Congrégation des Affaneurs*, on voit sur le mur & contre l'autel un morceau de perspective remarquable, qui a été peint par M. *Morand*. Le tableau de l'autel présente une Visitation de la Vierge par *Nonnote*.

L'observatoire est une des parties les plus remarquables de ce collège; il est bâti au dessus de la façade, & sur une partie de la voûte de l'église. Cette construction hardie a été dirigée par le Père *Jean de Saint-Bonnet*, qui mourut le 5 mai 1702, d'une chûte qu'il fit en conduisant les travaux de ce bâtiment.

Au dessus de cet édifice est une terrasse de laquelle on découvre une vue magnifique & très-étendue.

La Bibliothèque occupe toute la façade du bâtiment qui règne sur le quai du Rhône; nous en donnerons une description détaillée, ci-après, page 362, en parlant des *bibliothèques* de Lyon.

Le collège de Notre-Dame, situé rue du Bœuf, fut fondé, en 1630, par *Gabriel de Gadagne de Chevrières*, qui acheta la maison où ce collège est établi. Ses revenus ont augmenté par plusieurs dons, & par la réunion du prieuré de Saint-Romain en Jarretz. Ce collège est administré par le même bureau qui administre celui de la Trinité; il est professé par des maîtres séculiers; l'on y enseigne jusqu'à la Rhétorique inclusivement.

Dans l'église de ce collège & dans le sanctuaire, on remarque un grand & excellent tableau, dont le sujet est Notre-Seigneur sur la montagne servi par les Anges ; il est de *Jacques Stella*. Le tableau qui est en face, & qui représente une Sainte Famille, paroît être d'une assez bonne main.

Le collége de Médecine est un des plus anciens du royaume ; il fut établi, au mois de juin 1577, par lettres patentes de Henri III. MM. les Agrégés ont le titre de Professeurs, & sont chargés, par leurs statuts, d'enseigner toutes les parties de la Médecine qui ont rapport à la Chirurgie & à la Pharmacie. Ces leçons, interrompues depuis plusieurs années, par un défaut d'emplacement, ont été reprises à l'hôtel-de-ville. On y professe en hiver l'Anatomie & la Chirurgie ; au printemps, la Chimie, la Pharmacie, & la Botanique.

Depuis plusieurs années, trois Docteurs agrégés donnent gratuitement aux pauvres, le mardi de chaque semaine, depuis dix heures du matin jusqu'à midi, dans la salle de Henri IV, à l'hôtel-de-ville, des consultations par écrit ; tous les pauvres qui s'y présentent y sont admis.

Le collége royal de Chirurgie est fort ancien ; il a été érigé en *collége royal* par lettres patentes du 6 juillet 1775, qui établissent des cours de Chirurgie & la police des Ecoles, fixent le nombre & la quantité des épreuves auxquelles les Candidats doivent être assujettis. Ces actes probatoires sont au nombre de dix-huit ; on y joint un examen public en présence du Consulat, dans lequel le Candidat doit soutenir une thèse, pendant deux heures, sur une matière d'anatomie ou de chirurgie.

Conformément à ces lettres patentes, quatre membres du collège, pris à tour de rôle, se rendent dans une des salles du *concert*, place des Cordeliers, où se tiennent toutes les assemblées de ce collège, le lundi de chaque semaine depuis dix heures du matin jusqu'à midi, pour y visiter les malades pauvres qui s'y présentent, & auxquels ils donnent gratuitement des consultations chirurgicales.

Les démonstrations publiques se font dans un amphithéâtre, place de la charité.

L'Ecole royale vétérinaire de Lyon, située à la Guillotière, est le premier établissement de ce genre formé en France. Cette Ecole fut instituée par un arrêt du conseil, du 5 août 1761, pour étendre les connoissances & perfectionner les traitemens des maladies qui attaquent les animaux domestiques. L'ouverture de l'Ecole se fit le premier janvier 1762 : dès l'instant de sa naissance cet établissement parut si favorable à l'agriculture, & rendit de si grands services dans les campagnes, en arrêtant les progrès des épizooties les plus cruelles, que ces premiers succès lui méritèrent le titre d'*Ecole royale Vétérinaire*, qu'elle obtint par un arrêt du conseil du 31 juin 1764. Ce fut à l'instar de cette Ecole, & en 1764, que le Roi en établit une au château d'*Alfort*, près de Charenton, à deux lieues de Paris, qui est le second établissement de ce genre.

L'Ecole gratuite de Dessin se tient à l'hôtel-de-ville; elle doit son institution au zèle de plusieurs citoyens qui se réunirent, & formèrent, en 1756, cet utile établissement à leurs propres frais. M. *Bertin*, alors Intendant de la généralité, s'associa à cette œuvre de bienfaisance, en obtenant du gouvernement une partie des secours qui lui étoient nécessaires; mais ces secours lui furent retirés, & les exercices interrompus; le Consulat, le zèle soutenu des citoyens, & sur-tout le désintéressement des Professeurs, firent plus que le gouvernement & que les prétendus protecteurs qui le composoient. L'École se rétablit, & ce ne fut qu'en 1780, que le conseil assigna une somme, très-modique, pour les frais de première nécessité de cet établissement, si utile dans une ville qui ne fleurit que par son commerce, & dont le commerce est presque entièrement fondé sur les manufactures dans lesquelles les Arts, & sur-tout celui du dessin, doivent entrer pour beaucoup.

Cette École est sous l'administration d'un bureau composé de quatorze Administrateurs. Il y a des Professeurs pour l'étude du modèle, pour la sculpture, pour les fleurs & l'ornement, pour la géométrie pratique, pour l'architecture, ainsi que pour les principes élémentaires du dessin.

Petites Écoles. Voyez ci-devant *Séminaire de Saint-Charles*, page 352.

Académie du Roi pour l'éducation des Militaires, située sur les remparts; c'est une des plus anciennes du royaume; on y enseigne les langues étrangères, le dessin, les mathématiques, l'équitation, la danse, l'escrime, &c.

Académie des Sciences, Belles-Lettres & Arts. Cette société doit son établissement à quelques hommes de Lettres qui se réunirent dès l'an 1700; elle fut autorisée, en 1724, par lettres patentes du Roi, confirmées en 1752. En 1758, on y réunit la *société des Beaux-Arts*, qui s'étoit également formée à Lyon, & qui avoit reçu une autorisation du gouvernement.

La compagnie est composée de quarante Académiciens, & d'un nombre illimité d'associés. Les séances se tiennent le mardi de chaque semaine, dans une des salles de l'hôtel-de-ville. Elle a en outre trois assemblées publiques dans l'année; l'une le second mardi après la Quasimodo; l'autre le premier mardi après la fête de Saint-Louis, pour la distribution des prix; & la troisième le premier mardi de décembre.

Le sceau de l'Académie représente l'ancien temple dédié à Rome & à Auguste, avec ces mots: *Athenæum Lugdunense restitutum*, & dans l'Exergue, *Acad. Sc. Lit. & Art.* 1700.

L'Académie possède divers cabinets, & une bibliothèque qui est ouverte au public à certains jours de la semaine; nous en parlerons ci-après. Elle distribue dans son assemblée publique, qui suit la fête de Saint-Louis, une médaille d'or, du prix de trois cents livres, destinée au meilleur ouvrage sur un sujet proposé & relatif aux Sciences. Tous les deux ans elle distribue une autre médaille d'or, du même prix, & une médaille d'argent du prix de vingt-cinq livres, pour des sujets d'Histoire Naturelle & d'Agriculture; ces derniers prix ont été fondés par M. *Almodi*, qui a aussi légué, en 1763, sa bibliothèque à cette Académie.

La Société royale d'agriculture, qui tient ses séances à l'hôtel-de-ville, a été établie d'après l'arrêt du conseil du 12 mai 1761; son objet est de contribuer aux progrès de l'agriculture dans l'étendue de la généralité de Lyon; elle distribue tous les ans un prix.

Bibliothèques & Cabinets curieux. Il y en a plusieurs à Lyon, tant publics que particuliers. Nous allons parler des plus considérables.

La Bibliothèque de la ville au collège de la Trinité, est la plus belle & la plus riche de la ville; elle occupe un vaste & magnifique corps de logis, dont la façade règne sur le quai du Rhône. La salle des livres est un superbe vaisseau, & offre un coup-d'œil imposant; on est frappé de l'étendue de cette pièce, du grand jour dont elle est éclairée, & sur-tout du tableau brillant & animé qu'y présentent le quai, le cours du Rhône, & les objets qui sont au delà.

Cette salle a cent cinquante pieds de longueur, trente-trois de largeur sur trente-neuf de hauteur. Seize rangs de livres règnent dans toute la longueur & toute la largeur de ses quatre faces.

Cette collection de livres est formée principalement de la bibliothèque des anciens Jésuites qui occupoient le collège de la Trinité, de la riche bibliothèque de M. *Camille de Villeroy*, Archevêque de Lyon, qui, en 1693, la légua à ce collège, & d'une partie de celle de M. *Pierre Aubert*, Avocat & ancien Echevin.

Ce citoyen légua sa bibliothèque, qui étoit fort considérable à la ville, à condition qu'elle seroit publique après son décès. MM. du Consulat la firent d'abord transporter dans l'hôtel de Flechères, près du palais; enfin elle fut divisée, & une partie fut réunie à celle du collège de la Trinité, & l'autre à celle du collège de Notre-Dame.

Cette bibliothèque est ouverte au public depuis la Saint-Martin jusqu'au 15 du mois d'août, le mardi & le jeudi, le matin à huit heures & demie jusqu'à onze heures; l'après-midi, à deux heures & demie jusqu'à cinq, & tous les samedis, le matin seulement, aux mêmes heures, excepté les jours de fête & la quinzaine de Pâques.

On y trouve plusieurs anciennes éditions très-précieuses; telles sont un *Tite-Live*, en deux Volumes in-folio, imprimé sur velin, à Venise, en 1470, par *Vindelin Spire*, & une Histoire Naturelle de *Pline*, imprimée sur un beau vélin, à Venise en 1472; un *Saint-Augustin de Civitate Dei*, imprimé à Rome, in-folio, en 1470; enfin des *Martial*, des *Cicéron*, & plusieurs Bibles très-estimées par leur ancienneté, leur richesse typographique, & la beauté de leur conservation.

Parmi les livres rares est une *Histoire générale de la Chine*, en trente volumes, imprimée à Pékin, en beau papier & en beaux caractères Chinois. Chaque volume a quatorze pouces de long sur sept de large. Cette Histoire, composée par un *Macouan* ou Ministre de l'Empereur *Kin-Tson*, est tirée des annales

Chinoises, confrontées avec les annales Tartares ; elle commence à *Fo-hi*, fondateur de l'empire de la Chine, lequel vivoit 2952 ans avant notre ère vulgaire ; elle a été transportée, de la Chine à Lyon, par le sieur Souza-Menezes, Ambassadeur du Roi de Portugal à la Chine.

Il y a plusieurs manuscrits Chinois, Hébreux, Arabes, Siriaques, Cophtes, Grecs, Latins, Provençaux, Italiens, François, qui sont au nombre de trois ou quatre cents. Parmi ces manuscrits on distingue un livre des *Evangiles* que Baluze, en visitant cette bibliothèque, fut fâché de n'avoir point connu. Il est écrit sur du parchemin, en beaux caractères Carlovingiens, avec des lettres onciales à tous les Chapitres. Ce manuscrit, du neuvième siècle, est écrit, suivant toutes les apparences, de la main de *Saint-Agobard*. On voit au commencement la dédicace que l'Auteur en fit à l'autel de Saint-Etienne, selon l'usage de ce temps-là ; il y demande grace pour ceux qui se serviront de ce livre, miséricorde pour celui qui l'a offert, & prononce anathême contre celui qui en privera son église ; voici cette dédicace singulière :

Liber evangeliorum oblatus ad altare Sancti Stephani ex voto Agobardi episcopi, sit utenti gratia, largitori venia, fraudanti anathema.

A la tête de l'évangile, on voit le prologue d'Eusebe à Carpianus, celui de Saint-Jérôme au Pape Damase, avec les dix canons de la concordance des évangiles, rangés par colonnes, & distingués par des chiffres romains ; ce précieux manuscrit a été donné à cette bibliothèque par M. *Jean-Jacques Willard du Tour*, Seigneur de Saint-Nizier, & Conseiller au Parlement de Dombes.

Un *Pseautier Cophte*, des *Homélies grecques*, & des *sermons* de Saint-Basile, qui paroissent être du dixième siècle. Un *livre des Evangiles* que Baluze, visitant cette bibliothèque en 1701, jugea être de huit cents ans. Une *Bible* sur parchemin, en deux grands volumes in-folio, & une *collection de canons* antiques que le même Baluze jugea avoir environ six cents ans d'ancienneté. *Les offices de l'église Caldéenne*, écrits, vers l'an 1137, en langue Caldéenne ou ancienne Siriaque, par *Micaël*, Prêtre & Religieux (1).

Explication des mystères de notre foi, en vers Provençaux. Ce rare manuscrit, écrit en 1288, commence par ces vers qui attestent que cette langue n'a presque point éprouvé de changement :

 Au nom de Dieu notre Senhor,
 Que es fonte pure d'amor,
 Et es sensa commençament,
 Et lo sera encessament,
 Et l'escriptura per aisso,
 L'appela e alpha & o.

---

(1) Ce livre fut trouvé dans une voûte de l'église de Surienne d'Alep, & donné par le Patriarche *Pierre* à M. le Chevalier d'Arvieux, Consul de France à Alep, qui en fit présent au Père de la Chaise.

Un *Pline* sur vélin, d'environ quatre cents ans d'ancienneté ; un *Saint-Augustin de la cité de Dieu*, du même temps & de la même forme ; un *Herbier* sur vélin avec les figures, qu'on juge avoir au moins six cents ans d'ancienneté ; enfin un *Bréviaire* manuscrit du quinzième siècle, moins précieux par son antiquité que par sa magnificence extraordinaire ; il est d'un très-gros volume, écrit sur du vélin très-blanc & très-fin, enrichi, d'un bout à l'autre, d'une prodigieuse quantité de miniatures, du fini le plus précieux ; les couleurs en sont très-vives, & l'or qui les releve est conservé très-brillant.

Ce Bréviaire appartenoit, il y a près de quatre siècles, à Henri V, Roi d'Angleterre, qui mourut à Vincennes en 1422 ; on voit à la tête les armes d'Angleterre & celles de France, dont ce Prince se disoit alors Roi. Dans le calendrier, on remarque le jour de la naissance & de la mort des Princes de sa Maison qui furent ses contemporains. Ce Bréviaire passa des mains d'Henri V, en celles du Duc de Betfort son frère ; il appartint ensuite à Jean de Morvilliers, Garde des Sceaux ; enfin il fut donné au commencement du seizième siècle, par M. de Saint-Germain, à *Camille de Neuville*, Archevêque de Lyon.

Parmi un grand nombre de livres singuliers qui sont en manuscrits, on remarque plusieurs *mystères* ou farces pieuses, des Romans de chevalerie, les Sermons de *Barlette*, de *Me-*

not, de *Buſtis* (1); la vieille *Légende dorée*, *Lancelot du Lac*, ou les Chevaliers de la table ronde, & pluſieurs autres monumens de la barbarie des ſiècles paſſés, dont il ſeroit trop long de donner ici le détail.

Le Cabinet d'antiques de la bibliothèque de la Trinité, contient une ſuite d'idoles Egyptiennes, Grecques & Romaines; des lampes antiques en bronze, des urnes, des lacrymatoires & des inſtrumens de ſacrifice. Parmi les idoles d'Egypte, on remarque un *Harpocrate* qui a près d'un pied de hauteur; une *Iſis* d'un pied & demi environ; une autre *Iſis* avec ſon fils *Horus* entre les bras; un *Anubis*, un *Mithra*, une *Cybele*, un *Sérapis* de baſalte; tout ſemé d'animaux en relief & de caractères hiérogly-

---

(1) Tout le monde a entendu parler des plaiſanteries, des paſquinades & poliſſonneries qui ſe trouvent dans les ſermons de ces Prédicateurs du quinzième ſiècle, autrefois auſſi célèbres par leurs talens qu'ils le ſont aujourd'hui par leur ridicule. Voici comme *Barlette*, dans un ſermon, parle d'un mauvais Prêtre de ſon temps; « Pour un ſou il ſert de faux témoin, il ſe parjure, & s'occupe beaucoup moins de Dieu que des mondanités; il ne dit point ſon *Pater* de bon cœur, mais il le dit ainſi : Notre Père qui êtes aux cieux ; *valet, préparez le cheval afin que nous allions à la ville.* Que votre nom ſoit ſanctifié ; *ô Catherine, mettez le pot au feu*; donnez-nous notre pain quotidien ; *chaſſez le chat qui mange les andouilles.* Pardonnez-nous nos offenſes ; *donnez l'avoine au cheval.* A la meſſe ſon eſprit eſt également occupé, & lorſqu'il dit le *Surſum corda*, ce n'eſt pas à Dieu qu'il porte ſes penſées, mais à ſes revenus, à ſes adultères, & à ſes uſures ».

phiques qui contiennent un éloge d'Osiris & d'Isis; une fort belle tête d'*Horus* en basalte qui pèse plus de trois livres; plusieurs Sérapis ornés d'or & d'émail, &c.

Parmi les autres antiquités grecques ou romaines, on distingue une *Victoire* aîlée, un *Jupiter capitolin*, un *Momus* avec ses attributs, une *Cybelle* avec ses tours, une *Bacchante* d'un pied & demi ou environ, une *Vénus* grecque d'un grand prix; deux grands bustes en marbre de *Cicéron* & de *Sénèque*; une tête d'*Ovide* en marbre, une de *Scipion l'Africain* en basalte; un *Constantin le jeune* avec son *parazonium* ou épée arrondie par les deux bouts; plusieurs instrumens de sacrifices; des lampes de diverses formes, parmi lesquelles on voit celle que *Fortunius Licetus* prétend avoir appartenu à *Jules César*, comme l'annonce, dit-il, cette inscription, qu'elle porte, C. J. C. J. O. M. S., qui, suivant lui, signifie, *Caii Julii Cæsaris, Jovi optimo maximo sacrum.*

Le médailler contient une suite de médailles des Empereurs Romains, en grand & moyen bronze, en or & en argent; on y remarque un grand médaillon de Néron, du poids de plus de quatre onces; sa grosseur extraordinaire a fait croire à plusieurs antiquaires qu'il pouvoit être un de ces médaillons que les Romains attachoient à leurs enseignes militaires. On trouve aussi un autre gros & rare médaillon à trois têtes; d'un côté sont celles des deux *Philippes* père & fils, de l'autre est celle d'*Otacilia*. En tête des médailles impériales, on voit une nombreuse suite d'anciens poids romains. Parmi les
médailles.

médailles impériales d'or, on remarque un *Galba* d'une beauté parfaite, avec cette légende dans un couronnement de chêne, S. P. Q. R. OB. C. S..., c'est-à-dire, *Senatus populusque romanus ob cives servatos*; un *Helagabale* à fleur de coin, avec trois figures au revers; un *Alexandre Sévère*, tout aussi bien conservé; le tyran *Eugène*, qui, de Professeur de Rhétorique, devint Empereur par le crédit du Comte Arbogaste: cette médaille est rare; elle porte au revers *Victoria Augg*.

Une suite des Rois de Syrie, de Sicile, de Macédoine & d'Egypte, moitié en argent & moitié en bronze. La plus remarquable des pièces de cette suite est un médaillon d'or, où l'on voit quatre têtes d'une parfaite conservation; ce sont celles de *Ptolomée Lagus*, de son fils *Ptolomée-Philadelphe*, & celles de leurs femmes.

Dans la suite des médailles en argent, on remarque une quinzaine de médaillons latins & grecs, du nombre desquels est un *Constans*, de la largeur d'un de nos écus, avec cette légende au revers; *Triomphator gentium barbararum*.

On doit remarquer un médaillon égyptien en bronze, de l'antiquité la plus reculée, & du poids de deux onces & demie: on y voit des deux côtés, en grand relief, ces six fameuses Divinités, *Osiris*, *Isis*, *Harpocrate*, *Horus*, *Cérapis* & *Anubis*, représentées avec tous leurs attributs. Un *scarabée* de bazalte, tout semé d'hiéroglyphes, paroît aussi ancien que le médaillon dont nous venons de parler.

Une des antiquités les plus singulières de ce

Partie VI

cabinet est ce que les Romains appeloient *Tessera Lusoria*; c'est une espèce de méreau antique, qui a, d'un côté, la tête d'une jeune femme que l'on pourroit prendre pour la fortune ou pour le sort, & de l'autre quatre osselets avec ces mots latins qui se ressentent du siècle d'Auguste par leur noble simplicité: *Qui ludit aram det quod satis sit.*

Parmi les médailles modernes, on remarque un grand médaillon du Pape *Jules III*, frappé au sujet de la victoire de Lépanthe, & un autre de *Grégoire XIII*, dont le revers représente le massacre de la Saint-Barthelemi. Cette médaille que les Papes ont désavouée, & qu'ils ont cru devoir supprimer, est devenue très-rare.

On trouve aussi un médaillon d'or de *Charlemagne*, avec son église d'Aix-la-Chapelle au revers; un médaillon de *Catherine de Médicis*, avec les trois Rois ses fils; une médaille de *Gaston de France*, avec cette curieuse légende: *Ecce plusquàm Salomon hic*, 1660 (1); la première médaille que les fondateurs de la République de Hollande portèrent pendue à leur cou en 1566; d'un côté est Philippe II; de l'autre deux mains qui serrent une besace, avec cette légende: *En tout fidéle au Roi jusqu'à porter la besace.*

On y voit aussi des monnoies, un nombre considérable de sceaux, & des cachets depuis le

___
(1) Gaston de France que l'on dit ici être *plus que Salomon*, n'avoit d'autre rapport avec ce Roi que sa débauche.

n'est pas toujours le bon goût, mais la mode, qui dirige les desseins.

Le commerce de Lyon s'étend dans presque toutes les parties de l'Europe; ses relations sont immenses; la situation de cette ville au confluent du Rhône & de la Saône, le favorise considérablement; mais comme ce commerce est presque entièrement fondé sur le luxe, qui n'a lui-même pour base que l'opinion ou la richesse des peuples, il est sujet à des inégalités d'autant plus funestes, qu'il fait l'unique ressource des deux tiers des habitans. En 1750 & 1751, le défaut de travail causa une grande disette parmi les ouvriers; on fut obligé de construire des fours extraordinaires, qui furent employés à sustenter quinze mille ouvriers en soie. Depuis deux ou trois ans les broderies, les galons, les étoffes de soie ont beaucoup perdu de leur débit. La récolte de soie de l'année 1787 a été très-mauvaise. Le traité de paix avec l'Angleterre a été désavantageux au commerce de France; ces circonstances réunies ont fait éprouver aux manufactures de Lyon une secousse désastreuse, & ont plongé environ vingt mille ouvriers dans l'extrême indigence; il a fallu avoir recours aux moyens extraordinaires, solliciter des secours du gouvernement, ouvrir des souscriptions pour soutenir un si grand nombre de malheureux.

Il nous reste à parler de cet édifice menaçant, élevé par la féodalité ecclésiastique, conservé par le despotisme royal ou ministériel; de cette *Bastille* Lyonnoise qui va tomber sous les coups de la liberté ; de ce château fameux, du haut duquel les Archevêques de Lyon foudroyoient les citoyens, leur dictoient des lois tyranniques, & les faisoient plier sous leur joug de fer ; dans lequel ensuite l'autorité arbitraire & vexatoire de la cour entassoit ses victimes, ou y cachoit des scélérats titrés, pour les dérober à la rigueur des lois. Enfin cet asile d'iniquité, appelé *Pierre-Encise*, ne sera plus impénétrable à la justice, ou plutôt il sera renversé, & il n'en restera que la place.

Le château de *Pierre-Encise* ou *Pierre-Cise*, c'est-à-dire, pierre coupée, fût bâti au onzième siècle par l'Archevêque *Humbert*. Ses successeurs, tant qu'ils furent Seigneurs temporels de Lyon, firent leur résidence dans cette forteresse ; elle est bâtie sur un rocher très-escarpé qui s'élève sur la rive droite de la Saône, à l'entrée de la ville du côté de Paris, entre le faubourg de Vaise & la montagne de Fourvière ; son plan est carré : cet édifice effrayant & pittoresque est surmonté par une tour ronde & très-élevée. On peut arriver en bateau au pied de la montagne de Pierre-Encise, & y monter par un escalier taillé dans le roc, qui a environ cent vingt marches ; il dépend de ce château un terrain assez considérable, entouré de murs & de fossés.

Entre le château & les murailles de la ville, il y avoit anciennement un lac ou étang très-profond, formé par les eaux de la fontaine de *Pierre-Encise* ; mais cet étang s'est comblé insensiblement par la chûte des terres que la pluie y a entraînées des fossés qui, en l'année 1368, par plusieurs tableaux de grands maîtres & de belles estampes; il y a aussi un cabinet d'Histoire Naturelle. Le cabinet de livres de M. *Michon*, rue Sala, où l'Histoire & les Belles-Lettres dominent principalement; il contient une collection de tout ce qui a été imprimé jusqu'à présent sur la ville de Lyon, & même sur la province, ainsi que plusieurs manuscrits anciens & modernes sur le même sujet. La bibliothèque de M. l'*Abbé la Croix*, nombreuse & bien composée, renferme des recueils considérables d'estampes sur différens sujets, des tableaux, des marbres & des bronzes antiques. Le cabinet de M. *de Servières*, place de Louis le Grand, est composé d'un grand nombre de pièces de touts, & de machines de mathématique & de mécanique, travaillées avec une délicatesse infinie; elles passent pour des chef-d'œuvres de l'art; une personne préposée fait voir aux étrangers & aux curieux ce cabinet, où l'on trouve un recueil imprimé qui en donne l'explication.

Le cabinet d'Histoire Naturelle de M. *de Villiers*, quai Saint-Clair; celui de M. *Imbert*, rue Sainte-Catherine; celui de M. *le Camus*, rue du Puits du sel, au Grenier à sel, &c., sont aussi recommandables à bien des égards.

Le Mécanisme pour le moulinage des soies doit infiniment intéresser les curieux; on en attribue l'invention au célèbre *Vaucanson*. Cette précieuse machine se voit rue Grenette, à l'hôtel de Milan; elle appartient à M. *Cachard*, Marchand de gazes. Un cheval monté au quatrième étage, fait mouvoir une roue qui en met plusieurs autres en mouvement dans les chambres au dessous, lesquelles font tourner plusieurs milliers de bobines qui se garnissent bientôt de soie.

Les Manufactures des étoffes d'or, d'argent & de soie, font une des principales curiosités de Lyon. Ces manufactures, qui, depuis long-temps, rendent, en quelque sorte, une grande partie du monde civilisé tributaire de cette ville, sont très-renommées par la beauté du travail. Les Etrangers, qui ne sauroient qu'imparfaitement les imiter dans leurs fabriques, se contentent d'admirer celles de Lyon, & de convenir de l'excellence des ouvrages qui en sortent. L'argent qu'on emploie dans ces fabriques, après avoir été affiné, tiré à l'*argue*, mécanisme établi dans la maison des *Célestins*, est remis à l'Ecacheur, qui l'applatit, & il est ensuite filé sur la soie.

En 1536 fut établie, à Lyon, la manufacture des étoffes de soie, par *Etienne Turquet* & *Paul Nazis*, deux Marchands de Quiers en Piémont. Le Roi François Ier donna des lettres patentes en faveur de cet établissement qui s'est rendu si célèbre dans toutes les parties du monde.

Les velours, les damas, les satins, les moires ferandines & autres étoffes de soie unies, dessinées ou brodées, les fleurs artificielles offrent dans leur fabrication un talent & une industrie admirables, & qui sont bien dignes d'intéresser la curiosité des voyageurs; il est malheureux d'y voir que ce douzième siècle jusqu'au quinzième ; une suite de pierres gravées, parmi lesquelles on remarque un grand & bel onix, avec les figures de *Caracalla* & de *Geta*.

Bibliothèque du collège de Notre-Dame; elle est composée de l'ancienne bibliothèque de ce collège, & de toute la partie du droit de celle de la ville ; elle est publique les lundis & les vendredis, & s'ouvre le matin depuis huit heures jusqu'à onze ; l'après-midi, depuis deux heures jusqu'à cinq, & pendant l'été jusqu'à six heures.

Bibliothèque des Grands Augustins, située quai des Augustins ; elle est devenue, depuis quelques années, très-considérable, & on l'a placée dans une aile des dortoirs. Le vestibule, qui lui sert d'entrée, est garni de sphères, de globes, & de divers instrumens d'Astronomie & de Géomètrie.

Bibliothèque de l'Académie des Sciences, &c. ; cette bibliothèque est composée, en grande partie, de celle de M. *Almodi*, qui, par son testament du 25 octobre 1763, la légua à cette société. Elle est située à l'hôtel-de-ville, dans une des salles que le Consulat a accordée pour cet objet. On y compte environ six mille volumes parmi lesquels sont des livres rares, de belles éditions, & plusieurs manuscrits ; les antiquités & les Arts y sont nombreux. Conformément aux intentions de M. *Almodi*, bienfaiteur de cette bibliothèque, elle est ouverte au public tous les mercredis, le matin à huit heures jusqu'à midi, & le soir depuis trois heures jusqu'à sept, à l'exception des jours de fêtes & des temps de vacances.

L'Académie a aussi plusieurs cabinets curieux.

Le cabinet d'Histoire Naturelle à l'hôtel-de-ville, formé par M. *Pestalozzi*, Docteur en Médecine, fut acquis par le Consulat, qui en a confié le soin à l'Académie ; il contient plusieurs pièces curieuses des trois règnes. On a joint à cette collection, celle du même genre, léguée à l'Académie par M. *Almodi*.

Le Cabinet de Physique occupe une pièce voisine ; il est composé d'instrumens de mathématiques, de physique, ainsi que de modèles de machines, donnés par MM. *Bordes*, *Christin* & autres.

Le Cabinet des antiques de l'Académie offre une belle suite de médailles, plusieurs morceaux d'antiquités, légués par M. *Almadoli*, & réunis à ceux que l'Académie possédoit ; c'est dans ce cabinet qu'on voit le fameux autel destiné aux sacrifices du *Taurobole*, dont nous avons parlé ci-dessus, page 282.

La Bibliothèque de musique, contenue dans les bâtimens de la salle du *Concert*, passe, en ce genre, pour une des plus belles & des plus complètes du royaume ; on y a recueilli tout ce qu'il existe de plus célèbre & de meilleur en musique instrumentale & vocale, italienne & françoise.

Outre ces bibliothèques & cabinets, il en est qui appartiennent à des particuliers. Voici les plus remarquables ; la bibliothèque de M. le Président *de Fleurieu*, hôtel Fleurieu, *rue Boissac* ; elle est curieuse par le choix & la propreté des livres, par la rareté des éditions, qu'ils amenoient tous les ans, par l'air, des navires chargés de ces denrées, & les revendoient au public : « J'ai vu, dit-il, la populace attroupée traîner quatre de ces sorciers, dont trois hommes & une femme, qui étoient descendus du haut des airs dans ces espèces de navires, ils furent conduits en ma présence, & sans mes exhortations ils auroient été lapidés. *Agobard* ajoute que ces opinions chimériques étoient celles de tous les esprits; les Nobles, dit-il, comme ceux qui ne l'étoient pas; les habitans des villes, comme ceux des campagnes, y croyoient fermement ».

Ce fut à Lyon, & en 1160, que prit naissance l'hérésie des *Vaudois*. *Pierre Valdo* ou *de Vaux*, riche marchand de cette ville, se trouvant un jour, selon sa coutume, dans l'assemblée publique des Négocians, un de ses amis tomba & mourut subitement à ses côtés. Cet accident le frappa vivement ; il ne vit plus dans la vie qu'un passage pour arriver à l'éternité ; il abandonna ses richesses, & distribua ses grands biens aux pauvres de la ville : plusieurs habitans suivirent son exemple, & embrassèrent avec lui la pauvreté volontaire de Jésus-Christ & des Apôtres.

Pierre de Vaux, un peu plus lettré & bien plus instruit que ne l'étoient alors les laïques, se mit à catéchiser les pauvres que ses grandes aumônes attiroient à sa suite, & pour rendre leur instruction plus facile, il traduisit en langue vulgaire quelques livres de la sainte écriture : l'on assure que cette traduction est la première qui en fut faite en notre langue. Le zèle de *Pierre de Vaux* & celui de ses disciples s'augmentèrent ainsi que le nombre de ses prosélytes ; on voyoit ces nouveaux apôtres courir la ville & la campagne dans un costume extraordinaire, prêchant par-tout la pauvreté & l'Evangile. Ils se firent beaucoup de partisans, & avec d'autant plus de facilité, que les mœurs fort austères de ces nouveaux sectaires contrastoient avantageusement avec celles du Clergé, qui étoient extrêmement corrompues ; on leur donna d'abord les noms d'*Insabbatés*, à cause des souliers coupés par dessus dont ils faisoient usage ; de *Léonistes*, du nom de la ville de Lyon, où la secte avoit pris naissance, ou de *pauvres de Lyon* ; & enfin ils ont conservé celui de *Vaudois*.

Leur doctrine consistoit à croire que tout dévot laïque pouvoit remplir les fonctions de Prêtre, qu'il avoit le pouvoir de lier, de délier, de remettre les péchés, & de consacrer même le corps de Jésus-Christ ; que la transsubstantiation ne s'opéroit pas entre les mains des mauvais Prêtre qui consacroient indignement, mais dans la bouche du laïque vertueux qui recevoit dignement l'Eucharistie ; que le mérite des personnes agissoit plus que l'ordre & le caractère dans les Sacremens dont ils faisoient dépendre tout l'effet de la vertu du ministre qui les conféroit : leurs principes paroissoient plus purs que ceux avec lesquels ils étoient en opposition. Voici comme ils s'expliquent sur la substance même du Sacrement dans leur plus ancien cathéchisme ; écrit en langage de ce temps-là : *Nos cresèn que li Sacrament sont segnal*

Cheval fou. On dit que cette cérémonie bouffonne avoit été instituée dans l'intention de tourner en ridicule les séditieux, & de contrefaire leurs folies. Les désordres scandaleux qui accompagnoient cette scène de carnaval, furent cause de son abolition.

Un autre usage plus ancien, & qui a duré plus long-temps, se pratiquoit à Lyon le jour de la fête du Saint-Esprit. Un Curé de Saint-Pierre & Saint-Saturnin, nommé *Jean le Gris* (1), pour laisser à la postérité un témoignage éclatant de la joie que lui avoit causée la réunion des Grecs & des Latins au Concile général de Lyon, donna deux maisons situées sur la place du Plâtre, pour qu'il fût célébré à perpétuité deux processions pendant les fêtes de la Pentecôte, pour subvenir aux frais d'une *feuillée* dressée dans la place du Plâtre, afin que les habitans pussent ce jour-là danser à l'ombre de cette salle de verdure, & pour fournir à la distribution annuelle qui se faisoit le même jour d'une certaine quantité de pain aux pauvres. Ce bon Curé, fondateur de ce pieux bal, voulut sans doute que les honneurs de ce divertissement fussent accordés aux personnes les plus éminentes en dignité de la paroisse; aussi étoit-ce l'Abbesse du monastère de Saint-Pierre & le Curé de cette même église qui ouvroient le bal & dansoient la première bourrée.

––––––––––––––––––––

(1) On croit que ce Curé *le Gris* remplissoit, en 1271, les fonctions de Promoteur au Concile de Lyon.

Cette fête étoit accompagnée de feux d'artifice & de fusées qui parurent dangereuses aux habitans du quartier, & sur leurs représentations, le Consulat, en 1730, en abolit la célébration.

ÉVÉNEMENS remarquables. La ville de Lyon, qui, sous l'empire romain, fut la plus considérable des Gaules, qui conserva cette suprématie sous les règnes désastreux des Bourguignons, des Francs, & sous la verge de la féodalité ecclésiastique, à laquelle elle fut malheureusement assujettie ; qui, dans les temps de dépopulation, d'ignorance, de misère & d'engourdissement, fut une des villes les plus peuplées, les plus riches & les plus commerçantes de la France ; cette ville enfin, par son importance & sur-tout par son heureuse situation, a dû participer à plusieurs grands événemens ; je vais parler seulement des plus remarquables.

Saint-Agobard, Archevêque de Lyon, & l'un des plus savans hommes du neuvième siècle, rapporte que de son temps le peuple étoit persuadé de l'existence des Magiciens & des Enchanteurs qui s'élevoient dans les airs, & produisoient à leur gré l'orage & la grêle, pour gâter les fruits de la terre (1) ; ils croyoient que ces Magiciens enlevoient ensuite secrètement ces fruits pour les vendre aux habitans d'un pays imaginaire, nommé *Magonie*, &

---

(1) Dans les Capitulaires de Charlemagne, chap. I, ces Magiciens sont nommés *tempestarii*, sive *immissores tempestatum*.

furent creusés autour de la ville. L'Archevêque alors exigea des citoyens de faire bâtir une forte muraille pour retenir la terre & les eaux; mais cette muraille ne fut point faite, les eaux s'écoulèrent, & il ne reste plus de vestiges de cet étang.

Les Archevêques, trouvant ce château trop éloigné de la métropolitaine, firent bâtir tout auprès de cette église un palais archiépiscopal, & abandonnèrent le séjour de Pierre-Encise. Louis XIII ayant voulu mettre une garnison dans cette forteresse, l'Archevêque *Alphonse de Richelieu*, frère du fameux Cardinal Ministre, en céda la propriété au Roi, moyennant la somme de cent mille livres, qui fut employée à l'embellissement du palais archiépiscopal.

Cette forteresse est devenue ensuite prison d'état, & elle formoit un gouvernement particulier, dont le Gouverneur étoit le même que celui du *fort Saint-Jean*, du *bastion Saint-Clair*, & de la ville.

USAGES SINGULIERS. Un événement malheureux arrivé à Lyon en 1403, donna naissance à un usage plaisant, & d'autant plus ridicule, que le but en étoit religieux & moral. Le peuple s'étant soulevé contre les Magistrats & les Négocians de cette ville, & s'étant porté à de grands excès, Charles VI y envoya des troupes pour réduire les séditieux; le supplice de quelques-uns suffit pour arrêter le désordre. Dans cette émeute, qui fut d'assez longue durée & assez générale, le quartier du Bourg-Chanin & du pont du Rhône fut le seul dont le peuple sut se contenir dans son devoir; il dut sa tranquillité, dit-on, aux soins d'*Humbert de Varrey*, Abbé d'Ainai, Seigneur Haut-Justicier de cette partie de la ville. Cet Abbé, pour remercier Dieu d'avoir préservé le peuple de son quartier de la folie qui s'étoit emparée de celui des autres, fit bâtir sur le pont du Rhône une chapelle, & demanda à l'Archevêque la permission de la bénir, sous le nom du *Saint-Esprit*, parce qu'il pensoit que c'étoit le Saint-Esprit qui avoit préservé ce lieu de la contagion populaire. Il demanda aussi qu'en l'honneur du Saint-Esprit, il y fût établi une confrérie dont la fête se renouvelleroit tous les ans à la Pentecôte, époque où l'émeute avoit commencé: tout cela n'étoit que pieux, mais voici le ridicule. Pour rendre plus solennelle la fête du Saint-Esprit, on l'accompagna d'un spectacle fort réjouissant pour le peuple. Un homme avoit à sa ceinture un manequin en forme de cheval, lequel étoit couvert d'un vaste caparaçon qui descendoit jusqu'à terre, & cachoit ses deux jambes; deux autres jambes postiches sembloient enfourcher le cheval, & l'homme, avec tout cet attirail, paroissoit être à cheval. Il étoit vêtu, de la ceinture en haut, d'ornemens royaux, portoit sur sa tête une perruque avec une couronne dessus, & tenoit un sceptre à la main. Dans cet accoutrement pompeux, le cavalier sautoit, gambadoit, se trémoussoit en avant, en arrière, de manière à imiter les allures d'un cheval qui caracole. Le peuple s'amusoit infiniment de cette fête, qui étoit nommée la fête du *de la cosa sancta, o forma vesibla de gracia non vesibla: tenem esser bon que li fidel uzan alcunas vez d'aquesti dicti signal, o forma vesibla, si la se po far, &c.*, c'est-à-dire: « Nous croyons que les Sacremens sont le signe de la chose sainte, ou sont la forme visible d'une grace non visible; nous croyons qu'il est bon que les fideles usent quelquefois de ce signe ou forme visible, si cela se peut faire ».

Cette secte fit de grands progrès en Piémont, en Dauphiné, en Provence, en Languedoc & autres lieux de France; en Angleterre, à Naples, en Allemagne, en Bohême, en Moravie, en Pologne & autres lieux de l'Europe; & les persécutions horribles que ceux qui l'avoient embrassée éprouvèrent de la part des Catholiques, ne contribuèrent pas peu à la propager & à étendre sa célébrité.

Il s'est tenu à Lyon plusieurs *Conciles*; un des plus considérables est celui de l'année 1245, qui fut le treizième Concile général. Innocent IV y présida en présence de Baudouin, Empereur de Constantinople; il y avoit cent quarante Evêques, à la tête desquels étoient trois Patriarches latins, de Constantinople, d'Antioche, & d'Aquilée ou de Venise. La première session se tint le 28 juin; c'est dans la dernière session que le Pape déposa, en présence du Concile, l'Empereur *Fréderic*, & délia ses sujets du serment de fidélité; nous en avons parlé ci-dessus, page 298.

En 1274, il se tint un autre Concile à Lyon, qui fut le quatorzième Concile général. L'ouverture s'en fit le 7 mai, & la clôture le 17 juillet : il s'y trouva cinq cents Evêques, soixante-dix Abbés, & mille autres Prélats ; Grégoire X y présidoit. Dans la quatrième session, tenue le 6 juillet, furent reçus avec grande joie les Députés laïques & ecclésiastiques que l'Empereur grec, *Michel Paléologue*, y avoit envoyés ; ils se réunirent aux Latins, abjurèrent le schisme, acceptèrent la foi de l'église romaine, & reconnurent la primauté du Pape. Dans la cinquième session on proposa quatorze constitutions, dont l'une, qui fut lue en présence des Ambassadeurs de France, & à laquelle ils acquiescèrent au nom de leur maître, défend, sous peine d'excommunication, à toute personne de quelque dignité qu'elle soit, d'usurper de nouveau sur les églises le *droit de régale* ou celui d'avouerie. Quant à ceux, y est-il dit, qui sont en possession de ces droits à titre de fondateurs, ou par une ancienne coutume, ils sont exhortés à n'en point abuser, soit en étendant leur jouissance au delà des fruits, soit en détériorant les fonds qu'ils sont tenus de conserver ; c'est la première constitution qui ait autorisé, du moins indirectement, la régale. Dans les sessions suivantes, on réprima la multitude des ordres religieux, & on s'occupa aussi à réformer les mœurs corrompues des Ecclésiastiques. Le Pape, dans un de ces élans qu'inspire la vérité, déclara que *les Prélats étoient cause de la chûte du monde entier*, & finit par exhorter tous les coupables à se corriger. Saint-Bonaventure, qui avoit suivi le Pape à ce Concile, y mourut le 15 juillet, Saint-Thomas d'Aquin, qui y avoit été appelé par le Pape, mourut en chemin.

Les grandes réjouissances que produisit à Lyon la réunion des deux églises Grecque & Latine, se ranimèrent par un événement plus singulier encore. On vit arriver dans cette ville des Ambassadeurs Tartares que leur grand Kan *Abaga* envoyoit au Pape & au Concile, pour ménager une alliance avec les Princes Chrétiens, & pour assurer le Pape d'une puissante diversion en faveur de la Terre-Sainte, qui faisoit toujours son grand objet. Le Pape envoya au devant de ces Ambassadeurs un cortège magnifique, &, malgré la grande différence des religions & l'intolérantisme des Catholiques, ces hérétiques furent introduits dans le Concile, & assistèrent à la quatrième session; on dit même qu'un de ces Ambassadeurs, touché de la magnificence des cérémonies de l'église, se convertit à la religion chrétienne, & reçut le baptême.

Dans le quinzième siècle & dans le suivant, plusieurs Rois séjournèrent à Lyon, & leurs différens séjours ont été célébrés par des fêtes magnifiques ou singulières. Louis XI y fit plusieurs voyages. En 1476, le 24 mars, il arriva dans le faubourg de la Guillotière, & passa la nuit dans la maison d'un particulier de ce faubourg, qui, pour perpétuer l'honneur qu'il avoit reçu, fit placer sur la façade de sa maison un petit monument qui représente deux Anges portant l'écusson de France, avec cette inscription :

L'an mil quatre cent soixante-quinze,
Partie VI.   Bb

louja ciens le noble Roi Louis, la veille de Notre-Dame de mars (1).

C'est pendant ce séjour que Louis XI engagea adroitement son oncle, *René le bon*, Roi de Sicile & Comte de *Provence*, à venir le trouver à Lyon, & ce fut dans la longue entrevue qu'ils eurent ensemble, que ce Roi de France se ménagea heureusement la réunion de la Provence & de l'Anjou à la couronne de France. Voici comme s'exprime Comines, qui étoit témoin de cette entrevue.

« Le Roi *René* de Cécile traitoit de faire ledit Duc de Bourgogne son héritier, & de lui mettre *Provence* entre les mains.... Le Roi envoya incontinent des gens d'armes près de *Provence*, & des Ambassadeurs vers le Roi de Cécile, pour le prier de venir, en l'asseurant de bonne chere, ou autrement qu'il y pourvoiroit *par force*. Je me trouvai présent à leurs premières paroles, à l'arrivée, & dit Jean *Cossé*, Sénéchal de Provence, homme de bien & de bonne maison du royaume de Naples, au Roi : *Sire, ne vous esmerveillez pas si le Roy mon maître, vostre oncle, a offert au Duc de Bourgogne le faire son héritier ; car il en a*

---

(1) La maison qui porte ce monument est située au carrefour des deux chemins de Vienne & de Savoie; l'inscription porte 1475, parce que c'étoit suivant l'ancien style, & l'année françoise ne commençoit alors qu'après le jour de l'Annonciation ; ce fut Charles IX qui, par son édit de Roussillon de l'an 1564, fixa le commencement de l'année au premier jour de janvier.

esté conseillé par ses serviteurs, & par espécial par moi, veu que vous estes fils de sa sœur & son propre neveu, lui avez fait les torts si grands, que lui avoir surpris les chasteaux d'Angers & de Bar, & si mal traité en tous ses autres affaires. Nous avons bien voulu mettre en avant ce marché avec ledit Duc, afin que vous en ouyssiez les nouvelles, pour vous donner envie de nous faire la raison, & connoistre que le Roi mon maistre est votre oncle : mais nous n'eusmes jamais envie de mener ce marché jusqu'au bout ».

« Le Roi recueillit très-bien & très-sagement ces paroles que ledit *Jean Coffé* dit tout au vrai : car il conduisoit bien cette matière, & à peu de jours de là furent ces différens bien accordez, & eut le Roi de Cécile de l'argent (1) & tous ses serviteurs, & le festoya le Roi avec les Dames, & le fit festoyer & traiter en toutes choses selon sa nature, le plus près qu'il put, & furent bons amis, & ne fut plus nouvelle du Duc de Bourgogne : mais fut abandonné du Roi René, & renoncé de toutes parts ».

Paradin & *du Haillam* disent que le traité fait alors entre les deux Rois fut écrit de la main du Roi *René, en lettres d'or, sur parchemin,* & *l'enlumina d'or* & *d'argent,* & *de*

───────────

(1) Il eut cinquante mille écus d'or, avec promesse que Louis XI feroit mettre en liberté la Reine Marguerite d'Anjou sa fille, veuve d'Henri VI, Roi d'Angleterre, laquelle Edouard IV tenoit prisonnière.

diverses couleurs, comme il étoit excellent Peintre & Enlumineur (1).

Le Continuateur de Monstrelet dit que Louis XI étant à Lyon y fit *grande chére*, & qu'il fit au Roi de Sicile *moult bel recueil, lui mena voir la foire qui estoit audit lieu avec les belles bourgeoises & dames dudit Lyon*.

Pendant le séjour de six mois que Louis XI fit à Lyon, ce Roi, sans négliger ses intérêts, s'occupa aussi de ses plaisirs. Parmi les *belles bourgeoises de Lyon*, il en avoit distingué deux auxquelles il fut particulièrement attaché; l'une, nommée *la Gigonne* étoit veuve d'un Marchand de Lyon; le Roi la conduisit à Paris, la maria à un jeune Parisien nommé *Geoffroy de Caulers*, auquel il donna *argent & offices*; l'autre, appelée *la Passefilon*, étoit femme d'*Antoine Bourcier*, aussi Marchand de Lyon (2). Le Roi donna à ce mari Marchand une charge de Conseiller de la Chambre des Comptes, & en dépouilla *Jean*

---

(1) Ce Roi, qui étoit meilleur Peintre que profond politique, fit dans Lyon quelques tableaux qu'il y laissa. Paradin assure avoir vu dans l'église de Saint-Paul de Lyon une image de la mort, qu'on regardoit comme le chef-d'œuvre de ce Roi. Nous avons parlé de quelques autres de ses peintures au tome Ier, pages 68 & 182.

(2) Cette maîtresse de Louis XI avoit sans doute inventé une mode de coiffure qui fut appelée *Passefilon*; comme, depuis, la maîtresse de Louis XIV, Madame de *Fontanges*, en inventa une autre qui a aussi porté son nom. On voit dans le Dialogue *des deux Amoureux*,

de Rheillac qui la possédoit (1). Jean de Troyes, dans sa Chronique, dit que le Roi, *pour L'HONNESTETÉ desdites deux femmes, leur fist & donna de grands biens* (2); il ajoute que ce Prince *laissa la conduite desdites deux femmes, à les mener à Paris, à Demoiselle Ysabeau de Caulers, femme de maistre Philippe-le-Bègue, Correcteur en la Chambre des Comptes à Paris*; cette Dame avoit là un emploi bien respectable.

Ce méchant Roi mêloit le libertinage à la dévotion, ou plutôt aux pratiques superstitieuses. On voit qu'en ramenant ces deux maîtresses de Lyon à Orléans, & en s'occupant de payer leur complaisance, il s'occupa en même temps de dévotion, « puis s'en alla, dit Jean de Troyes, rendre graces à *Notre-Dame de Behuart*, de ce que ses besognes s'estoient bien portées durant sondit voyage dudit lieu de Lyon, & si envoya argent en plusieurs & divers lieux où est révérée la benoîste glorieuse Vierge Marie, & entre autres lieux donna & envoya à

---

de Marot, les vers suivans qui désignent quelque chose de cette coiffure :

> Linge blanc, ceinture houpée,
> Le chaperon fait en poupée,
> Les cheveux en *Passefilon*,
> Et l'œil gay en esmerillon.

(1) Il a été depuis Secrétaire du Roi.
(2) *Honêteté* signifioit alors *politesse*, usage du grand monde.

Noſtre-Dame d'Ardembourg en Flandres deux cents écus d'or, &c.

Louis XI fit, en 1478, un autre voyage à Lyon, qui fut marqué par un événement tragique. *Galeoti-Martio* ou *Galeotus-Martius*, un des plus ſavans hommes du quinzième ſiècle, que ce Roi avoit attiré en France, vint à Lyon pour lui faire ſa révérence ; il arriva au moment que Louis XI en ſortoit ; en voulant deſcendre promptement de cheval, pour ſaluer ce Monarque, il tomba rudement ſur une pierre qui lui fendit la tête, & preſque ſur le champ il mourut de cette chûte.

En 1494, au commencement du mois de juillet, Charles VIII ſe rendit à Lyon dans l'intention de s'y diſpoſer à la conquête du royaume de Naples. La ville de Lyon, où ſe trouvoient en même temps le Roi, la Reine, le *Duc d'Orléans* (1), & pluſieurs Seigneurs de France & d'Italie, devint très-brillante. Le Roi, fort jeune alors, & adonné au plaiſir, oublia preſque la guerre & tous ſes grands projets ; dans le cours de quatre ou cinq ſemaines qu'il ſéjourna dans Lyon, il ne s'y occupa que de fêtes, de tournois & de réjouïſſances. *Comines* dit que *Galeas*, Lieutenant & principal ſerviteur du Seigneur *Ludovic*, vint dans cette ville bien accompagné, « emena grand nombre de beaux & bons chevaux, & apporta du harnois pour courir à la jouſte, & y courut,

---

(1) Il ſuccéda à Charles VIII, & fut Roi de France ſous le nom de *Louis XII*.

& bien, car il étoit jeune & gentil Chevalier ».

Saint-Gelais parle ainsi du séjour du Roi à Lyon... Le Roi eut en propos d'aller à Lyon, & y mena la Royne & toujours Monseigneur le Duc d'Orléans en leur compagnée; car quand il en estoit absent, la Cour en estoit grandement amoindrie. Audit Lyon se commencèrent à faire de merveilleuses chères, car pour le temps ceux de la ville, *Dames & autres, se mettoient sur le bon bout* : car il leur estoit tout de nouveau de veoir si grande seigneurie... Mais depuis ils s'y sont bien appris (1). En la saison que le Roi Charles fut premièrement à Lyon, il pou..t avoir vingt-quatre ou vingt-cinq ans, & a\. avec lui un nombre de jeunes Gentilshommes, tous pleins de bonne volonté, lesquels ne désiroient que s'employer en toutes choses plaisantes & agréables, ainsi que jeunesse désire.

Et leur faisoit le Roi tout pleins de grands dons, & y despendoient libéralement ce qu'il leur donnoit... Il se feit durant ce temps, audit Lyon, plus largement de joustes & tournois, combats à la barrière & autres entreprises d'armes à plaisance, qu'il ne s'étoit fait auparavant long-temps... Monseigneur d'Orléans estoit des premiers & des entrepreneurs, comme celui qui de tout son pouvoir désiroit autant obéir,

---

(1) On voit par ces expressions que le séjour de la Cour à Lyon accrut considérablement le luxe qui régnoit déjà dans cette ville, où les Dames *se mettoient déjà sur le bon bout.*

& donner du passetemps au Roi, que nul qui feust en la compaignée. Ces béhourdis se faisoient parmi les rues de la ville... & le plus souvent les grandes chevaleries se faisoient en la rue de la juiferie : car là les Chevaliers de la Queste trouvoient *les plus belles & bonnes aventures*, selon qu'ils désiroient ».

Ces *bonnes aventures* pour ces joyeux Chevaliers étoient des aventures galantes. Le Roi même se livroit entièrement aux plaisirs que lui procuroit la compagnie de quelques Demoiselles Lyonnoises dont il étoit épris. *Le Roi ne démouroit à Lyon*, dit un autre Ecrivain contemporain, *que pour les délices & plaisirs d'icelle ville, ou aussi pour la bonne grace d'aucunes Dames Lyonnoises*. Enfin les plaisirs dont le Roi s'enivroit, le détournèrent presque entièrement de son expédition; il ne fallut pas moins qu'une maladie contagieuse, qui déjà étendoit ses ravages dans Lyon, pour en faire décamper cette Cour joyeuse & brillante. Le Roi partit de cette ville au commencement du mois d'août, se rendit à Vienne, & puis passa les Alpes.

Après avoir conquis le royaume de Naples avec autant de rapidité que de bonheur, Charles VIII repassa en France, & vint encore séjourner à Lyon où il fit son entrée le 7 novembre 1475. *André de la Vigne*, Secrétaire de la Reine *Anne de Bretagne*, a écrit, par ordre de Charles VIII, le journal du voyage de ce Roi. Voici ce qu'il dit de cette entrée à Lyon. « Le samedi 7ᵉ jour de novembre, l'an 1495, le Roi alla dîner à Venissière (*Venissieu*), &

est à savoir que de Lyon sortirent les manans & habitans pour l'accueillir ainsi qu'il lui appartenoit. Premièrement les Prélats, Seigneurs, Comtes & Chanoines de Saint-Jean de Lyon, avec tous les autres Chanoines, Curés, & Prêtres dudit lieu; les quatre Mendians & autres Religieux, tous revêtus d'ornemens somptueux, portant reliquaires, châsses, fiertes, & autres précieuses reliques...... Après vinrent les Gouverneurs de Lyon, tant de justice qu'autrement, accompagnés de grands & riches marchands ensemble, & de plusieurs autres; ils furent faire la révérence & la bienvenue au Roi, lequel étoit lors outre le Pont du Rhône, où il faisoit, pour son plaisir, courir la lance à deux ou trois de ses *mignons* ».

« Après sortirent tous les principaux enfans de Lyon, montés, bordés, & accoutrés de chaînes, bagues, joyaux, & autres singularités, le mieux qu'on avoit jamais vu, & tous vêtus & habillés de grands & larges sayons, l'un comme l'autre, lesquels il faisoit beau voir; la ville étoit tendue, tapissée, garnie, & accoutrée le plus somptueusement qu'on avoit sçu faire, de grandes tapisseries & autres choses très-belles. La porte où le Roi passa, & aussi par tous les carrefours par où il devoit passer, il y avoit des échafauts, *mystéres & histoires* avec leurs dicts & sentences par écrit, faits & compris d'entendement merveilleux. *Item*, en plus de cent endroits il y avoit, au travers des rues, des écussons pendant en l'air, à la mode d'Italie, environnés de gros chapelets de fleurs & autres verdures joyeuses, dedans lesquels écussons étoient les armes mi-parties du Roi..... comme Roi de Hiérusalem, de Naples, de Sicile, & de France ; par dessus ledit écusson étoit la couronne du tiere (ou *ciare*) impérial, magnifiquement fait. Ainsi entra le Roi..... triomphant en victoire, glorieux en gestes, non pareil en magnificence, & immortel en excellence. Ledit Seigneur, en la compagnie dessusdite, fut mené au logis de l'Archevêque de Lyon, coste Saint-Jean, auquel lieu l'attendoient la Reine, madame de Bourbon, & plusieurs autres grandes dames, desquelles il fut accueilli en joie & liesse très-singulièrement ».

Les fêtes & tournois qui furent exécutés en cette occasion, ne le cédèrent point en magnificence à ceux qui avoient eu lieu avant le départ du Roi pour Naples. Le célèbre *Bayard* s'y distingua, quoique fort jeune ; voyez ci-dessus, page 292 & suivantes. Les Poëtes célébrèrent ces fêtes magnifiques ; on croit que ce fut *Fauste Andrelin* qui fit les inscriptions en vers latins pour être placées sur des obélisques élevés aux endroits où se donnèrent les tournois & les joûtes. Ce *Fauste Andrelin* avoit la vanité des Poëtes, & sur-tout des Poëtes de son siècle; il prenoit le titre fastueux de *Poëte couronné* & de *Poëte du Roi & de la Reine*. Il raconte lui-même qu'ayant récité devant Charles VIII son poëme sur la conquête de Naples ; il reçut de ce Prince un sac d'or qu'il pouvoit à peine porter sur ses épaules : c'est ainsi que la vanité payoit la flatterie. Ces récompenses encouragèrent le Poëte à faire mieux, & il ne rougit pas d'avouer sa turpitude, & de dire que c'est l'argent qui détermine ses éloges mercenaires, dans un distique que Paradin a traduit de la sorte :

Croissez, mes vers, soyez en plus grand nombre ;
Car c'est aux frais & salaires du Roi :
Sûre richesse empêchant tout encombre,
Exige vers en copieux arroi.

Louis XII, ayant succédé au Roi Charles VIII, se rendit à Lyon le 10 juillet 1499 avec la Reine *Anne de Bretagne* qu'il avoit épousée. Il ne s'occupa que des grands préparatifs pour la conquête du Milanois, qui lui appartenoit par le droit de son aïeule Valentine. Ce Roi séjourna à Lyon avec la Reine son épouse, pendant que son armée étoit occupée à cette conquête, qui fut exécutée dans l'espace de vingt jours. Le Roi ayant appris cette nouvelle, partit de Lyon, passa les Alpes, & fit son entrée à Milan le 6 octobre ; il quitta Milan au commencement de décembre, & revint en France. Ce ne fut qu'à son retour qu'il reçut les honneurs dus à ces succès. Les Lyonnois firent alors frapper un médaillon curieux qui représente Louis XII d'un côté, & sur le revers la Reine *Anne*.

Ludovic Sforce, usurpateur du Duché de Milan, avoit pris la fuite à l'arrivée des troupes françoises. Il revint en Milanois au commencement de février 1500, & rentra en possession de ce pays. Le Roi renvoya aussi-tôt une armée commandée par le Duc *de la Tré-*

mouille, qui s'empara promptement du Milanois, & fit prisonnier *Ludovic Sforce*, qu'il conduisit à Lyon, où il fut enfermé pendant quinze jours au Château de Pierre-Encise. On dit que, saisi d'horreur à la vue de cette prison, ses cheveux, de noirs qu'ils étoient, devirent tout blancs dans l'espace d'une nuit. Il fut transféré au Château de Loches, où il mourut en 1510.

Pendant les différens séjours que fit le Roi Louis XII à Lyon avec la Reine *Anne*, les habitans cherchèrent à les amuser par des spectacles alors fort à la mode. On y représenta de pieux *Mystères* tirés du Nouveau Testament, ou de la Vie des Saints. Les Confrères de la Passion jouèrent, en leur présence, la vie de Sainte Madeleine, pièce qui fut fort applaudie. Parmi les Comédiens qui se distinguèrent alors sur cette scène, on cite les RR. Pères *Augustins*, auxquels la Ville permit « de faire un grand théâtre aux Terreaux, sur » les fossés de la Porte de la Lanterne, » pour y jouer la vie de *Saint-Nicolas de » Tolentin*, que ledit Couvent des *Augus-» tins* vouloit faire jouer (1) ».

―――

(1) Le goût des spectacles fut tellement en vigueur à Lyon, qu'un particulier, nommé *Jean Neyron*, fit, environ quarante ans après, le sacrifice de ses biens pour acheter plusieurs maisons situées entre l'église des Pères Augustins & celle de la Déserte ; sur leur emplacement il fit construire un grand & superbe théâtre, dont la partie supérieure représentoit le *Paradis* avec ses joies, & en bas étoit l'enfer avec ses supplices. Il

Lorsque Louis XII vint à Lyon en 1501, il parut dans cette ville un de ces hommes extraordinaires pour les ignorans, de ces imposteurs mystérieux, dont chaque siècle a fourni un grand nombre. C'étoit un Italien nommé *Jean*, qui se faisoit annoncer sous les noms imposans de nouvel *Apollonius* & de nouveau *Mercure*. Il se vantoit de réunir en lui seul toute la science qu'avoient jamais eue les plus

---

l'environna de balcons & de loges pour les spectateurs, & pendant quatre ans, les jours de Fêtes & les Dimanches, il y fit représenter les Mystères du Vieux & du Nouveau Testament. Le Poëte *Choquet* étoit l'Auteur de Drames rimés qui se jouoient sur ce théâtre. Voici le beau discours que cet Auteur met dans la bouche de Saint-Michel, lorsqu'il chasse *Lucifer* du Ciel :

  Dragon puant, insatiable
  D'orgueil & fière ambition,
  Va-t-en comme damné Dyable
  En l'infernale mansion.
  Vuide hors de la région
  Des hauts Cieux divins triomphans,
  Va-t-en, toi & ta légion,
  Es palus infernaux puans.

Le Poëte, pour l'instruction des Acteurs, dit : *Adoncques doivent trébucher Lucifer & ses Anges, le plus soudainement qu'il sera possible, & doit avoir autant de Diables tous prêts en Enfer, lesquels, en menant grande tempête, jetteront feu, & dira ce qui suit Lucifer :*

  Harau, harau, je me repens,
  Où sommes-nous, Diables infernaux, &c.

savans Auteurs Hébreux, Grecs, & Latins, & d'avoir même fait lui seul de plus grands progrès & de plus heureuses découvertes qu'ils n'en avoient fait tous ensemble. Il menoit avec lui sa femme & ses enfans qui étoient vêtus d'une robe de toile blanche, à l'exemple *d'Apollonius de Tyane*; ils portoient tous une chaîne de fer attachée au cou, & affectoient un air grave dont on ne les vit jamais se démentir. Le nouveau Mercure prétendoit savoir toutes les profondeurs & les finesses de l'art, autrefois tant vanté, de la transmutation des métaux ; il prétendoit aussi posséder parfaitement la magie naturelle des sages Caldéens, ainsi que le don de prophétie.

Louis XII, ainsi que toute sa Cour, conçut la plus haute idée des talens de cet imposteur, & il ne dédaigna pas les présens magiques qu'il lui fit. Ces présens consistoient en une épée d'une forme singulière, & remplie de cent quatre-vingt couteaux, & un bouclier au milieu duquel étoit un miroir magique. Ces deux armes avoient été fabriquées sous de certaines constellations, dont les influences devoient communiquer au bouclier & à l'épée de certaines vertus surnaturelles. Le Roi voulut connoître l'étendue des connoissances de l'illuminé *Jean*; il le fit entrer en lice avec ses Médecins & les plus savans hommes qui se trouvèrent à Lyon. Tous ces savans convinrent, dit-on, après un mûr examen, qu'il y avoit dans cet homme quelque chose d'extraordinaire, & que ses lumières & sa sagesse passoient celles de l'humanité. La réputation du

Sicophante reçut un nouvel éclat, lorsqu'après avoir reçu du Roi une somme d'or, il la distribua sur le champ aux pauvres, & s'en retourna content de sa pauvreté.

Dans le même temps, un imposteur d'un autre genre mit à profit la crédulité de la Cour. *Jean le Maire*, Flamand de naissance, vint à Lyon pendant le séjour de Louis XII, & fit accroire à ce Roi que les François descendoient des Troyens, & que lui-même étoit issu d'un nommé *Francus* ou *Francion*, fils ou petit-fils du vaillant *Hector*, & il établit cette généalogie sur des passages d'Homère, de Virgile, & des Métamorphoses d'Ovide. Le Roi ne tarda point à arborer sur ses drapeaux cette devise pitoyable: *ultus avos Trojæ*, qui annonce qu'en mettant sous sa domination les Florentins, les Milanois, & autres peuples de l'Italie il avoit voulu venger ses aïeux.

Philippe, Archiduc d'Autriche, fils de l'Empereur Maximilien, & père de Charles-Quint, se rendit à Lyon, en 1503, auprès de Louis XII, pour y conclure la paix avec la France. Une relation manuscrite, rapportée par le Père *Colonia*, donne les détails de son entrée; nous en citerons les particularités les plus remarquables. « Monseigneur, y est-il dit, fit son entrée à Lyon (le 22 Mars), environ trois heures après dîné, il fut rencontré du Cardinal d'Amboise, Archevêque de Rouen, qui chevaucha à sa dextre. L'Evêque d'Arles, l'Evêque de Puich, le Chancelier de France, le duc de Calabre, & plusieurs autres nobles François & bourgeois de la ville chevauchèrent devant lui en grande pompe & triomphe jusques à la maison du doyen, emprès l'Eglise Saint-Jean, où il fut logé ».

« A la porte du pont du Rhône, une très-belle fille, bien accoustrée, sur un échafaud tendu de soye & de tapisseries, fit une petite harangue en présentant les clefs de la Ville à Monseigneur, & étoient avec elle deux hommes représentant *ardent désir de paix & bien public*, qui, par une briève harangue, bien-veignèrent Monseigneur. Puis entra en la ville, où, à deux côtés, avoit peuple innumérable, & les fenêtres étoient *perlifiées* de belles dames...... & les rues étoient tendues de soye & de riches tapisseries. Les gens d'Eglise le rechurent à la porte, à reliques, croix, & confanons. Au pied du pont de la rivière de Sonne, sur un échafaud où on écrit en deux tableaux, *Da pacem, Domine, &c.*, étoit planté l'abre de paix; à dextre étoit un petit fils armoyé des armes de Monseigneur; à senestre, une fillette armoyée des armes de France, & deux hommes, *bon conseil & bien public*, firent une harangue adressante à Monseigneur. Sur un autre échafaud, devant lui, une fillette représentoit *France*, & deux hommes représentoient *peuple & bon accord* ».

« Par delà le pont de Sonne, sur un autre échafaud, de deux florons d'une fleur de lys procédoit eau arrosante; à dextre un orangier plein d'oranges, & à senestre un pommier plein de pommes, & il y avoit une fille appelée *Noblesse*, & deux hommes *bon police & le commun*

commun peuple; & d'emprès Saint-Jehan, sur un autre échafaud, étoient deux *Prophétes & notre mére Sainte-Eglise* qui en leur harangue bienveignèrent Monseigneur ».

« Le Mercredi 29 mars, Monseigneur alla au devant du Roi de France qui entra dans Lyon, vêtu d'une robe à chevauchier de velours noir, & avoit en son train douze à quinze cents chevaux. Le Vendredi derrain (dernier) jour de mars, la Reine de France, à très-grand train, environ de mille chevaux, six chariots, & sept litières, entra à Lyon, au devant de laquelle Monseigneur alla, & la convoya jusqu'à son logis.

Le Dimanche 2 avril, après la Messe, fut publiée la paix, « après quoi, continue le même Ecrivain, Monseigneur & M. de Ligny, habillez également, avoient chacun un sayon de satin cramoisi, ouvrés à la Morisque, & une capuce de satin brochiet gris, & la reste d'autre chose tout un, montéz & accoustréz à *la jennete*.... allèrent courre à *la jennette* là où étoit le Roi, avec plusieurs autres grands Maîtres. Il faisoit beau voir Monseigneur, car il fut estimé bon *jennetaire* (1). Après prit Monseigneur congé du Roi & de la Royne promettant non retourner en ses pays, sans les revenir voir ».

Le Lundi 30 avril, l'Archiduc étant tombé

---

(1) Philippe de Comines parle d'une espèce de soldats appelés *Genetaires*, c'est-à-dire, montés sur des Genets, qui sont une sorte de chevaux d'Espagne. *Chevaucher à la genète*, signifie aller à cheval avec des étriers très-courts.

Partie VI.

malade, revint à Lyon; après avoir rendu visite à la Duchesse de Savoie, Marguerite d'Autriche sa sœur, il prit gîte, dit l'Auteur de la même relation, « à l'Abbaye d'Aisnay, lieu très-beau, en belles prairies, entre les rivières de Rhonne & de Sonne, qui là se joignent ensemble. Tost après, le Roi & la Royne, Monsieur & Madame de Bourbon, passèrent la rivière de Sonne, & visitèrent Monseigneur, eulx montrants bien dolents pour sa maladie. Depuis tous les soirs, après souper (1), le Roi & la Royne, accompagnés de grands Maistres, passoient la rivierre, & montoient sur mulles & chevaux, & la Royne & autres Dames sur leurs haquenées, & se promenoient une heure ou deux, prendant l'ayre de la prairie, pour la visitation & récréation de Monseigneur ».

---

(1) On pouvoit facilement faire alors des promenades après souper, parce que ce repas se faisoit à quatre heures du soir. Voici ce qu'on lit dans une lettre de *Caulier*, année 1510, insérée parmi celles de Louis XII : *Après souper, environ entre quatre & cinq, nous allâmes avec le Roi chasser au parc.* La manière de vivre du Roi Louis XII, changea presque entièrement lorsqu'il épousa sa dernière femme, *Marie d'Angleterre, car où il souloit disner à huit heures, convenoit qu'il disnât à midi, où il souloit coucher à six heures du soir, souvent se couchoit à minuit.* Cet ancien proverbe atteste encore à cet égard l'usage du seizieme siècle :

Lever à six, diner à dix,
Souper à six, coucher à dix,
Fait vivre l'homme dix fois dix.

Le 11 juin suivant, *Ferdinand*, Roi d'Espagne, envoya à Lyon, auprès du Roi, deux Ambassadeurs, un Docteur, & le sieur de *Saint-Agraire*, Castellan, qui étoient chargés de nouveaux pouvoirs, contraires à ceux dont l'Archiduc étoit muni. Ces Ambassadeurs accusèrent l'Archiduc d'avoir été au delà de ses pouvoirs, « à quoi Monseigneur (l'Archiduc) répondit qu'il avoit fait selon le pooir signé des mains du Roi & de la Royne (*d'Espagne*) & scellé de leurs sceaux, lesquels il avoit montré au Roi de France, & dit qu'il se esbahissoit bien pourquoi le Roi & la Royne (*d'Espagne*) lui faisoient cette honte, sans l'avoir desservi (*mérité*) ».

Cette friponnerie royale n'eut pas un grand succès, & le sieur de *Saint-Agraire* eut beau annoncer qu'il étoit autorisé à traiter de nouveau avec le Roi de France ; il eut beau montrer ses pouvoirs *qu'il tira hors de sa manche*, il ne fut pas écouté. Bien loin de vouloir revenir sur un traité déjà conclu, le Roi de France accueillit mal le sieur de *Saint-Agraire*, ainsi que son compagnon le Docteur, lui déclara qu'il ne vouloit, en aucune façon, avoir affaire à lui, & lui ordonna de sortir du Royaume dans l'intervalle de trois jours, « *dit à M. de Saint-Graire, que, en fachon nulle, ne volloit besoigner avec lui, & qu'il vuidast, dès my-trois jours, son Royaume, où mal lui en prendroit* (1) ».

_____

(1) Le Roi d'Espagne, *Ferdinand*, Prince rusé &

Pendant cette discussion, l'Archiduc étoit toujours malade, & son mal s'accrut au point qu'il fut abandonné des Médecins. Le Roi & la Reine étoient fort inquiets de cette maladie; le motif que l'Auteur de la relation donne de cette inquiétude, paroîtra bien étrange à ceux qui ignorent les principes pervers qui régnoient alors dans les principales Cours d'Europe : « Et le regrettoient spécialement le Roi & la Royne, dit-il, *craidant que on ne desist, s'il mourroit, qu'ils l'eussissent empoissonnet,* comme la voix commune en courroit jà en ses pays, & même par le Royaume de France ».

La santé de l'Archiduc se rétablit, & il partit de Lyon le 17 juin suivant. Le Roi de France & toute sa Cour en étoient partis la veille.

François Ier, ayant résolu de signaler son avènement à la Couronne par la conquête du Milanois, se rendit à Lyon le 11 juillet 1515, & il y fit le lendemain son entrée solemnelle. Un des Poëtes de la suite de ce Monarque, nommé *Pasquier le Moine*, & qui se qualifie dans ses œuvres de *Moine sans froc*, portier ordinaire

---

machiavéliste, ne mettoit aucune bonne foi dans ses négociations ; il plaisantoit lui-même sur les piéges dans lesquels il avoit fait tomber Louis XII. Un de ses secrétaires, nommé *Quintana*, qui revenoit de la Cour de France, lui ayant rapporté que Louis XII se plaignoit de ce que le Roi très-Catholique, *Ferdinand*, l'avoit trompé deux fois, ce Roi répliqua, *deux fois ? il en a menti l'ivrogne qu'il est, je l'ai trompé plus de dix.* Eh ! voilà quelle a été pendant long-temps la morale des Rois!

du Roi, a fait en vers la relation de ce voyage & de la conquête du Milanois. Voici ce qu'il dit de l'entrée du Roi à Lyon :

> De là tira jusques à Lyon,
> Où près de demi-million
> De menu Peuple l'attendoit,
> Qui rien que soit ne prétendoit
> Qu'à lui voir faire son entrée,
> Laquelle fut bien accoustrée
> De toiles tendues haut & bas,
> De tapis & joyeux esbats ;
> Au devant duquel de bon cueur
> Saillit le Peuple en grand honneur,
> Et là fut aucuns jours estable,
> Durant lesquels le Connétable (1)
> Le vint éloigner de souci,
> Et le Duc de Gueldres aussi.

Le Roi partit de Lyon le 30 juillet suivant pour aller joindre son armée qui s'étoit ouvert une nouvelle route par les Alpes. Voici ce que le *Moine sans froc* dit de ce départ :

> Le jour devant le dernier de juillet,
> Ainsi qu'ai dit presqu'à demi-feuillet,
> Il faut toucher le départ de Lyon,
> Qui fut plus cher que celui d'Illion,
> Dont départit le noble Roi Priam :
> Car tout le monde alloit à Dieu priant
> Qu'au Roi françois fût en protection.

Le Roi avant son départ déclara la duchesse

---

(1) *De Bourbon.*

sa mère régente du royaume pendant son absence, & cette Princesse fit, avec toute sa Cour, sa résidence à Lyon dans le cloître de Saint-Just. François Ier., après la défaite des Suisses à Marignan & la conquête du Duché de Milan, revint à Lyon le 15 février 1516. Le 28 mai suivant, le Roi qui, à la bataille de Marignan, où il reçut vingt-deux coups dans les armes, avoit fait un vœu au Saint-Suaire, partit de Lyon pour l'accomplir, & fit le voyage de cette ville à Chambery à pied. « En ce temps-là, dit le Continuateur de Monstrelet, le Roi partit de Lyon, accompagné de plusieurs Gentilshommes, pour aller rendre un vœu au Saint-Suaire de Notre Seigneur, lequel est à *Chambery* (1), & étoit la dévotion du Roi d'aller à pied ; conséquemment avec lui force Gentilshommes qu'il faisoit moult beau voir ; car ils étoient fort gorgias d'accoustremens faits à plaisir, & force plumarts, & tous à pied suivant le Roi. Et fut le Roi, en cette sorte, à pied jusqu'audit Chambery ; & fut festoyé le Roi, par plusieurs jours, du Duc de Savoye ».

La mère de ce Roi, Louise de Savoie, huguenote dans l'ame, qui, dans les mémoires qu'elle a écrits, se moque du Pape, des prières, & des Moines (2), paroît approuver

_____

(1) Ce Saint-Suaire est aujourd'hui à *Turin*.

(2) Voici comment elle parle du Pape Léon X, à propos de la paix qui fut faite alors. « Le jeudi 13 décembre 1515, le pape *Léon* célébra la messe en pré-

cette superstition du Roi son fils, tant la raison de ces grands personnages étoit alors égarée par le défaut de principes.

François Ier. fit un long séjour à Lyon avec sa mère. Cette Princesse y séjournoit encore, lorsqu'en 1525 il lui écrivit, après la bataille de Pavie, cette lettre célèbre par son laconisme : *Madame, tout est perdu, fors l'honneur.* La lettre fut portée à cette Dame au cloître de Saint-Just, où elle faisoit sa demeure, par le commandeur de *Pennalosa*, Seigneur Espagnol, qui passa en France, & par Lyon, avec un sauf-conduit du Roi, pour aller porter à Charles-Quint, qui étoit à Madrid, la nouvelle de cette victoire.

Pendant le séjour de la Cour à Lyon, Clément *Marot*, valet de chambre de François Ier, qui s'étoit habitué dans cette ville, témoigne ainsi ses regrets en la quittant :

Adieu, Lyon qui ne mords point,
. . . .
Adieu, Cité de grand valeur,
Et citoyens que j'aime bien :
Dieu vous doint sa fortune & l'heur,
Meilleur qu'en a été le mien (1).

---

sence de mon fils, & le vendredi suivant fut tenu consistoire, & l'alliance confirmée, laquelle depuis a été *affermée* & *florentinée* par ledit *Léon*, gentil Lieutenant & Apôtre de Jésus-Christ ». Voyez tome V, p. 92, & ci-dessus page 15.

(1) *Marot* fait allusion ici aux persécutions qu'il

J'ai reçu de vous tant de bien,
Tant d'honneur & tant de bonté,
Que volontiers dirois combien :
Mais il ne peut être compté.
Adieu la Saône & son mignon
. . . .
Le Rhône qui court de vîtesse,
Tu t'en vas droit à Avignon ;
Vers Paris je prens mon adresse.
Mais le cas viendroit mieux à point,
Si je disois adieu jeunesse ;
Car la barbe grise me point.

Le Roi Henri II, après avoir visité les frontières du côté du Piémont, arriva à Lyon le 21 septembre 1548, & fut loger dans l'abbaye d'Ainai, où la Reine Catherine de Médicis, son épouse, l'attendoit avec toute sa Cour. Le surlendemain il fit son entrée dans la ville avec beaucoup de magnificence. Les différens Corps des Marchands vinrent en grand nombre, & sur-tout très-richement vêtus, au devant lui. Il portoient tous des habits uniformes de velours & de satin, garnis de boutons & de filets d'or & d'argent, & doublés en taffetas. Leurs armes étoient dorées ; ils portoient sur la tête un casque doré, sur lequel

---

éprouva de la part des Prêtres & des Moines, qui le soupçonnoient d'être Calviniste, parce qu'il avoit traduit les Pseaumes de David en vers françois, & qu'il n'avoit pas toujours parlé respectueusement des Moines.

flottoit un panache de la couleur de leur habit. Après cette brillante milice, on vit paroître le Corps des quatre principales Nations étrangères qui négocioient dans Lyon: les *Luquois*, les *Florentins*, les *Milanois*, les *Allemands*. Ils étoient tous vêtus de longues robes de velours, & montés sur des chevaux superbement enharnachés. Parurent ensuite les Officiers de l'Archevêque de Lyon & les Magistrats. Cette longue marche fut terminée par un spectacle qui parut nouveau au Roi, & qui fut renouvelé par son ordre pendant six jours.

C'étoit un combat de gladiateurs dont la moitié étoit vêtus de satin blanc, & l'autre de satin cramoisi. « Ces gladiateurs s'étant fièrement campés devant la loge du Roi, dit *Brantôme*, après s'être furieusement regardés l'un & l'autre, ainsi que firent jadis les Horaces & les Curiaces, commencèrent un combat à l'antique en présence de ce Monarque; & s'attaquant, se mêlant, s'entrecourant, faisant pencher la victoire tantôt d'un côté, tantôt de l'autre, se chargeant avec autant d'adresse que de fureur apparente, faisant voler leurs armes en pièce par la force des grands coups qu'ils se portoient, ils surent si bien donner à un combat feint, l'air & la couleur d'un combat sérieux, que les habitans crièrent plusieurs fois qu'on courût au secours de ceux qui succomboient, & qu'on les séparât ».

Après ce combat, la marche fut continuée, & l'on vit paroître une compagnie de cent soixante hommes, habillés à la romaine & commandés par le Capitaine de la ville. Leurs cottes d'armes, bordées en or, en argent, & en soye, & semées de perles, étoient enrichies de trois têtes de lion en demi-relief. A une chaîne d'or qu'ils portoient en sautoir, pendoit de petits cimeterres qui avoient été fabriqués exprès pour cette cérémonie.

Le Roi se mit en rang, vêtu d'un manteau de drap d'or, accompagné des Cardinaux de Bourbon, de Vendôme, de Lorraine, de Guise, de Ferrare, & de la Chambre.

Les rues étoient tendues de tapisseries en haute lisse, & quelques-unes en velours rehaussé d'or. Sur son chemin le Roi rencontroit des obélisques avec des inscriptions louangeuses, des Divinités du paganisme qui disoient être descendues du Ciel pour lui faire des complimens. Cette entrée fut suivie de fêtes de tous les genres, parmi lesquelles on distingua une *naumachie*, ou combat naval, & une *tragicomédie* que fit représenter à ses frais l'Archevêque de Lyon. *Brantome* dit que pour faire jouer cette pièce, ce Prélat « dépendit plus » de dix mille écus, ayant fait venir à grands » cousts & dépenses des plus excellens comé- » diens & comédiennes d'Italie, chose que l'on » n'avoit encore vue, & rare en France; car » auparavant on ne parloit que de *Farceurs*, » des *Cornards* de Rouen, des joueurs de la » *Basoche*, & autres sortes de badins, & » badinages, farces, momeries, & sotteries ».

A tant de fêtes, de magnificences & de vanités, succédèrent des jours de calamités. Les guerres civiles du seizième siècle, dont la Religion étoit le prétexte, se firent cruellement sentir dans Lyon. En 1560, ceux du parti des Protestans qui y abondoient, firent quelques tentatives pour s'emparer de cette ville. Mais le Roi de Navarre écrivit à *Maligni*, chef de cette entreprise, d'y renoncer, & de ne commettre aucune hostilité. Les choses étoient en cet état, lorsqu'on s'aperçut des préparatifs de guerre que les protestans avoient faits pour surprendre la ville, & qu'ils n'avoient pas encore eu le temps de faire disparoître. Cette découverte répandit l'alarme parmi les Prêtres. L'abbé du monastère de Savigni, *Antoine d'Albon*, plus soldat que Moine, se mit à la tête des domestiques du Chapitre de la Cathédrale, & parvint à mettre en fuite les Conjurés. Cet acte militaire lui valut l'Archevêché d'Arles.

Le frère de ce guerrier en capuchon étoit le fameux *Triumvir*, connu sous le nom de *Maréchal de Saint-André*; aussi avide du bien d'autrui, dit M. de Thou, que prodigue du sien, il crut que l'entreprise de Lyon lui présentoit une occasion favorable pour amasser de grandes richesses. Il se proposa à la Reine mère & aux *Guises* pour aller à Lyon, afin de découvrir le secret de la conjuration tramée par les Princes de Condé & de Navarre. Ce qu'ayant obtenu, il employa, mais inutilement, les menaces & les paroles artificieuses pour obliger les bourgeois à lui donner cent mille écus d'or. Ensuite attaquant les particuliers, il fit de grandes vexations par le moyen de certains juges qui lui étoient dévoués, & de quelques témoins qu'on avoit corrompus; & cependant il ne découvrit rien.

Le parti des Guises, qui étoit aussi celui de la Cour, étoit soupçonné déjà d'avoir le projet de massacrer tous les protestans du Royaume, lorsque le Roi envoya à Lyon l'infame *Maugiron*, homme aussi chéri à la Cour, que détesté du peuple & des Protestans. Il y arriva avec un corps de cavalerie; cette troupe, & la réputation odieuse de celui qui la commandoit, jetèrent l'alarme chez tous les Protestans de Lyon; le bruit couroit aussi que tous les Capitaines du parti des Guises devoient se rendre dans cette ville à un jour marqué, pour exécuter le massacre prétendu. Tant de craintes sembloient être confirmées par une levée de troupes que faisoit secrètement dans Lyon le capitaine *Dupeyrat*, à l'insçu même du pacifique Gouverneur de la ville, le comte *de Sault*. Les Protestans sentirent la nécessité de détourner l'orage dont ils étoient menacés. Ils levèrent secrètement des troupes. Le Prince de Condé leur envoya du secours & des Capitaines expérimentés, qui leur apprirent le besoin où ils étoient de faire très-promptement des préparatifs de guerre, & le dernier jour d'avril de l'année 1562, à l'heure de minuit, avec plus de témérité que de prudence, ils firent éclater leur insurrection. Voici le détail qu'en donne M. de Thou. « Ils saisirent le premier corps-de-garde qui étoit posté à Saint-Nizier, & se rendirent maîtres de l'Hôtel-de-Ville, presque sans coup férir. *Dupeyrat*, sortant de son lit à demi éveillé, se trouva pris avant qu'il pût s'armer. Ils prirent ensuite le couvent des Cordeliers, avec l'église voisine, &

ils y mirent garnison. Ayant arraché les serrures de la porte du Rhône, ils s'en emparèrent, aussi bien que de la place des Banquiers, sans que la garde posée à *Saint-Eloy* (1) se donnât aucun mouvement pour l'empêcher. Jusques-là il n'y avoit encore eu que deux ou trois hommes de tués ».

« Après s'être rendus maîtres en même temps de toutes les fortifications de la ville, & avoir établi des corps-de-garde dans les places & les rues, ils vinrent parler aux Chanoines, Comtes de Lyon, qui s'étoient retirés chez le Comte de Sault ; ils les laissèrent aller où ils voulurent, sans leur faire aucune violence. Ayant, après cela, mis du canon dans les lieux où ils crurent qu'il en falloit, ils se rendirent chez le Comte de Sault, & lui déclarèrent que dans tout ce qu'ils avoient fait, ils n'avoient aucunement prétendu manquer au respect & à l'obéissance qu'ils devoient au Roi & aux Magistrats établis par Sa Majesté, mais seulement mettre la ville & leur personne à l'abri de la violence des ennemis de l'état ; qu'ils avoient exécuté les ordres du Prince de Condé, à qui, selon les lois, appartenoient la tutelle du Roi & la régence du Royaume ; que par conséquent il pouvoit continuer, comme auparavant, les fonctions de Gouverneur & Commandant de

---

(1) L'église de *Saint-Eloy* a été long-temps paroissiale, dépendante de celle de Saint-Paul. Les protestans l'ayant tout à fait ruinée, on bâtit sur son emplacement *la Douane*.

Lyon. Le Comte n'accepta point cet emploi : après avoir passé quelques jours dans la ville pour faire emporter ses bagages, il se retira dans sa maison en Provence, où il passa tranquillement tout le reste du temps de cette première guerre civile ».

Le baron *des Adrets* arriva bientôt à Lyon, & en prit possession au nom du prince de Condé. Ce féroce Gentilhomme abusa cruellement de l'autorité dont il étoit revêtu. C'étoit de cette ville qu'il partoit pour faire le dégât, & porter la terreur & la désolation dans les villes & les provinces voisines. Il assembla d'abord la bourgeoisie, & fit des réglemens par lesquels il étoit statué que l'on ne forceroit personne à changer de Religion ; mais que le culte catholique seroit aboli dans cette ville.

Dans les premiers jours de la révolution, les nouveaux maîtres de Lyon montrèrent de la modération & de la douceur ; mais bientôt le souvenir des persécutions que le peuple protestant avoit éprouvées de la part des Prêtres & des Moines, les portèrent à plusieurs excès. Les soldats sur-tout se rendirent coupables d'une infinité de profanations dans les églises, où ils brisèrent les images & pillèrent les reliques. Le Prince de Condé, quoique joyeux de la prise de Lyon, fut vivement affligé des profanations & du pillage exercé dans les églises, conduite qui rendoit son parti odieux.

Les Protestans publièrent plusieurs écrits sur le culte des images, qu'ils appeloient *idolâtrie*. On fit même des plaisanteries contre les Moines de Lyon, qui furent obligés de plier bagage,

& de se réfugier ailleurs. Dans une pièce de vers intitulée *le piteux remuement des Prêtres, Moines, & Nonnains de Lyon, & la juste punition de Dieu sur la vermine papale*, on lit ces quatre vers qui marquent ainsi l'époque de cet événement :

> La veille de Saint-Jacques
> Et de Saint-Philippe,
> Moines frippes-lippes
> Ont troussé leur Jacques.

Les Protestans s'emparèrent ensuite du château de Pierre-Encise, dont la garnison se rendit à l'approche du canon, malgré les tentatives du Duc de Nemours & celles de Timoléon de Cossé, dont les troupes furent battues aux portes de Lyon; cette ville resta au pouvoir des Protestans pendant seize mois. Ce ne fut que le 28 août 1563, & après le traité de pacification, qu'elle fut rendue au Roi. Le Duc de Soubise en remit le gouvernement à François de Scepeaux de Vieilleville, Maréchal de France, homme très-modéré, qui rétablit le culte catholique, & assigna aux Protestans, des lieux propres pour y tenir leurs assemblées. La première messe fut alors célébrée dans l'église cathédrale de Saint-Jean, par le Jésuite *Edmond Auger*.

Lyon fut bientôt le théâtre d'un événement plus tragique. Les massacres de la Saint-Barthélemy souillèrent horriblement cette ville. Quelques jours avant l'arrivée de l'ordre du Roi de massacrer les Protestans, des meurtres & des carnages furent les préliminaires de l'exécution de ces ordres horribles. *François Mandelot*, Gouverneur de cette ville, commença par ordonner qu'on en fermât les portes ; après quoi il fit arrêter & conduire en prison un grand nombre d'habitans qu'il vouloit, disoit-il, souftraire à la fureur du peuple. Mais les féditieux, qui avoient à leur tête un nommé *Boidon* (1), homme chargé de toutes fortes de crimes, fous prétexte d'exécuter les ordres du Gouverneur, & de mener en prifon des gens fufpects, en égorgea plufieurs dans de petites rues détournées, & jeta leurs cadavres dans le Rhône & la Saône.

« Après qu'on eut employé, dit M. de Thou, trois jours entiers à piller les maifons des Proteftans, & à la recherche des gens fufpects, le vendredi 29 août (1572), arriva de Paris un nommé *Dupeyrat*, fimple bourgeois (2) de Lyon..... Ce Dupeyrat, étoit muni de lettres de créance de la Reine, portant que le Roi vouloit que la ville de Lyon fuivît l'exemple de Paris. Mandelot, homme prudent, eut horreur de ce deffein, quoiqu'il paffât pour attaché aux Guifes. Les féditieux le preffoient vivement de laiffer agir la populace ; mais il en obtint quelques jours de délai

---

(1) Ce *Boidon* fut condamné à mort & exécuté à Clermont en Auvergne.

(2) C'étoit *Maurice Dupeyrat*, fils de *Jean Dupeyrat*, Lieutenant de Roi dans les trois Provinces. On affure que *Maurice Dupeyrat* avoit été affez fcélérat, affez courtifan, pour folliciter lui-même à la Cour la commiffion de faire égorger fes concitoyens.

pour

pour délibérer & pour recevoir les ordres du Roi, qu'il attendoit, disoit-il, d'heure en heure. Dans cet intervalle, il fit publier par toute la ville que les Protestans eussent à se rendre à la maison du Gouverneur, pour y apprendre les ordres de la Cour. Ces malheureux sortirent tous des lieux où ils étoient cachés, dans l'espérance d'être sous la protection du Roi (1), & ils vinrent chez le Gouverneur, qui les fit aussi-tôt distribuer dans les différentes prisons de la ville; car celles de Roannes, qui étoient les prisons du Roi, ne pouvoient pas les contenir. Pendant ce temps-là, *Pierre d'Auxerre*, Procureur du Roi (2), arriva en poste. Il n'avoit aucun ordre par écrit; mais il prétendoit qu'un homme de sa dignité devoit être cru sur sa parole. Il dit donc à *Mandelot* que le Roi & la Reine vouloient qu'on tuât généralement tout ce qu'il y avoit de Protestans, ou déjà arrêtés, ou qu'on pourroit arrêter dans la ville. Mandelot, entouré & pressé vivement par la populace à qui ce scélérat avoit communiqué son secret, se vit forcé d'y donner les mains; & adressant la parole au porteur de cet ordre barbare; *Pierre*, s'écria-t-il, *je te dis la même chose que Jésus-Christ dit autrefois à Pierre*: ce

───────────

(1) Le Roi étoit bien éloigné de leur accorder sa protection, puisqu'il venoit de donner ordre qu'on les égorgeât.

(2) Il fut ensuite Conseiller au Parlement de Toulouse, & il étoit bien digne de figurer dans une Cour si fameuse par son fanatisme.

que tu lieras sera lié, ce que tu délieras sera délié.

Ainsi, ce fut par cette espèce de calembourg que ce lâche Gouverneur crut s'excuser de ne point arrêter le poignard des assassins qui menaçoient les citoyens dont il devoit protéger l'existence. Par sa coupable indifférence, il s'est rendu complice de toutes les atrocités qui s'ensuivirent.

En même temps, raconte M. de Thou, les assassins se répandent par toute la ville pour égorger & pour piller. *Boidon* s'associe *Mornieu* & *Leclou*, deux scélérats comme lui, à qui les grands crimes ne coûtoient rien. Ces dignes associés proposèrent au bourreau de les suivre; celui-ci répond qu'il est prêt d'obéir à la sentence d'un Magistrat légitime, mais que jamais il ne prêtera son ministère pour aller, dans les différens quartiers de la ville, massacrer des innocens (1). La même proposition est faite aux soldats de la citadelle, qui répondent: *Sommes-nous donc des bourreaux? Ce qu'on nous demande ne convient point à des soldats qui doivent avoir de l'honneur; quel mal nous ont fait ces malheureux, pour que nous allions les égorger?* Comme ils ne rencontroient que des gens qui avoient en horreur leur barbare résolution, après avoir fait prix avec quelques déterminés bandits qu'ils

---

(1) Cette réponse du boureau de Lyon a fait dire à M. Saint-Foix: *Voilà l'homme le plus vil par son état, qui a plus d'honneur qu'une Reine & son Conseil.*

trouvèrent dans le marché, ils s'adressèrent au régiment de la ville, composé de trois cents bourgeois, qui se chargèrent avec joie d'exécuter contre leurs concitoyens ce que des soldats étrangers & le bourreau même avoit refusé. On choisit dans la troupe tout ce qu'il y avoit de scélérats, pour les mettre à la tête. Ils tournèrent d'abord du côté des Cordeliers, où l'on avoit emprisonné une partie des Protestans, de là ils allèrent aux Célestins, où il y en avoit aussi beaucoup. Ils égorgèrent tous ces malheureux.

Ils se portèrent ensuite à l'Archevêché, où plusieurs Protestans, les plus considérables, étoient détenus par ordre du Gouverneur. Après leur avoir pris leur argent, ils les massacrèrent avec la plus grande cruauté, « sans être touchés des prières de ces infortunés, dit M. de Thou, qui imploroient vainement le secours de Dieu & des hommes. Spectacle affreux & inoui jusqu'alors ! Les enfans pendus au cou de leurs mères, les pères tenant leurs fils entre les bras, les frères, les amis s'entr'exhortant à la patience, sont égorgés comme des bêtes par des bouchers sans pitié, par des crocheteurs, par des bateliers, au milieu des cris, des lamentations, & des hurlemens de toute la ville. Les massacres continuent ; on pend, on mutile, on traîne les corps morts ou palpitans dans les rues, & on les jette dans la rivière. On emportoit les meubles des maisons, les marchandises des boutiques. On arrachoit ces malheureux des trous où ils s'étoient cachés pour sauver leur vie, & on les jetoit par monceaux dans la rivière. Cependant la cour de l'Archevêché étoit encore toute couverte de cadavres; Mandelot, le lâche Mandelot, saisi d'horreur à la vue d'un tel spectacle, ordonne qu'on mette ces corps dans des bateaux, & qu'on les porte de l'autre côté de la rivière, pour être enterrés dans le cimetière de l'abbaye d'Aînai; mais, par un nouveau genre de barbarie, les Moines ne voulurent pas y consentir, sous prétexte que ces cadavres étoient indignes de la sépulture ecclésiastique. Aussitôt, à un certain signal, la populace jeta tous ces corps dans la rivière, à la réserve des plus gras, qu'on abandonna aux Apothicaires qui les demandoient pour en avoir la graisse.

On assure qu'il y eut plus de huit cents personnes de tout âge, de tout sexe, massacrées en cette occasion. Les corps qui avoient été jetés dans le Rhône, & qui furent entraînés par le courant de l'eau, se ramassèrent auprès de Tournon en si grand nombre, que les bords de la rivière en furent couverts (1). Les habitans, révoltés par un tel spectacle, repoussèrent ces cadavres loin des bords, & les abandonnèrent au courant de l'eau. Les habitans des villes de Valence, Vienne, Bourg, Viviers, le Pont-Saint-Esprit, & Avignon même,

---

(1) M. de Thou ajoute que les habitans de cette ville, effrayés, coururent aux armes, croyant que c'étoient des ennemis, ce qui ne paroît guère vraisemblable : des hommes noyés ne ressemblent guère à des ennemis qui viennent attaquer une ville.

n'eurent pas moins d'horreur de cette multitude de cadavres, que ceux de Tournon. Mais ceux d'Arles, qui n'avoient ni puits, ni fontaines, & qui ne buvoient que de l'eau de la riviere, eurent une raison de plus de détester cette barbarie, par l'incommodité qu'ils en reçurent. Ils ne vouloient ni boire ces eaux, ni manger du poisson du Rhône, & ils regardoient ce fleuve avec horreur.

En 1589, les Lyonnois embrasèrent le parti de la Ligue, & le 2 mars ils composèrent un manifeste pitoyable, dit M. de Thou, composé par *Claude de Rubis*, homme né pour son propre malheur & pour celui de cette ville. Ce Rubis étoit celui qui a composé plusieurs ouvrages, & notamment une histoire du Lyonnois qui semble dictée par la superstition la plus épaisse & le fanatisme le plus furieux. En 1593, les Lyonnois, lassés de vivre sous le joug tyrannique du Duc de *Nemours*, qui, suivant les principes machiavélistes, tenoit ou violoit sa parole, conformément à ses intérêts, & commençoit à usurper, dans la ville, la souveraineté indépendante, se révoltèrent contre lui, & le mirent en prison au château de Pierre-Encise, où il resta près d'un an. Mais ils demeurèrent encore attachés au parti de la Ligue, & ce ne fut qu'au commencement de l'année suivante qu'ils songèrent à rentrer sous la domination du Roi.

Au mois de février 1594, les principaux bourgeois tinrent une assemblée secrète, dont le résultat fut d'envoyer une députation à *Alphonse d'Ornano*, qui faisoit la guerre pour le Roi dans le voisinage, afin de l'avertir de s'avancer sans bruit avec un détachement, dans un temps fixé, au faubourg de la Guillotière. *Jacquet*, qui conduisoit l'entreprise avec *de Liergues* & *de Seve*, après avoir pris leurs mesures, se mirent à la tête de gens bien armés ; &, le 7 février, avant la pointe du jour, ils attaquèrent la garde qui étoit au bas du pont, commandée par *Thieri*, zélé Ligueur. Ils s'emparèrent du poste après un combat opiniâtre. Au bruit des combattans, on fit des barricades dans toute la ville, en criant *vive la liberté françoise* !

L'Archevêque, nommé *Pierre d'Espinac*, Ligueur enragé, vint haranguer à l'Hôtel-de-Ville ; mais son éloquence fit peu d'effet : voyant qu'on ne l'écoutoit point, il se retira bien vîte dans son palais. Les habitans étoient las de se laisser conduire par des Prêtres, des Moines, des Pénitens, qui, sous prétexte de défendre les intérêts de la Religion, défendoient les leurs & ceux de quelques intrigans auxquels ils étoient dévoués ou vendus. Les Ligueurs se trouvèrent bientôt les moins nombreux, & n'osèrent plus paroître. On fit retentir de toutes parts le nom du Roi. Le bruit des acclamations étoit si grand, qu'on n'entendoit pas le son des cloches. Tout le monde prit l'écharpe blanche avec tant d'empressement, que le soir il n'y eut plus d'étoffe de soie blanche chez les Marchands. On fit des feux de joie, on y brûla les armoiries d'Espagne, de Savoie, & du Duc de Nemours. On fit aussi brûler l'effigie de la Ligue, représentée sous la figure d'un spectre horrible. On mit à l'envi les armes du Roi sur les portes & dans les places publiques ; on dressa des tables dans les rues, & on but beaucoup, en réjouissance de cet heureux événement.

L'Archevêque de Lyon fut très-fâché de cette révolution qui ne cadroit ni avec ses vues intéressées, ni avec ses goûts fanatiques. Il voulut prendre la fuite, mais on l'arrêta. Le Roi Henri IV, au contraire, vit avec le plaisir le plus vif une ville aussi considérable rentrée d'elle-même sous sa domination, & donner un grand exemple aux autres villes de moindre importance. Il étoit à Melun lorsqu'il apprit la nouvelle de cette heureuse conquête. Le Comte d'*Ornano* lui écrivit que cette victoire venoit de Dieu seul. On raconte qu'alors le Roi se prosterna sur le champ pour en remercier le Ciel. Quelque temps après, étant à Saint-Germain, il loüa beaucoup, dans un édit du mois de mai, la fidélité des habitans de Lyon qui avoient montré les premiers l'exemple de rentrer sous l'obéissance du Roi, sans condition.

En 1608, l'hiver, connu sous le nom de *grand hiver*, se fit vivement sentir à Lyon, & causa un événement qui mérite d'être rapporté. Voici le récit qu'en fait Mézerai :

« Il s'étoit élevé comme une montage de glaçons sur la Saône devant l'église de l'Observance. Toute la ville trembloit de peur, qu'en se détachant, leur choc ne vînt à emporter le pont, & on faisoit des prières publiques pour détourner ce malheur. Un simple artisan entreprit de les rompre à petits morceaux, & de les faire tous écouler sans aucun désordre, moyennant une certaine somme d'argent dont il convint avec les Magistrats de la ville. Pour cet effet, il alluma vis-à-vis, sur le bord de la rivière, deux ou trois petits feux avec une demi-douzaine de fagots & quelque peu de charbon, & se mit à murmurer certaines paroles. Aussi-tôt ce prodigieux rocher de glace éclata comme un coup de canon, & se rompit en une infinité de pièces, dont la plus grande n'avoit pas plus de trois ou quatre pieds. Mais ce pauvre homme, au lieu de toucher sa récompense, fut en danger de recevoir punition; car les Théologiens disoient que cela ne s'étoit pu faire sans l'opération du diable, tellement que sa recette fut publiquement brûlée. Dix ou douze jours après il intenta action au Parlement pour avoir son salaire ; je n'en ai pu apprendre le succès ». Eh, voilà comment ont toujours été utiles Messieurs les *Théologiens* !

Il me reste à parler d'un événement bien plus récent, plus glorieux pour la ville de Lyon, & qui doit ramener le bonheur & l'abondance dans une ville si précieuse à la France par son commerce, par l'industrie active de ses habitans, & dont les principaux canaux de sa richesse ont été depuis quelques années obstrués par le concours de divers accidens. Cet événement est la magnifique & touchante cérémonie de la *fédération de Lyon*, où toutes les troupes du département ont envoyé des détachemens. Cette cérémonie, bien plus noble, & sur-tout bien intéressante sous tous les rapports, que ces fastueuses, ces inutiles, & ces ruineuses *entrées* de nos Rois, qui ont si souvent amusé & appauvri les Lyonnois, commença le 29 mai 1790. Malgré les nombreux habitans soupçonnés ou convaincus d'être les ennemis de la révolution, & par conséquent de mauvais citoyens; malgré le vice aristocratique dont étoient imprégnés la plupart des officiers municipaux, le patriotisme parut unanime, aucun nuage de mécontentement ne vint obscurcir un si beau jour, ni troubler une si belle fête, & l'anti-patriote abjura ou parut avoir abjuré son hérésie, pour se prosterner aux pieds de l'idole de la liberté.

Deux cent cinquante-neuf détachemens des Milices nationales, formant au delà de cinquante mille hommes, s'étoient rendus ce jour-là dans la ville. Parmi tant de braves soldats citoyens, on voyoit des femmes de la campagne, le sabre à la main, qui ressembloient à autant de Jeannes d'Arc. A huit heures du soir, le bruit des boîtes & des canons, retentissant des quatre parties de la ville, annonça la solennité de cette grande fête.

Le 30, une salve d'artillerie se fit entendre à quatre heures du matin, & sembla annoncer à tous les habitans l'aurore d'un des plus beaux jours qui puisse être dans les fastes de leur histoire. On bat la générale, & toutes les fédérations se rendent sur le vaste terrain des bords du Rhône, près de son confluent avec la Saône, au midi de Lyon. Là, après diverses évolutions, elles se réunissent en corps d'armée, où chaque députation, précédée de sa musique, tient ses rangs sous son drapeau. La marche s'ouvrit au bruit du canon; l'armée entière longea le Rhône, sur les quais, jusqu'au pont Morand, en face de l'Hôtel-de-Ville. Alors un détachement considérable de la garde nationale de Lyon alla prendre le Conseil général de la Commune, pour l'amener au sein de l'armée, qui le reçut & le conduisit au camp, au milieu d'une foule innombrable, transportée de joie, applaudissant à ses représentans & à ses défenseurs.

Une plaine immense, située au delà du Rhône, & bornée d'un côté par ce fleuve, à une demi-lieue de cette ville (1), a servi d'emplacement pour le camp.

Au centre de ce camp, on avoit dressé un groupe de rochers chargés de plantes & d'arbustes, & du haut duquel paroissoient descendre plusieurs cascades feintes. Sur les quatre faces de ce groupe, qui avoient à leur base quatre-vingts pieds d'étendue, étoient des gradins qui conduisoient à quatre portiques, formant les entrées du *Temple de la concorde*, pratiqué dans l'intérieur du rocher. Au dessus du temple & des rochers, étoit une esplanade de cinquante pieds de hauteur au dessus du sol, où s'élevoit la statue de *la liberté*, placée sur une cippe. D'une main elle tenoit une pique surmontée d'un bonnet, symbole de l'affranchissement; de l'autre, elle présentoit une couronne civique aux milices fédérées.

---

(1) Au delà de la promenade des *Bretaux*.

Au pied de cette figure étoit l'autel destiné à la célébration de la Messe.

Sur les frontons des portiques, on voyoit plusieurs emblêmes & inscriptions relatives à la circonstance. On remarquoit sur-tout celui où Diogène étoit représenté brisant sa lanterne, & au bas duquel on lisoit : *Je ne cherchois qu'un homme, & j'en trouve des millions.*

Enfin l'armée attendue avec impatience est entrée dans le camp. Environ cinquante mille hommes, qui en représentoient plus de cinq cent mille, se sont avancés dans le meilleur ordre (1). Il fallut près de trois heures pour les faire défiler dans le camp, & former, sur trois lignes, un bataillon carré. Les grenadiers ont d'abord pénétré dans l'enceinte, & se sont rangés près des portiques du temple : la musique s'en est approchée. On a vu quatre cent dix-huit drapeaux flotter dans les airs, & déployer les couleurs de la Nation ; leurs devises & leurs emblêmes peignoient le patriotisme dont les milices étoient animées. Des acclamations réitérées suivent tous les détachemens, & distinguent ceux dont l'énergie est la plus connue. Dans le moment du repos, chaque fédération met ses armes en faisceaux ; toutes les troupes se mêlent & se confondent ; les danses, les embrassemens, les transports de la joie la plus vive présentent de toutes parts les

---

(1) Il étoit venu des députations des villes les plus éloignées, telles que *Nantes*, *Sar-Louis*, *Marseille*, &c.

scènes les plus touchantes & les plus animées. Un spectacle plus auguste se prépare ; l'armée a repris les armes, la Messe est célébrée. Au signal qui annonce le moment où doit se prononcer le serment solennel, tous les drapeaux, portés des différens points de la circonférence & vers le centre, autour du temple qu'ils environnent, présentent l'image d'une flotte puissante, dont les voiles magnifiques se dirigent de concert.

Le Commandant, près de l'autel, adresse la parole aux fédérés, & prononce le serment civique. Aussi-tôt les airs sont remplis de ces mots *je le jure*, qui sont répétés avec cet accent qui part de l'ame, avec ce transport que la liberté seule peut inspirer. Tous les chapeaux jetés en l'air, puis élevés & long-temps soutenus sur les piques & les baïonnetes, accompagnoient la répétition de ces mots sacramentels *je le jure*. Toutes les bouches le prononcent à l'envi, & avec un délire qu'il est également impossible de peindre & d'oublier (1).

Après avoir juré de maintenir la Constitution, d'être fideles à la Nation, à la Loi, & au Roi, de regarder comme ennemis irréconciliables tous ceux qui tenteroient de porter

---

(1) Qu'elles sont éloquentes les expressions du vœu unanime d'une multitude assemblée ! Qu'il est touchant ce concert de tant de milliers d'êtres qui expriment, par le même élan, une même volonté ! L'ame semble s'élever, par un grand effort, au dessus de sa nature, & tous les yeux se couvrent de larmes les plus douces.

quelque atteinte à ces trois objets sacrés du respect & de l'amour des François, on a écouté, applaudi, & adopté une adresse des milices fédérées à l'Assemblée nationale, qui se termine par cette apostrophe à la liberté.

« Liberté ! ton sanctuaire est au milieu de nos représentans, mais nous t'honorons partout où tu existes, & les salves de notre artillerie, après avoir fait retentir nos acclamations & manifesté notre respect pour la Nation, pour vous, Messieurs, les sages interprètes de sa volonté suprême, & pour notre Roi, ont encore témoigné celui que nous portons à la majesté du peuple britannique, à ces braves Anglais, autrefois nos rivaux, aujourd'hui nos amis ; aux Etats-Unis d'Amérique, à tous les peuples libres, à ceux qui désirent de l'être, & à cette Société de la révolution de Londres, qui, la première applaudissant à votre courage, a prouvé que la liberté est le lien éternel qui doit unir les peuples comme les particuliers ».

Les danses, les expressions diverses de la joie la plus pure ont succédé à cette auguste cérémonie, & ces confédérés, qui ne s'étoient jamais vus, unis par le même esprit, ne présentoient plus qu'un peuple d'amis & de frères.

L'alégresse s'est renouvelée, lorsque, vers les cinq heures du soir, l'armée est entrée dans la ville au bruit des applaudissemens. Douze heures sous les armes n'avoient abattu ni le courage, ni la joie des fédérés. Un feu d'artifice, une illumination générale, & un bal paré ont terminé cette journée à jamais mémorable pour la cause de la liberté.

Il a régné dans le camp & dans la ville l'ordre & la tranquillité la plus parfaite. Ce peuple, que le despotisme calomnioit pour le mieux asservir, & à qui, par une lâche prévoyance, on ne permettoit de se livrer au plaisir que sous la pointe menaçante des baïonnettes, a prouvé qu'il étoit digne d'être libre. La nuit du 30 au 31, qui fut aussi tranquille que le jour qui l'avoit précédée, fit place à des scènes attendrissantes. Ce n'étoit plus la joie de la veille ; les adieux arrachoient des larmes ; mais au souvenir des engagemens contractés devant l'autel de la patrie, de nouveaux sermens ont été prononcés de part & d'autre avec une effusion de cœur & en même temps avec une intrépidité qui doit ne laisser aucune inquiétude sur la liberté des François, & doit faire les désespoir de leur anciens tyrans.

HOMMES *célèbres*. La ville de Lyon a produit, dans tous les temps & dans tous les genres des hommes célèbres. Du temps des Romains, elle a donné naissance au sage *Germanicus*, quinze ans avant l'ère chrétienne ; il étoit fils de *Drusus*, & petit neveu d'*Auguste*. Ses victoires & ses ouvrages l'ont encore rendu moins célèbre que le refus qu'il fit de l'Empire que lui présentoient les troupes allemandes. Ce Prince, si cher aux Romains par ses qualités personnelles, mourut victime de la jalousie du cruel *Tibère*.

L'Empereur *Claude*, frère de *Germanicus*,

vit le jour à Lyon ; il est moins fameux par son règne, que sa femme *Messaline* le devint par l'excès de ses débauches.

Julius Florus, *Julius Secundinus*, deux orateurs, *Æbutius liberalis*, *Caracalla*, Empereur, monstre altéré de sang, étoient natifs de cette ville. On croit aussi, avec assez de fondement, que *Saint Ambroise* y a pris naissance.

Sidonius Appollinaire, gendre de l'Empereur *Avitus*, gouverneur de Rome, Patrice, Evêque de Clermont, naquit à Lyon, en 432, d'un père qui avoit été préfet des Gaules. Son grand-père avoit aussi exercé cette charge. Il épousa *Papiliana*, fille d'*Avitus*, qui devint Empereur. Comme sa femme & son beau-père étoient d'Auvergne, il séjourna souvent dans cette province. Les habitans, quoiqu'il fût marié, le choisirent pour leur Évêque. Ses talens & ses vertus pacifiques l'ont rendu célèbre. Le panégyrique de son beau-père, en vers latins, qu'il prononça à Rome en présence du Sénat, lui valut une statue couronnée de lauriers, élevée dans la place trajane. Il a composé neuf livres d'épîtres, & vingt-quatre pièces de vers qui ont été commentées par Sirmond & Savaron.

Dans une famine qui désola l'Auvergne, il se chargea de nourrir quatre mille pauvres. Son épouse racheta tous les effets qu'il avoit vendus pour fournir à cette dépense, & les lui renvoya; il les vendit une seconde fois, pour en faire le même usage.

Dans la suite, la ville de Lyon a produit

quelques hommes de lettres peu connus. Le quinzième siècle y vit naître presque en même temps plusieurs femmes qui cultivèrent les lettres avec succès, parmi lesquelles on distingue *Thalie Treschel*, *Clémence de Bourges*, *Louise Labbé*, &c.

La première étoit fille de Jean Treschel, Allemand, un des plus célèbres Imprimeurs qui s'établirent à Lyon. Il fit élever sa fille avec soin, & la maria au savant *Josse Bade*.

Clémence de Bourges, surnommée *la perle des demoiselles Lyonnoises*, & que *Rubis* appelle *une perle vraiment orientale*, s'illustra par un trait de constance qui trouveroit aujourd'hui peu d'imitratrices. Elle étoit sur le point d'épouser *Jean Dupeyrat*, lorsque celui-ci fut tué au siège de Beaurepaire, où il commandoit les troupes lyonnoises envoyées contre le baron *des Adrets*. *Clémence de Bourges* ne put survivre à son amant; elle mourut de douleur. Son corps fut porté en triomphe dans toute la ville, où elle étoit aimée & honorée de tous les habitans.

Louise Labbé, connue aussi sous le nom de *la Belle Cordière*, parce qu'elle avoit épousé un riche marchand de cordes, fut l'objet du culte de tous les savans de son siècle. Ses œuvres, imprimées en 1556, ont donné lieu à quelques Ecrivains de suspecter ses mœurs. C'est à elle qu'est due cette agréable fiction de *l'Amour aveuglé par la folie*, à qui Jupiter n'accorde d'autre réparation que d'être conduit par la folie elle-même. Une foule de

Poètes

Poëtes se sont emparés de cette fable, sans songer à en faire honneur à l'inventrice.

Guy Pape, jurisconsulte, & *Simphorien Champier*, Médecin de François Ier, naquirent à Lyon dans le quinzième siècle. Dans le seizième, cette ville fut la patrie de plusieurs Imprimeurs, dont les noms seront toujours célèbres. Tout le monde sait quelle estime est accordée aux éditions d'*Etienne* & de *Griphe*. Voici une épigramme de *Jean Vouté*, qui peut donner une idée de leur talent.

Inter tot norunt libros qui cudere tres sunt
    Insignes, languet cœtera turba famæ;
Castigat Stephanus, sculpsit Colinœus, utrumque
    Griphius edoctâ mente, manuque fecit.

Dans la suite, cette ville a produit des Artistes & des Savans beaucoup plus distingués : tels sont *Jacques Stella*, né en 1596. Paris & Lyon sont ornés de ses tableaux. Il étoit sur le point de passer en Espagne où le Prince l'appeloit, lorsque le cardinal de Richelieu l'attacha à la France par une pension de 1000 l. Il fit le portrait de Louis XIV encore Dauphin; la Reine lui fit peindre sa Chapelle du Palais Royal.

Gérard Desargues, Géomètre, à qui Descartes, si avare de louanges, accorda beaucoup d'éloges & une amitié intime.

François de Villette, Opticien, qui fit, en 1670, ce miroir ardent de trente-quatre pouces de diamètre, que Louis XIV acheta & fit placer à l'Observatoire de Paris.

Partie VI. E e

Parmi les nombreux Artistes que Lyon a produits, on trouve plusieurs Sculpteurs du premier mérite. Nous ne citerons que *Coisevox* & les deux frères *Coustou*, ses neveux.

Antoine Coisevox étoit d'une famille originaire d'Espagne. C'est à Versailles & à Marly que sont ces chef-d'œuvres. Il eut pour Elève Lamoureux, aussi originaire de Lyon, qui a fait, entre autres ouvrages remarquables, deux bas-reliefs sous une des tribunes de la chapelle du Confalon.

Nicolas Coustou naquit à Lyon en 1658, & mourut à Paris en 1733. Il décora Paris, Versailles & Marly de plusieurs morceaux excellens. Le magnifique groupe qui est derrière le maître-autel de Notre-Dame de Paris, est de lui. Mais on regarde comme le chef-d'œuvre de cet Artiste, les deux groupes qui sont au dessus de l'abreuvoir de Marly, & qui représentent deux chevaux domptés par des écuyers.

Guillaume Coustou, frère de *Nicolas*, fut le digne émule de son frère. On voit à Paris & à Lyon plusieurs ouvrages qui lui assurent une réputation éternelle (1). Il eut pour fils *Guillaume Coustou*, qui hérita de ses talens, & qui s'est distingué par le mausolée de M. le Dauphin, pere de Louis XIV, & de Madame

---

(1) Un financier qui se disoit connoisseur, le fit un jour appeler chez lui. *Je voudrois, M.,* lui dit le Plutus, *que vous me fissiez en marbre des magots de la Chine propres à être mis sur une cheminée.* Le Statuaire répondit froidement au stupide financier: *Je le veux bien, pourvu que vous me serviez de modele.*

la Dauphine, qu'on admire dans l'église cathédrale de Sens.

Gérard Audran & *Benoît* son neveu furent deux habiles Graveurs. Le premier fut appelé à Paris par Louis XIV, qui lui fit graver les batailles d'Alexandre, de *le Brun*. Le second se distingua par la légereté de son burin. Il jouit de l'estime du Régent.

Claude-François Menestrier, connu sous le nom du Père *Menestrier*, naquit à Lyon le 10 mars 1631. Il s'attacha à l'histoire, au blason, aux devises, aux inscriptions. Sa mémoire tenoit du prodige. Tout le monde sait que la Reine Christine ayant voulu l'éprouver à son passage à Lyon, fit prononcer devant lui trois cents mots barbares, & qu'il les répéta tous dans l'ordre qu'on avoit observé en les prononçant. Ses ouvrages, qui roulent presque tous sur la noblesse, le blason, les cérémonies, sont au nombre de plus de soixantequinze.

L'abbé *Terrasson*, de l'Académie françoise & de celle des Sciences, étoit né à Lyon d'une famille déjà distinguée dans les lettres. Il débuta dans cette carrière par une Dissertation critique sur l'Iliade. Il défendit ensuite le système de *Law*, & son ouvrage eut le succès de son sujet. Il publia bientôt le roman de *Sethos* & la traduction de Diodore de Sicile.

Louis Borde, habile Mécanicien, & *Michel Perrache*, Sculpteur, méritent, chacun dans leur genre, de trouver une place dans les fastes de Lyon.

CARACTÈRE. Les Lyonnois sont affables, doux, & actifs, mais intéressés ; ils aiment les sciences, les beaux-arts, & les cultivent avec succès. Ils sont magnifiques dans les occasions d'éclat, & quelquefois parcimonieux dans les petits détails ; l'esprit calculateur du commerce imprègne tous les esprits. Le peuple y est superstitieux, & le grand nombre de confréries de *Pénitens* & de pratiques minutieuses ont dû prolonger cette maladie de l'esprit. Dans la relation du voyage d'un Observateur habile, le caractère des Lyonnois est peint de cette manière. « Ils ont des lumières qui les rendent vraiment recommandables ; mais il fut surpris d'en trouver qui, malgré l'élégance de leurs habits, avoient un langage grossier. La fortune corrige rarement une mauvaise éducation. Lyon ressemble à toutes les grandes villes ; on y vient de tous les pays, & ce ne sont pas toujours les étrangers qui s'y établissent qui paroissent les mieux éduqués ». C'est à Lyon que les Souverains du Nord & du Midi viennent s'habiller ; c'est là que Paris emprunte le goût qui fait la mode & qui donne le ton. C'est la ville de France, quoi qu'en disent les Marseillois & les Bordelois, qui représente le mieux Paris. On y trouve la même affluence & le même embarras de voitures dans les rues.

POPULATION. A la fin du siècle dernier, depuis 1690 jusqu'en 1700, le nombre des habitans de Lyon & de ses fauxbourgs montoit à 105,700. D'après les recherches faites en 1762 par M. *Messance*, cette ville, à cette époque, étoit peuplée de 115,836 habitans: on croit que ce nombre a encore augmenté depuis, & on le fait monter à 150,000, ce qui n'est pas probable.

Fin de la sixième Partie.

TABLE
De la sixième partie.

A.

Alix,	Page 199
Anse,	194
Arbresle (l'),	203

B.

Baraillère (la)	150
Barbe (l'Isle),	231
Beaujeu,	177
Beaujolois, 88, 96, 99, 100, 103,	157
Belleville,	183
Belleroche,	176
Bénisson-Dieu, (la).	230
Boen,	118
Bonlieu,	120
Bourbon l'Archambaud,	21
Bourbonnois, (tableau général du)	1
Bourg-Argental,	155
Brignais,	225
Buffet,	83

C.

Chamelet,	Page 193
Champaigue,	37
Champoly,	117
Chantelle-le-Château,	14
Chantelle-la-Vieille,	idem
Chatelledon,	84
Chazelet,	117
Cheffy,	207
Chevinay,	206
Condrieu,	222
Couzon,	214
Creux des Fades,	118
Cusset,	81

F.

Feurs,	121
Fontfort,	138
Forest (la),	193
Forez,	87, 99, 100, 102

G.

Ger......Laval, (S.)	120
Givors,	224
Goutte, (la)	117

H.

Hauterive,	80
Hérisson,	26

TABLE.

J.
Joug-Dieu, Page 179

L.
Leigneux, 119
Lyon, 236
Lyonnois, (tableau général du) 87, &c.
Lyonnois, (franc) 87

M.
Montagne de feu, 221
Montbrison, 223
Mont-d'or, 209
Montluçon, 10
Montluzin, 211
Montpila, 150
Moulins. 42

N.
Néris, 13

O.
Oullins, 226

P.
Palice, (la) 63
Pila, (Mont) 150
Pilon, (le) 206

R.
Ricamari, 147

Rive-de-Gier,	Page 220
Riz,	86
Roanne,	106

S.

Saint-Amand sur-Cher,	49
Saint-Bel,	206
Saint-Chaumont,	214
Saint-Etienne,	138
Saint-Galmier,	137
Saint-Germain-Laval,	120
Saint-Priest,	148
Saint-Rambert,	149
Saint-Romain,	214
Salles, (les)	117
Savigny,	204
Saut de Gier,	154
Sept-Fonts,	67
Sourcieux,	209
Souvigny,	29

T.

Tarare,	201
Thizy,	192
Trois Têtes.	152

U.

Urfé,	110
Usson.	137

TABLE,
V.

Valbenoît, 151
Valla, (*la*) Page 151
Vichy, 71
Villefranche, 157
Villeneuve. 63

Fin de la Table de la sixième Partie.

SUPPLÉMENT,

AU SIXIEME VOLUME.

LE *Bourbonnois* forme un département nommé *Département de l'Allier*, divisé en sept districts, dont les chefs-lieux sont, *Moulins*, *le Donjon*, *Cusset*, *Ganna*, *Montmaraut*, *Montluçon*, & *Cerilly*.

L'assemblée de ce département se tiendra à *Moulins*. Cette ville sera aussi le siége d'un évêché.

Le Lyonnois, *le Forez*, & *le Beaujolois* ne forment qu'un département nommé *Département de l'Ain*, & divisé en six districts, dont les chefs-lieux sont, *la ville de Lyon*, *la campagne de Lyon*, *Saint-Etienne*, *Montbrison*, *Roanne*, *Villefranche*.

L'assemblée du département se tiendra dans la ville de Lyon, & alternera ensuite dans les villes de *Saint-Etienne*, *Montbrison*, *Roanne*, & *Villefranche*, à moins que les Electeurs ne préfèrent d'en fixer définitivement la résidence.

La ville de Lyon est le chef-lieu de son district, composé de la ville, de ses faubourgs & dépendances; elle a aussi le chef-lieu du district de la campagne.

Errata & additions.

Page 15, ligne 14 de la note *toutet*, lisez *toutes*.

Page 34, ligne pénultième de la note *s'éablirent*, lisez *s'établirent*.

Page 43, après la ligne 28, ajoutez : Dans un titre recueilli dans les preuves de l'Histoire du Dauphiné, par M. Valbonnais, page 158, on rappelle un autre titre qui a été donné à Moulins en Auvergne : *Litteram datam apud Molins in Alvernia*, en mars 1315.

Page 98, ligne 1re, *Edouad*, lisez *Edouard*.

Page 233, ligne 3, *continue*, lisez *connué*.

Page 241, ligne 12, *contraint*, lisez *contraints*.

Page 245, ligne 2, retranchez &.

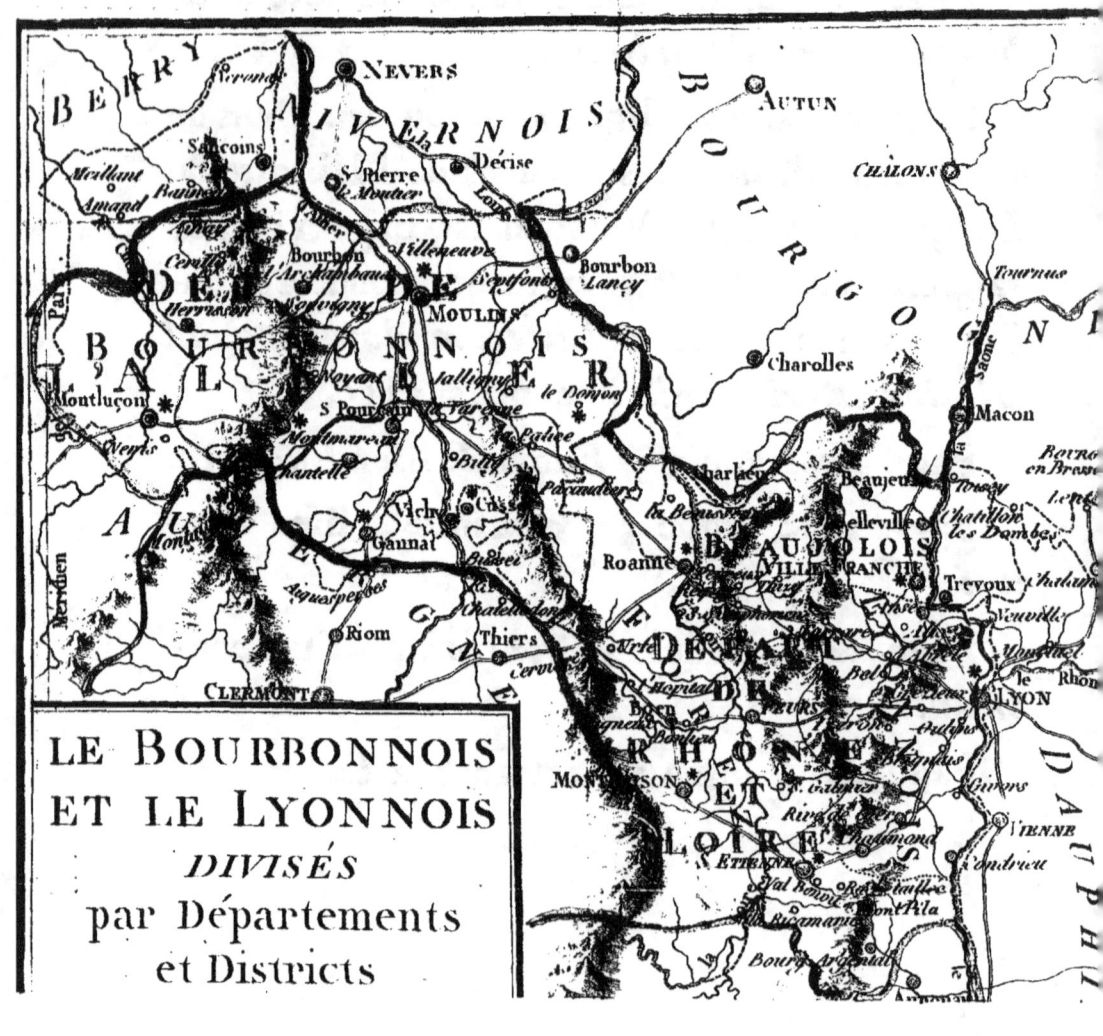

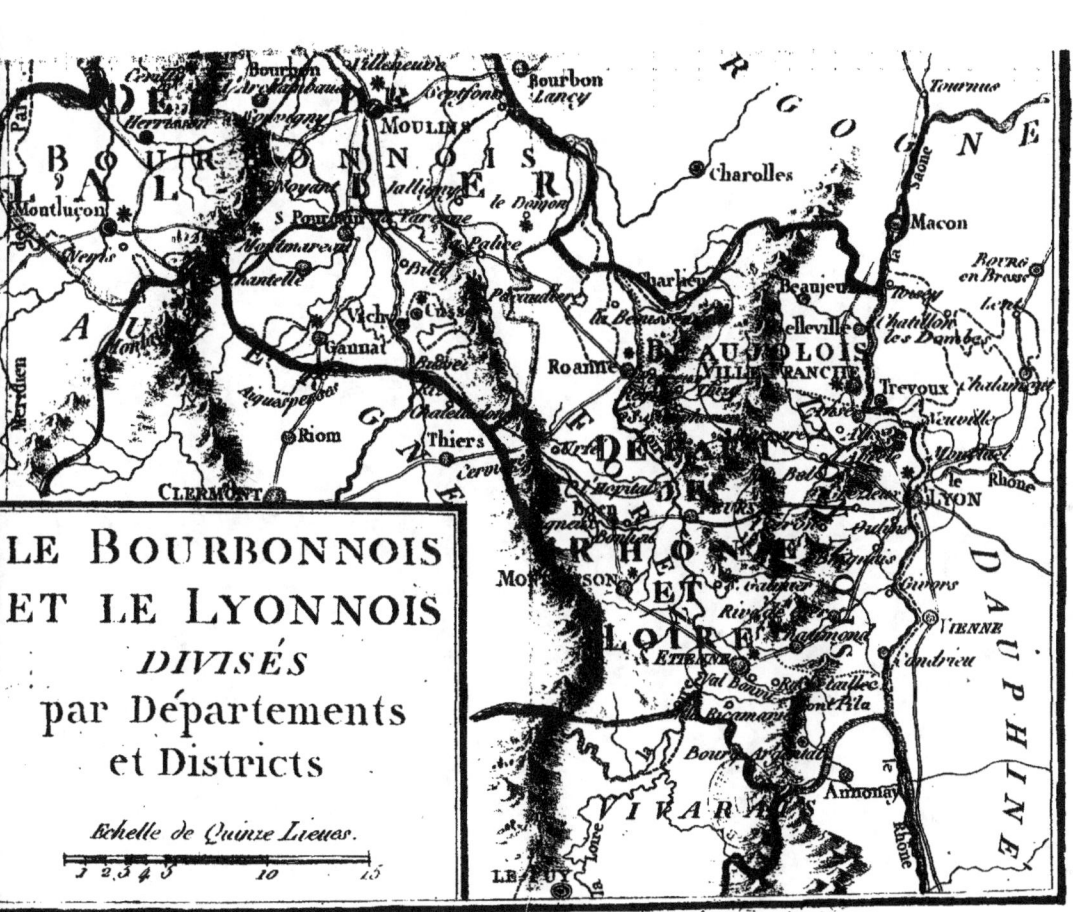

www.ingramcontent.com/pod-product-compliance
Lightning Source LLC
Chambersburg PA
CBHW071056230426
43666CB00009B/1734